SIXTH EDITION

Conversación y repaso

INTERMEDIATE SPANISH

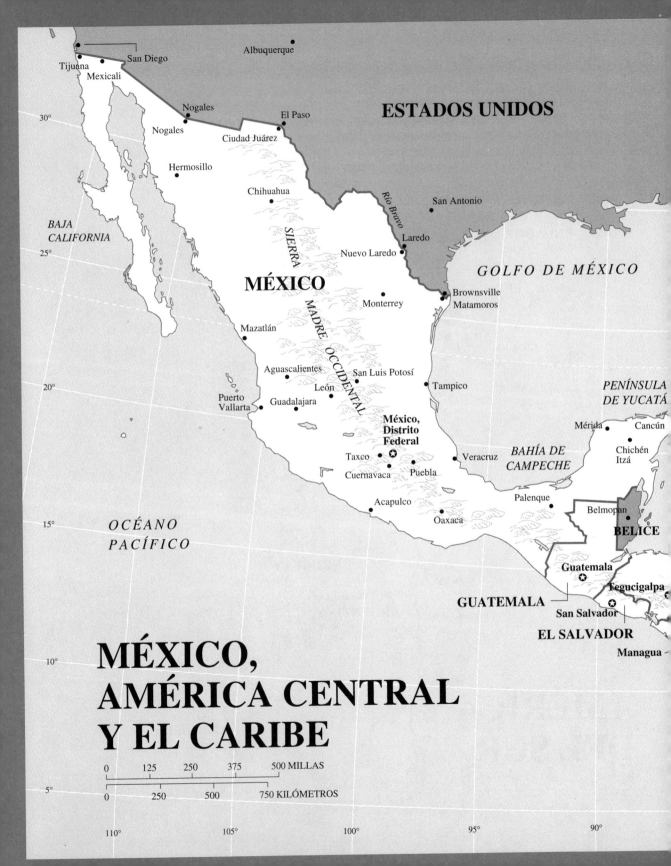

ESTADOS UNIDOS

Albuquerque

San Diego
Tijuana
Mexicali

30°

Nogales
Nogales

El Paso
Ciudad Juárez

Hermosillo

Chihuahua

San Antonio

Río Bravo

Laredo

25°

Nuevo Laredo

GOLFO DE MÉXICO

BAJA
CALIFORNIA

SIERRA

MÉXICO

Monterrey

Brownsville
Matamoros

Mazatlán

MADRE OCCIDENTAL

Aguascalientes

San Luis Potosí

PENÍNSULA
DE YUCATÁ

20°

León

Tampico

Puerto
Vallarta

Guadalajara

Mérida

Cancún

México,
Distrito
Federal

BAHÍA DE
CAMPECHE

Chichén
Itzá

Taxco

Veracruz

Cuernavaca

Puebla

Palenque

Acapulco

Belmopan

15°

Oaxaca

BELICE

OCÉANO
PACÍFICO

Guatemala

Tegucigalpa

GUATEMALA

San Salvador

EL SALVADOR

10°

Managua

MÉXICO,
AMÉRICA CENTRAL
Y EL CARIBE

| 0 | 125 | 250 | 375 | 500 MILLAS |

| 0 | 250 | 500 | 750 KILÓMETROS |

5°

110°   105°   100°   95°   90°

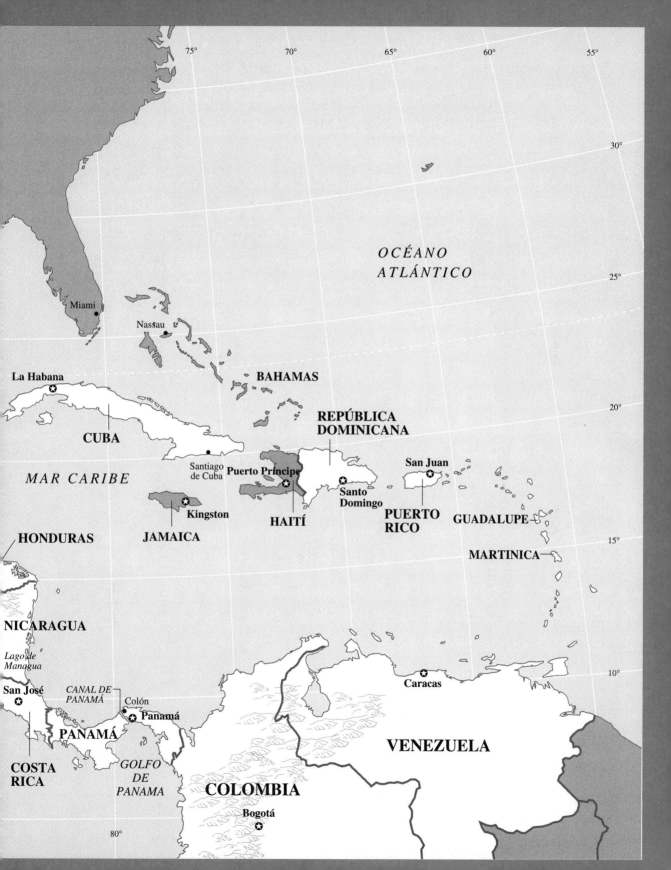

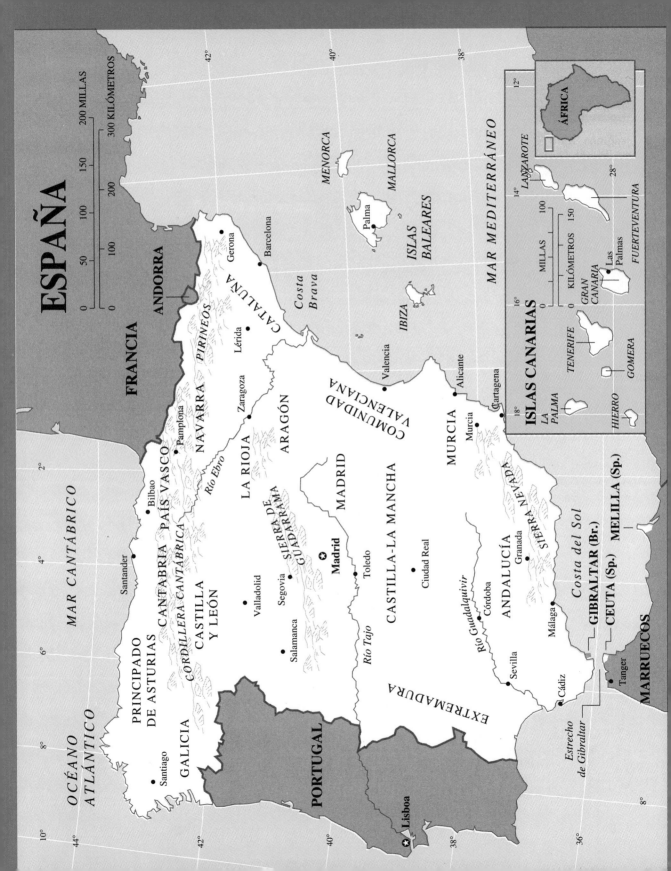

SIXTH EDITION

Conversación y repaso

INTERMEDIATE SPANISH

JOHN G. COPELAND
University of Colorado

RALPH KITE

LYNN SANDSTEDT
University of Northern Colorado

HOLT, RINEHART AND WINSTON
HARCOURT BRACE COLLEGE PUBLISHERS

*Fort Worth   Philadelphia   San Diego   New York   Orlando   Austin   San Antonio
Toronto   Montreal   London   Sydney   Tokyo*

VP/PUBLISHER	*Rolando Hernández-Arriessecq*
PROGRAM DIRECTOR	*Terri Rowenhorst*
DEVELOPMENTAL EDITOR	*Barbara Lyons*
PROJECT EDITOR	*Tashia Stone*
PRODUCTION MANAGER	*Cynthia Young*
SENIOR ART DIRECTOR	*Melinda Welch*
PHOTO RESEARCHER	*Shirley Webster*

ISBN: 0-03-017517-8
Library of Congress Catalog Card Number: 96-77798

Cover image: Diego Rivera, *Día de flores (Flower Day)*, 1925. Oil on canvas,
58″ x 47 1/2″. Los Angeles County Museum of Art, Los Angeles County Fund.

Address for Editorial Correspondence:
Harcourt Brace College Publishers
301 Commerce Street, Suite 3700
Fort Worth, TX 76102

Address for Orders:
Harcourt Brace & Company
6277 Sea Harbor Drive
Orlando, FL 32887-6777
1-800-782-4479

ÍNDICE

PREFACE

With the publication of *Intermediate Spanish*, the materials available for use at the intermediate level took a step in a new direction. We had long believed that it would be desirable to have a "package" of materials, unified in content but varied in the possibilities for use in the classroom, that would be flexible enough that the instructor could easily adapt them to his or her own teaching style and particular interests.

With this in mind, we devised the three highly successful textbooks that made up our intermediate level program. *Conversación y repaso* reviews and expands the essential points of grammar covered in the first year and also includes dialogues for reading practice, listening exercises, abundant personalized exercises, speaking strategies, and a variety of activities intended to stimulate conversation. *Civilización y cultura* presents a variety of topics related to Hispanic culture. The approach in this reader is thematic rather than purely historical, and the topics have been chosen both for the insights that they offer into Hispanic culture and for their interest to students. The exercises are designed to reinforce the development of reading and writing skills, to build vocabulary, and to stimulate class discussion. *Literatura y arte* introduces the student to literary works by both Spanish and Spanish-American writers and to the rich and diverse contributions of Hispanic artists to the fine arts. The accompanying exercises also stress the development of reading and writing skills and include vocabulary-building and conversational activities.

One of the unique features of the program is the thematic unity of the texts. Each unit of each textbook has the same theme as the corresponding unit of the others. For example, Unit 7 of the grammar textbook deals with the subject of poverty and the problem of the migration of workers in Hispanic culture in its dialogues and conversational activities. The same theme is treated in the essay «Aspectos económicos de Hispanoamérica,» the seventh unit of the civilization and culture reader, and the theme of poverty is further explored in Unit 7 of the literature and art reader in the short story «Es que somos muy pobres» and in the essay on the murals of Diego Rivera.

We have found that this thematic unity offers several advantages to the teacher and student: (1) the instructor may combine the basic grammar and conversation book with either or both of the readers and be assured that essentially the same cultural and linguistic information will be presented to the students; (2) the amount of material to be covered may be adjusted through the choice of one textbook or more, making it possible to balance the quantity of material and the amount of classroom contact available; (3) if one book is used in the classroom, another may be used for outside work by those students who wish additional contact with the language; (4) for individualized programs, only those units may be assigned that are relevant to the student's particular interests. If several books are used, the students will absorb a considerable amount of vocabulary related to the theme, and by the end of their study of the topic, they will have overcome, at least in part, their reluctance to express their own ideas in Spanish. We have tested this "saturation" method in our own classrooms and have found it to be quite effective. We suggest that if several books are used, the grammar and initial dialogue should be studied first, followed by one or more of the other textbooks, and finally, the conversation stimulus section of the grammar and conversation text.

Like the earlier editions, this Sixth Edition of *Intermediate Spanish* contains materials that will be of interest to students of different disciplines. Throughout, our goal has been to present materials that will enable students to develop effective communicative skills in Spanish and motivate them to want to know more about the culture they are studying.

Finally, we would like to thank our editor, Barbara Lyons, for her useful suggestions and her careful editing of the text.

INTRODUCTION

Intermediate Spanish: Conversación y repaso is a review grammar text designed for second-year college courses. It is intended to be used with one or both of the authors' readers, *Civilización y cultura* and *Literatura y arte*, but it may also be used with other second-year materials. The purpose of the text is to review and expand upon the essential points of grammar covered in the first year and to provide the student with ample opportunity for developing all four language skills through the application of these concepts in real life situations. The complete program includes a workbook, which is a combination laboratory manual and written exercise book, and tapes for use in the language laboratory.

The material presented in each of the twelve units of the text consists of the following:

1. An opening dialogue, which relates thematically to the corresponding units in the readers *Civilización y cultura* and *Literatura y arte*. These dialogues are not intended for memorization; their purpose is to introduce the vocabulary and grammatical structures that will be studied in each unit. They may also be used for oral reading practice and as a stimulus for conversation.

2. Cultural notes that clarify some of the more subtle points referred to in the dialogue. This section is intended to expand the student's knowledge and understanding of the various cultures of the Hispanic world.

3. A vocabulary list of the new words presented in the opening dialogue. This list is not comprehensive; it contains only those words and idioms that the student would not be expected to know after the first year of Spanish. A complete Spanish—English and English—Spanish vocabulary appears at the end of the text.

4. A series of comprehension questions on the dialogue.

5. A series of personalized questions related to the theme of the dialogue.

6. A grammar section, which comprises the major portion of each unit. This section begins with a clear, concise explanation of a particular

grammatical concept, accompanied by numerous examples. The concept is then immediately applied through a series of contextualized written and oral exercises. The grammar organization of this text is somewhat unique. The authors have found through extensive teaching experience at the intermediate level that students have great difficulty mastering the subjunctive mood. Because of this, all tenses of the indicative are reviewed and drilled in the first four units of the text. Beginning with Unit 5, a step-by-step, systematic presentation of the subjunctive is begun. One major use of the subjunctive is presented in each of the subsequent six chapters, thus allowing the student to master one concept before proceeding to the next. We feel that this type of presentation minimizes confusion and misunderstanding on the part of the student.

7. A grammar review section, consisting of exercises on the most important points of grammar presented in the unit. The exercises may be done orally or in writing. Each review section includes activities that are meant to encourage more student interaction.

8. An *Intercambios* section, which contains strategies for developing effective conversational skills in Spanish; a controlled conversation designed to help students to formulate a short, logical exchange of ideas; and a role-playing situation that gives students the opportunity to express themselves on a topic of everyday importance.

9. An *A escuchar* section, based on a short, authentic dialogue on the student cassette, which provides an additional opportunity to develop listening skills. Post-listening exercises appearing in the textbook check comprehension and provide varied opportunities for interactive elaboration upon the topic presented.

10. An *A conversar* section, whose activities emphasize further the development of communicative skills. These usually include a "value clarification" exercise and a series of "topics for conversation" encouraging students to express their own feelings and ideas. In addition, a second cassette-based listening activity, called *Ejercicio de comprensión*, provides a chapter-related cultural commentary followed by a true/false comprehension check. This is followed by a drawing accompanied by questions designed to give students practice in describing and expressing personal opinions on a variety of issues. The authors have found that these personalized activities motivate the students to use the language and lead to a very exciting and stimulating exchange of ideas. Each chapter ends with a section that contains authentic materials taken from newspapers and magazines from throughout the Hispanic world related thematically to the unit.

The workbook has three major divisions: (a) listening comprehension exercises that expose the student to the vocabulary and grammatical structures of each unit in a variety of new situations; (b) oral drills for review and reinforcement of the grammatical concepts presented in each unit; (c) controlled and open-ended written exercises utilizing the same vocabulary and structures; and (d) authentic materials for reading and writing practice. Answers for these exercises are given in the back of the workbook in order to give the student the opportunity for immediate self-correction. The laboratory tapes stress listening comprehension, oral drill on the important points of grammar, and the development of speaking skills.

ABOUT THE SIXTH EDITION OF *CONVERSACIÓN Y REPASO*

In response to suggestions made by users of the Fifth Edition, several sections of *Conversación y repaso* have been revised and expanded to provide students with a greater variety of material fostering communicative competence:

- In addition to more personalized and contextualized exercises, the number of situational and paired activities has been increased significantly to encourage greater student interaction and a more creative use of the Spanish language in both oral and written communication.

- In this edition the popular *Intercambios*, *A conversar*, and *Materiales auténticos* sections have been retained, with revision and updating as appropriate. These are now enhanced with the provision—on an accompanying student cassette—of two new listening comprehension activities. The *A escuchar* sections expose students to a brief, authentic conversational exchange related to the chapter theme. Progressively more interactive follow-up work is provided in the textbook. The culturally oriented *Ejercicio de comprensión* section provides both a stimulating commentary and a related comprehension check on the student cassette.

- Finally, in the Sixth Edition, all exercise and activity directions have been written in Spanish—rather than English—as seems suitable to the second-year level.

It is our sincere wish that the systematic and balanced inclusion of additional communicatively oriented material and methods in this text will enable students to master the more challenging points of Spanish grammar and, more importantly, will develop their ability to transfer this knowledge to effective communication in Spanish.

Photo Credits

p. 1 Beryl Goldberg.
p. 29 Beryl Goldberg.
p. 33 Hugh Rogers/Monkmeyer.
p. 54 Stuart Cohen.
p. 55 Murray Greenberg/Monkmeyer.

SIXTH EDITION

Conversación y repaso

INTERMEDIATE SPANISH

Unidad 1

Orígenes de la cultura hispánica: Europa

Se puede ver este acueducto romano en Segovia, España. Todavía lleva agua corriente de las montañas cercanas. Describa esta escena y el contraste entre lo antiguo y lo moderno.

(Ramón se encuentra con Elena antes de la clase de español.)

ELENA Oye, Ramón, ¿tienes los ejercicios para hoy?

RAMÓN No, no los tengo. No entiendo bien la explicación del profesor. ¿La entiendes tú?

ELENA Sí, pero nunca termino los ejercicios. Me
5   duermo mientras los hago.

RAMÓN Tenemos que distraer al profesor. Cuando empieza a hablar de sus temas predilectos, se olvida de la lección.

ELENA Se me ocurre una idea...

10 RAMÓN ¡Cállate! —ahí viene.

PROF. Buenos días, jóvenes. Hoy vamos a estudiar los verbos reflexivos. Estos verbos... ¿una pregunta, Elena?

ELENA Sí, señor. ¿Por qué no nos explica por qué el
15   español y el francés son tan distintos?[1] Nos hablaba de las influencias extranjeras sobre el idioma español, pero sólo hasta los visigodos...

visigodos Visigoths

PROF. Ah, sí. Pues bien, la base del español
20   moderno es el latín que hablan los romanos que conquistan la Península Ibérica en el año 200 antes de Cristo. En el siglo V después de Cristo, invaden la península los visigodos del norte de Europa. Ellos aportan
25   al idioma más de 300 palabras del alemán antiguo. Pero una influencia más importante es la de los moros, que vienen del norte de África.[2] Hay más de 6.000 palabras en el español moderno que proceden del árabe,
30   por ejemplo, casi todas las palabras que comienzan con «al» como «almacén», «álgebra», «alcalde», etcétera.

romanos Romans
Ibérica Iberian
antes de Cristo B.C.
después de Cristo A.D.

alemán German

moros Moors

árabe Arab, Arabic

almacén warehouse, department store /
alcalde mayor

RAMÓN ¿En qué época llegan los moros? ¿y cuánto tiempo ocupan la península?

35 PROF. Llegan en el año 711 a la península...

ELENA *(a Ramón)* ¡Nos escapamos una vez más!

Notas culturales

[1] **el español y el francés son tan distintos:** Los dos idiomas tienen mucho en común, pero también muestran muchas diferencias. Lo mismo se puede decir de las otras lenguas neolatinas: el italiano, el portugués, el rumano, etc. A veces las diferencias son de ortografía, pero otras veces las palabras son de origen distinto y de evolución variada.

[2] **los moros, que vienen del norte de África:** La invasión de la Península Ibérica por los pueblos islámicos en el siglo VIII llega hasta los Pirineos. Este contacto entre moros y cristianos, que dura hasta 1492, le da un sabor distinto a la cultura y también a la lengua española.

VOCABULARIO ACTIVO

Estudie estas palabras.*

Verbos

aportar   *to bring into, to contribute*
callarse (cállate)   *to be quiet*
conquistar   *to conquer*
distraer   *to distract*
dormirse (ue)   *to fall asleep*
durar   *to last*
encontrarse (ue) (con)   *to meet*
olvidarse (de)   *to forget*
opinar   *to think, to have an opinion*

Sustantivos

la base   *basis*

el idioma   *language*
la lengua   *language*
la ortografía   *spelling*
el sabor   *flavor*
el siglo   *century*

Adjetivos

antiguo, -a   *old, ancient*
distinto, -a   *different*
extranjero, -a   *foreign*
predilecto, -a   *favorite*

Otras expresiones

se me ocurre   *it occurs to me*

COMPRENSIÓN

1. ¿Por qué no tiene Ramón los ejercicios?   2. ¿Por qué no los tiene Elena?
3. ¿Cuál es la idea de Ramón?   4. ¿Qué van a estudiar hoy?   5. ¿Qué quieren saber Elena y Ramón?   6. ¿Qué lengua es la base del español moderno?
7. ¿Cuáles son algunas de las influencias extranjeras sobre el español?   8. ¿De dónde vienen los moros?   9. ¿Cuántas palabras del español moderno son de origen árabe?   10. ¿Cómo comienzan muchas palabras de origen árabe?
11. ¿Por qué no puede el profesor explicar la lección?

---

*The **Vocabulario activo** contains words from both the dialogue and exercises. The gender of nouns is given in two ways: the use of the definite articles **el** or **la;** the use of *m* or *f* except for feminine nouns ending in **-a** and masculine nouns ending in **-o.**

OPINIONES

1. ¿Estudia Ud. la lección todos los días? ¿Por qué?   2. ¿Distrae Ud. a sus profesores? ¿Cuándo?   3. ¿Cuáles son unos ejemplos recientes de la conquista de una cultura por otra?   4. ¿Cree Ud. que en estos casos hay una influencia lingüística? Explique Ud.   5. ¿Cree Ud. que es fácil aprender un idioma extranjero? ¿Por qué?   6. Si Ud. no entiende bien una pregunta en español, ¿qué hace?   7. ¿Por qué quiere Ud. estudiar español?   8. ¿Tiene Ud. la oportunidad de hablar español? ¿Dónde? ¿Con quién?   9. ¿Qué opina Ud. de la lengua española? ¿Es fácil o difícil? ¿Es bonita o fea? ¿Por qué opina Ud. así?

ESTRUCTURA

NOUNS AND ARTICLES

A. Singular forms

In Spanish, nouns are often accompanied by articles.

1. Nouns ending in **-o** are usually masculine and are introduced by a masculine article. Those ending in **-a** are usually feminine and are introduced by a feminine article.

   Definite Articles   **Indefinite Articles**
   the   a, an

   el hijo   *the son*   un chico   *a boy*
   la hija   *the daughter*   una chica   *a girl*

2. Some nouns that end in **-a** are masculine.

   el día *day* el idioma *language*   el problema *problem*
   el mapa *map*   el clima *climate*   el programa *program*
   el drama *drama*   el poeta *poet* el cura *priest*

3. Some nouns that end in **-o** are feminine.

   la mano *hand*   la foto *photo*
   la moto *motorcycle*

4. Nouns ending in **-dad, -tad, -tud, -ión, -umbre,** and **-ie** are usually feminine.

    la ciudad   *city*   la actitud   *attitude*
    la voluntad   *will*   la conversación   *conversation*

    la muchedumbre   *crowd*
    la especie   *species*

5. Some other nouns can be either masculine or feminine, depending on their meaning.

    el capital   *money*   el corte   *cut*   el cura   *priest*
    la capital   *capital city*   la corte   *court*   la cura   *cure*

    el guía   *guide (male)*
    la guía   *guide (female), guidebook*

    el policía   *police officer (male)*
    la policía   *police force, police officer (female)*

6. Other nouns ending in **-s** or in other consonants can be either masculine or feminine.

    el paraguas   *umbrella*   el papel   *paper*
    la crisis   *crisis*   la pared   *wall*
    el lunes   *Monday*   el rey   *king*
    la tesis   *thesis*

7. Nouns ending in **-ista** may be either masculine or feminine.

    el pianista   la pianista
    el artista   la artista

8. Nouns referring to males are usually masculine and those referring to females are usually feminine, regardless of their endings.

    el joven   *the young man*   el estudiante   *the (male) student*
    la joven   *the young lady*   la estudiante   *the (female) student*

    BUT

    la persona   *the person*   el individuo   *the individual*

B. Plural forms

1. Nouns ending in a vowel add **-s.**

    un libro   *book*   unos libros   *books*
    una chica   *girl*   unas chicas   *girls*

2. Nouns ending in a consonant add **-es.**

una mujer *woman*   unas mujeres *women*

3. Nouns ending in **-z** change **z** to **c** and add **-es.**

el lápiz *pencil*   los lápices *pencils*

4. Nouns ending in **-n** or **-s** preceded by an accented vowel generally drop the accent mark in the plural.

la lección *lesson*   las lecciones *lessons*
el compás *compass*   los compases *compasses*

Note that nouns of more than one syllable ending in **-n** generally add an accent mark in the plural.

el examen *exam*   los exámenes *exams*
la orden *order*   las órdenes *orders*

PRÁCTICA

~~~~

A. Una estudiante universitaria. Lea Ud. la información sobre Juana, una estudiante de la Universidad de Madrid. Luego complete cada oración con el artículo definido apropiado.

Juana, <u>1</u> hija de <u>2</u> señores González, asiste a <u>3</u> Universidad de Madrid. Estudia <u>4</u> música de <u>5</u> Edad Media y de <u>6</u> Renacimiento español. <u>7</u> Facultad de Música es muy buena, y <u>8</u> profesores tienen una fama mundial por <u>9</u> investigaciones que ellos han hecho sobre esta clase de música. <u>10</u> programa escolar es muy exigente, pero <u>11</u> clases son interesantes. <u>12</u> problema que Juana tiene no es <u>13</u> dificultad de <u>14</u> lecciones, sino <u>15</u> falta de tiempo para leer y estudiar. No quiere pasar todos <u>16</u> días en <u>17</u> biblioteca. Prefiere visitar <u>18</u> museos de <u>19</u> ciudad y asistir a <u>20</u> dramas que se presentan en <u>21</u> Teatro Nacional. También a ella le gusta ir a <u>22</u> discotecas por <u>23</u> noche para bailar y charlar con <u>24</u> jóvenes que ella conoce.

B. La sala de clase. Identifique Ud. las varias cosas que se encuentran en su sala de clase. Complete las oraciones siguientes según el modelo.

Modelo Hay _____ en la clase. (*table*)
Hay una mesa en la clase.

1.	students	3.	book	5.	windows
2.	walls	4.	door	6.	professor

7. pencil   9. map
8. girls   10. boys

Ahora, identifique Ud. otras cosas que hay en su clase.

C. **Una comparación.** Con un(a) compañero(a) de clase, hablen de las cosas que Uds. tienen en su cuarto en la universidad o en casa. Luego hagan una lista de las cosas que Uds. traen a sus clases diariamente. ¿Cuántas cosas tienen en común?

Modelo Estudiante 1 *Tengo un televisor en mi cuarto y una compu-tadora.*

Estudiante 2 *Tengo una computadora también, pero sólo tengo un televisor en mi cuarto en casa.*

Estudiante 1 *Siempre llevo mis libros a clase.*
Estudiante 2 *También llevo mis libros y un bolígrafo.*

SUBJECT PRONOUNS

A. Forms

Singular	Plural
yo	nosotros, -as
tú	vosotros, -as
él	ellos
ella	ellas
usted*	ustedes*

The pronoun **tú** is used when talking with close friends, children, and family members. In more formal relationships **usted** is used to show respect. It should be noted, however, that the familiar **tú** form is often used in place of the for-mal **usted** form in everyday conversation in many regions of the Hispanic world. In Latin America the plural, informal **vosotros** form has been replaced by **ustedes** and its corresponding verb forms, possessives, and object pronouns. The **vosotros** form is still used in most parts of Spain.

*Usted and **ustedes** may be abbreviated to **Vd., Vds.,** or **Ud., Uds.; Ud.** and **Uds.** will be used in this text.

B. *Uses*

1. Subject pronouns are not used as frequently in Spanish as in English. They are used mainly for emphasis or for clarification, since the ending of the verb often indicates the subject.

   Vamos a la clase de español, ¿verdad? No, yo no quiero ir.
   We're going to Spanish class, aren't we? No, I don't want to go.

   ¿Tienes los ejercicios?
   Do you have the exercises?

   Vivimos en un pueblo pequeño.
   We live in a small town.

2. **Usted** is used somewhat more frequently for both clearness and courtesy.

   ¿Puede Ud. explicar la base del español moderno?
   Can you explain the basis of modern Spanish?

   Ud. entiende la lección, pero no quiere ir a clase.
   You understand the lesson, but you don't want to go to class.

3. The impersonal English subject pronoun *it* does not have an equivalent form in Spanish.

   Es imposible olvidarse de eso.
   It is impossible to forget that.

   ¿Qué es? Es una palabra extranjera.
   What is it? It's a foreign word.

4. Subject pronouns are often used after the verb **ser** (*to be*).

   ¿Quién es el profesor de esta clase? Soy yo.
   Who is the professor of this class? I am.

5. Subject pronouns are frequently used when the main verb is not expressed.

   ¿Quién distrae al profesor? Ella.
   Who distracts the teacher? She does.

   Ellos van a España, pero nosotros no.
   They are going to Spain, but we aren't.

PRÁCTICA

Hablando de personas. ¿Cuál de los pronombres personales se usa cuando está hablando:

1. de Ud. mismo(a)?
2. de una muchacha?
3. a un(a) amigo(a)?
4. de Ud. mismo(a) y un grupo de personas?
5. de un grupo de muchachos?
6. a alguien de autoridad?
7. a un grupo de niños?
8. de Roberto?

THE PRESENT INDICATIVE OF REGULAR VERBS

A. Formation

The present indicative of regular verbs is formed by dropping the infinitive ending and adding the personal endings **-o, -as, -a, -amos, -áis, -an** to the stem of **-ar** verbs; **-o, -es, -e, -emos, -éis, -en** to the stem of **-er** verbs; and **-o, -es, -e, -imos, -ís, -en** to the stem of **-ir** verbs.

hablar *to speak*		comer *to eat*		vivir *to live*	
hablo	hablamos	como	comemos	vivo	vivimos
hablas	habláis	comes	coméis	vives	vivís
habla	hablan	come	comen	vive	viven

Common verbs that are regular in the present tense:

-ar verbs: aceptar *to accept*   estudiar *to study*
llegar *to arrive*   preguntar *to ask*
invitar *to invite*

-er verbs: aprender *to learn*   beber *to drink*
leer *to read*   vender *to sell*

-ir verbs: abrir *to open*   descubrir *to discover*
recibir *to receive*   asistir *to attend*
escribir *to write*

B. Uses

1. To describe an action or event that occurs regularly or repeatedly.

   Juan estudia en la biblioteca.
   Juan is studying in the library.

   Los Hernández siempre comen a las diez de la noche.
   The Hernández family always eats at 10 P.M.

2. In place of the future tense to give a statement or question more immediacy, or in place of the past tense in narrations to relate a historical event.

   Hablo con ella mañana.
   I'll speak with her tomorrow.

Los romanos conquistan España en el siglo II.
The Romans conquered Spain in the second century.

3. In place of the imperative to express a mild command or a wish.

Primero desayunas y después escribes la lección.
First have breakfast and afterwards write the lesson.

PRÁCTICA

A. Un relato breve. Lea Ud. la narrativa breve que sigue. Luego, cuéntela desde el punto de vista de las personas indicadas.

Estudio la lengua española en la universidad. Aprendo mucho de la cultura hispánica en la clase también. Recibo buenas notas en este curso.

(tú, nosotros, Jaime, María y Elena, Uds.)

B. La rutina diaria. Use oraciones completas para describir ocho actividades que Ud. hace diariamente. (Use sólo verbos regulares.) Luego, compare su lista con la de su compañero de clase. ¿Cuántas actividades son similares? Siga el modelo.

Modelo *Desayuno a las siete todos los días.* etc.
Tomás desayuna a las siete también. etc.

C. Una entrevista. Conduzca Ud. una entrevista con un(a) compañero(a) de clase, utilizando las preguntas siguientes. Luego, comparen sus actividades diarias. ¿Cuáles son las semejanzas y diferencias?

Modelo Estudiante 1 *¿Dónde estudias tú?*
Estudiante 2 *Yo estudio en casa.*
Estudiante 1 *Yo estudio en la biblioteca.*

1. ¿A qué hora te levantas todos los días?
2. ¿Desayunas? ¿Por qué?
3. ¿Vives cerca o lejos de la universidad? ¿Dónde?
4. ¿A qué hora llegas a la universidad todos los días?
5. ¿Asistes a todas tus clases todos los días? ¿Por qué?
6. ¿Qué estudias en la clase que te gusta más?
7. ¿Comprendes mucho o poco en esta clase? ¿Por qué?
8. ¿Recibes buenas o malas notas en tus clases? ¿Por qué?

Luego, haga Ud. una encuesta de todos los estudiantes de la clase para saber lo que hace la mayoría de los estudiantes. Escriba los resultados en la pizarra.

Modelo   ¿Cuántos estudiantes estudian en casa?
¿En la biblioteca? ¿En la cafetería? ¿En otros lugares?

D. Una carta. Ud. está escribiéndole una carta a un(a) amigo(a) para compartir algunas de sus experiencias en la universidad. Incluya las ideas siguientes en su carta.

1. Describe where you live.
2. Tell where you take your meals and why you eat there.
3. Describe your favorite classes and your favorite professor.
4. Give your impressions of the classes. Are they difficult? Interesting? Do you have to study a lot?
5. Explain what you do when you have free time.
6. Describe a new friend that you have made.
7. Tell your friend that you will write again after exam week.

STEM-CHANGING VERBS

Some verbs have a stem vowel change in the **yo, tú, él (ella, Ud.),** and **ellos (ellas, Uds.)** forms of the present indicative. This change occurs only when the stress falls on the stem vowel. Because of this, the **nosotros** and **vosotros** forms do not have a stem change.

1. In some **-ar, -er,** and **-ir** verbs the stem vowel **e** changes to **ie** when it is stressed.

pensar* *to think*		entender *to understand*		preferir *to prefer*	
p**ie**nso	pensamos	ent**ie**ndo	entendemos	pref**ie**ro	preferimos
p**ie**nsas	pensáis	ent**ie**ndes	entendéis	pref**ie**res	preferís
p**ie**nsa	p**ie**nsan	ent**ie**nde	ent**ie**nden	pref**ie**re	pref**ie**ren

Other common stem-changing **-ar, -er,** and **-ir** verbs:

cerrar	perder	mentir
comenzar	querer	sentir
despertar		convertir
empezar		

2. In some **-ar, -er,** and **-ir** verbs the stem vowel **o** changes to **ue** when it is stressed.

~~~~~~

*Note: **pensar de** = *to think of (have an opinion)*; **pensar en** = *to think about*; **pensar** + infinitive = *to intend, to plan.*

contar	*to count*	poder	*to be able*	dormir	*to sleep*
cuento	contamos	puedo	podemos	duermo	dormimos
cuentas	contáis	puedes	podéis	duermes	dormís
cuenta	cuentan	puede	pueden	duerme	duermen

Other common **-ar, -er,** and **-ir** verbs with the same stem changes:

almorzar	mostrar	volver	morir
costar	recordar		
encontrar			

3. In some **-ir** verbs the stem vowel **e** changes to **i** when it is stressed.

pedir *to ask for*

pido	pedimos
pides	pedís
pide	piden

Other common **ir** verbs with the same stem change:

medir	*(to measure)*	servir
repetir		vestir

OTHER STEM-CHANGING VERBS

Some stem-changing verbs vary somewhat from the above patterns. The verb **jugar** changes **u** to **ue.** The verb **oler** (**o** to **ue**) adds an initial **h** to the forms requiring a stem change.

jugar	*to play*	oler	*to smell*
juego	jugamos	huelo	olemos
juegas	jugáis	hueles	oléis
juega	juegan	huele	huelen

PRÁCTICA

~~~~~

A. **Un relato breve.** Lea Ud. la narrativa breve que sigue. Luego, cuéntela desde el punto de vista de las personas indicadas.

Pienso volver de España el sábado. Quiero ir directamente a casa. Duermo dos días antes de visitar a mis amigos. Luego puedo invitarlos a casa para una fiesta. Sirvo unos refrescos y les muestro a ellos las fotos del viaje.

(Claudia, Raúl y yo, tú, los estudiantes, Ud.)

B. Los sábados de Carlos. Describa Ud. lo que hace Carlos los sábados. Complete el párrafo con la forma del verbo en el tiempo presente. Use los verbos de la lista siguiente.

oler	pensar	jugar	servir	querer
volver	almorzar	costar	preferir	empezar

Carlos <u>1</u> ir al gimnasio hoy. Él <u>2</u> al baloncesto con sus amigos todos los sábados por la mañana. Ellos <u>3</u> a jugar a las nueve. Después de dos horas Carlos <u>4</u> ir a la cafetería en el centro estudiantil para comer. Sus amigos no <u>5</u> ir con él porque trabajan por las tardes en una tienda en el centro. Carlos <u>6</u> comer con ellos, pero <u>7</u> solo a la universidad y <u>8</u> en la cafetería a las doce. Allí ellos no <u>9</u> buena comida, y a veces <u>10</u> mal, pero a él no le importa porque no <u>11</u> mucho.

C. El fin de semana. Se han terminado las clases para la semana. Use Ud. los verbos indicados para describir los planes de Ud., sus amigos y su familia para el fin de semana. Siga el modelo.

Modelo   mis amigos / querer
　　　　　Mis amigos quieren jugar al tenis.

1. yo / querer
2. mi novia / preferir
3. mi mejor amigo / pensar
4. mis hermanos / empezar
5. mis padres / poder
6. mi compañero de cuarto / jugar

Ahora, describa otros planes que Ud. tiene para el fin de semana.

D. Un viaje. Sus amigos hablan de un viaje que ellos quieren hacer. Conteste Ud. las preguntas sobre sus planes. Siga el modelo.

Modelo   Le contamos los planes del viaje al profesor. ¿Qué le cuentas tú?
　　　　　Le cuento los planes del viaje al profesor también.

1. Queremos ir a Francia. ¿Adónde quieres ir tú?
2. Pensamos estudiar francés antes de ir. ¿Qué piensas estudiar tú?
3. Podemos llegar temprano al café esta noche para hablar del viaje. ¿Cuándo puedes llegar tú?
4. Preferimos viajar por tren en Francia. ¿Cómo prefieres viajar tú?
5. En Francia almorzamos en los mejores restaurantes. ¿Dónde almuerzas tú?
6. Les pedimos permiso para ir a nuestros padres. ¿A quién le pides permiso tú?

SPELLING-CHANGE VERBS

Many verbs undergo a spelling change in the first person singular of the present indicative in order to maintain the pronunciation of the last consonant of the stem.

1. Verbs ending in a vowel plus **-cer** or **-cir** have a change from **c** to **zc** in the first person singular.

conducir:	conduzco	**ofrecer:**	ofrezco
conocer:	conozco	**producir:**	produzco
obedecer:	obedezco	**traducir:**	traduzco

2. Verbs ending in **-guir** have a change from **gu** to **g** in the first person singular.

   conseguir*   (**e** to **i** stem change)

consigo	conseguimos
consigues	conseguís
consigue	consiguen

   Other commonly used **-guir** verbs:

   distinguir: distingo   **seguir:**   sigo   (**e** to **i** stem change)

3. Verbs ending in **-ger** or **-gir** have a change from **g** to **j** in the first person singular.

   corregir*   (**e** to **i** stem change)

corrijo	corregimos
corriges	corregís
corrige	corrigen

   Other commonly used **-ger** and **-gir** verbs:

   coger *(to catch, pick)*:   cojo   **dirigir** *(to direct)*:   dirijo

PRÁCTICA

A. A imitar. Cada vez que sus amigos dicen que ellos hacen algo, Ud. dice que Ud. hace la misma cosa también. Siga el modelo.

---

*Note that some spelling-change verbs also have a stem vowel change. The stem vowel change occurs, as usual, in the first, second, and third person singular and in the third person plural.

Modelo   Conducimos a Barcelona.
             Yo conduzco a Barcelona también.

1. Conocemos a María.
2. Corregimos las frases.
3. Conseguimos el pasaporte.
4. Cogemos las flores.
5. Traducimos las frases.
6. ¿Seguimos por esta calle?
7. Dirigimos el proyecto.
8. Distinguimos entre lo malo y lo bueno.
9. Obedecemos al profesor.
10. Producimos programas especiales.

B. Un proyecto cultural. Complete Ud. la conversación entre María y José. Use el tiempo presente de un verbo apropiado.

JOSÉ   Hola, María. ¿Conoces a Juan?
MARÍA   Sí, lo <u>1</u>.
JOSÉ   ¿Sabes que él dirige el proyecto cultural de nuestra clase?
MARÍA   Sí, y yo <u>2</u> el mismo proyecto en mi clase también.
JOSÉ   Como parte de tu proyecto, ¿es necesario traducir muchos artículos al inglés?
MARÍA   Pues, a veces <u>3</u> artículos de los periódicos y revistas del mundo hispánico que tratan del tema de la cultura hispana.
JOSÉ   ¿Dónde consigues estas publicaciones?
MARÍA   Por lo general, las <u>4</u> en una librería en el centro.
JOSÉ   ¿Me recoges unas revistas cuando estés en el centro?
MARÍA   ¡Cómo no! Te <u>5</u> varios diarios y revistas.
JOSÉ   Gracias, María. Hasta la vista.
MARÍA   Adiós, José. Hasta luego.

C. Una entrevista breve. Con un(a) compañero(a) de clase háganse Uds. las preguntas siguientes.

1. ¿Conoces a alguien famoso? ¿Quién?
2. ¿A quién obedeces? Explique.
3. ¿Consigues mucho dinero todos los meses? ¿Cómo?
4. ¿Sigues un curso difícil o fácil en la universidad? ¿Cuál?
5. ¿Corriges todos o algunos de los errores de tu tarea? ¿Por qué?

THE PRESENT INDICATIVE OF IRREGULAR VERBS

Some Spanish verbs are irregular in the present tense.

1. Commonly used verbs that have irregularities only in the first person singular of the present indicative:

caer: caigo, caes, cae, caemos, caéis, caen
hacer: hago, haces, hace, hacemos, hacéis, hacen

poner:	pongo, pones, pone, ponemos, ponéis, ponen
saber:	sé, sabes, sabe, sabemos, sabéis, saben
salir:	salgo, sales, sale, salimos, salís, salen
traer:	traigo, traes, trae, traemos, traéis, traen
valer:	valgo, vales, vale, valemos, valéis, valen
ver:	veo, ves, ve, vemos, veis, ven

2. Commonly used verbs that have irregularities in other forms in addition to the first person singular:

decir:	digo, dices, dice, decimos, decís, dicen
estar:	estoy, estás, está, estamos, estáis, están
haber:*	he, has, ha, hemos, habéis, han
ir:	voy, vas, va, vamos, vais, van
oír:	oigo, oyes, oye, oímos, oís, oyen
ser:	soy, eres, es, somos, sois, son
tener:	tengo, tienes, tiene, tenemos, tenéis, tienen
venir:	vengo, vienes, viene, venimos, venís, vienen

PRÁCTICA

A. Un relato breve. Lea Ud. la siguiente narrativa breve. Luego, cuéntela desde el punto de vista de las personas indicadas.

Digo la verdad. Hago la tarea durante la clase. Por eso no oigo bien al profesor. Estoy aquí para estudiar idiomas extranjeros, pero sé que tengo que estudiar más para tener éxito en las clases.

(ella, los estudiantes, tú, nosotros, Uds.)

B. Una descripción personal. Haga Ud. cinco oraciones descriptivas de sí mismo, usando los verbos de esta lista: decir, tener, ir, oír, estar, ver, salir, ser.

C. Lo que hacemos o no hacemos. Use Ud. el apunte para indicar si Ud. y sus amigos hacen las actividades siguientes o no. Siga el modelo.

Modelo yo / hacer la tarea en la biblioteca
Hago la tarea en la biblioteca.
-o-
No hago la tarea en la biblioteca.

1. mi amigo / poner sus libros en la mesa del profesor
2. mi amigo y yo / saber muchas palabras del español antiguo

---

*Hay is the impersonal form of the verb **haber.** It means *there is* or *there are.*

3. yo / salir para la universidad a las ocho

4. mis amigos / traer sus cuadernos a la clase

5. mi novio(a) / ir a la conferencia (*lecture*) esta noche

6. mis amigos / oír la explicación del profesor

D. **Una entrevista.** Con un(a) compañero(a) de clase, háganse Uds. las preguntas siguientes.

1. ¿Siempre dices la verdad?

2. ¿Vienes temprano a la clase todos los días?

3. ¿Vas a la cafetería después de la clase?

4. ¿Sales ahora para la biblioteca?

5. ¿En este momento estás en la clase de historia?

6. ¿Sabes todas las respuestas de los ejercicios?

7. ¿Traes papel y lápiz a la clase?

8. ¿Eres buen(a) estudiante?

E. **A conversar.** Con un(a) compañero(a) de clase hablen Uds. de las cosas que quieren y tienen que hacer este fin de semana. Siga Ud. el modelo.

Modelo   Estudiante 1 *Quiero ir al partido de fútbol este fin de semana.*
Estudiante 2 *Sí, yo también, pero tenemos que trabajar en la
cafetería el sábado.*

ADJECTIVES

A. Singular forms

1. Adjectives agree in gender and number with the nouns they modify.* The singular endings are **-o** for masculine adjectives and **-a** for feminine ones.

   el muchacho americano   la muchacha americana

2. Adjectives that end in **-dor** in the masculine are made feminine by adding **-a.** Adjectives of nationality that end in a consonant are also made feminine by adding **-a.**

   un hombre trabajador   una mujer trabajadora
   un coche francés   una bicicleta francesa
   el profesor español   la profesora española

---

*After **ser,** predicate adjectives agree in number and gender with the subject. **Él es francés. Ellas son francesas.**

3. Some adjectives are the same in the masculine and feminine.

    un examen difícil   una lección difícil
    un libro interesante   una novela interesante
    el amigo ideal   una chica ideal

B. Plural forms

1. Adjectives form their plurals the same way nouns do. An **-s** is added to adjectives that end in a vowel, and an **-es** is added to those that end in a consonant. If the adjective ends in **z,** the **z** changes to **c** and **-es** is added.

    la corbata roja   las corbatas rojas
    el guitarrista español   los guitarristas españoles
    el niño feliz   los niños felices

2. If an adjective follows and modifies both a masculine and a feminine noun, the masculine plural form is used.

    Los señores y las señoras son simpáticos.
    El libro y la pluma son nuevos.

3. When an adjective precedes two nouns of different genders, it will agree with the closest noun.

    Hay muchas plumas y papeles aquí.
    Hay varios libros y fotos en la mesa.

C. Position of adjectives

There are two classes of adjectives in Spanish: limiting and descriptive.

1. Limiting adjectives include numerals, demonstratives, possessives, and interrogatives. They usually precede the noun.

    dos fiestas   la segunda lección
    algunos compañeros   mucho dinero
    ese boleto   nuestra clase

    a. Ordinal numbers may follow the noun when greater emphasis is desired.

        la lección segunda   el capítulo octavo

    b. Stressed possessive adjectives always follow the noun.

        un amigo mío (*stressed*)   unas tías nuestras (*stressed*)

2. Descriptive adjectives may either precede or follow the noun they modify.

    a. When they follow a noun, they distinguish that noun from another of the same class.

        la casa blanca   el hombre gordo
        la casa verde   el hombre flaco

    b. When they precede a noun, they denote an inherent quality of that noun, that is, a characteristic normally associated with the particular noun.

        los altos picos   un complicado sistema
        la blanca nieve

    c. Adjectives of nationality always follow the noun.

        Tiene un coche alemán.

3. Some adjectives change their meaning depending on whether they precede or follow the noun.

    mi viejo amigo   mi amigo viejo
    my old friend (of long standing) *my friend who is old*

    mi antigua profesora   una puerta antigua
    my former teacher   *an ancient door*

    el pobre hombre   el hombre pobre
    the poor man (unfortunate)   *the poor man (impoverished)*

    las grandes mujeres   las mujeres grandes
    the great women   *the big women*

    varios libros   libros varios
    several books   *miscellaneous books*

    el mismo cura   el cura mismo
    the same priest   *the priest himself*

    el único hombre   un hombre único
    the only man   *a unique man*

    medio hombre   el hombre medio
    half a man   *the average man*

4. When two or more adjectives follow the noun, the conjunction **y** is generally used before the last adjective.

    gente sencilla y pobre   gente sencilla, pobre y oprimida
    simple, poor people   *simple, poor, oppressed people*

D. Shortening of adjectives

Some adjectives are shortened when they precede certain nouns.

1. The following common adjectives drop their final **-o** before masculine singular nouns: **uno, bueno, malo, primero, tercero.**

   buen tiempo   mal ejemplo
   el primer día   tercer viaje
   un hombre

2. Both **alguno** and **ninguno** drop their final -o before masculine singular nouns and add an accent on the final vowel.

   Algún día llego a tiempo.
   Someday I'll arrive on time.

   No hay ningún remedio.
   There is no solution.

3. **Santo** becomes **San** before masculine saints' names, except those beginning with **Do-** or **To-**.

   San Francisco

   > BUT

   Santo Domingo
   Santo Tomás

4. **Grande** is shortened to **gran** before singular nouns of either gender.

   un gran día
   una gran mujer

5. **Ciento** becomes **cien** before all nouns and before **mil** (*thousand*) and **millones** (*million*). It is not shortened before any other numeral.

   cien hombres
   cien mil coches
   cien millones de pesos

   > BUT

   ciento cincuenta jugadores

PRÁCTICA

A. **El tema de la unidad.** Cambie Ud. al plural las siguientes oraciones que reflejan el tema de esta unidad.

1. El ejercicio es difícil.
2. El estudiante es peresozo.
3. El verbo es reflexivo.
4. La lengua es extranjera.
5. Es una palabra alemana.

B. El tema continúa. Continúe Ud. el repaso temático. Cambie las oraciones siguientes al singular.

1. Los profesores son viejos.
2. Las clases son interesantes.
3. Los jóvenes son malos estudiantes.
4. Los profesores siempre hablan de sus temas predilectos.
5. Los idiomas extranjeros son muy fáciles.

C. Su clase de español. Describa Ud. su clase de español y a sus compañeros de clase. Complete las oraciones siguientes con un adjetivo apropiado.

1. Los estudiantes de esta clase (no) son _____.
   (inteligente / simpático / trabajador / viejo / bueno / malo / único / feliz / francés)
2. La clase (no) es _____.
   (grande / difícil / interesante / bueno / aburrido / fácil)

D. A describir. Escriba Ud. dos o tres oraciones que describan a la gente y cosas siguientes usando adjetivos apropiados.

1. un(a) viejo(a) amigo(a)
2. un pariente favorito
3. el (la) novio(a) ideal
4. un libro que te gusta
5. la ciudad donde vives
6. la ciudad de Nueva York
7. una película que te gusta
8. tu programa predilecto de televisión
9. el presidente de los Estados Unidos
10. esta universidad

E. A conocernos. Para conocer mejor a un(a) compañero(a) de clase, describa Ud. cinco de sus mejores características físicas y cinco características notables de su personalidad. Su compañero(a) de clase va a hacer la misma cosa. ¿Cómo son Uds. diferentes y cómo son semejantes? Siga Ud. el modelo.

Modelo   Estudiante 1   *Yo soy alto y alegre.*
              Estudiante 2   *Yo soy bajo y alegre.*
              Estudiante 1   *Él no es alto sino bajo, pero él es alegre como yo.*

F. **A adivinar.** Describa Ud. a un(a) compañero(a) de clase, una persona, un lugar o una cosa famosa. Añada una oración descriptiva cada minuto hasta que su compañero(a) pueda adivinar la identidad de la persona, el lugar o la cosa. Su compañero(a) va a hacer la misma actividad. Siga el modelo.

Modelo *Es muy grande. Hay muchos edificios altos allí.*
Está en la costa atlántica. Millones de personas viven allí.
Tiene el apodo (nickname) de la «manzana grande». ¿Qué es?

THE PERSONAL *A*

A. Uses

The personal **a** is used:

1. when the direct object of the verb refers to a specific person or persons.

   Él lleva a Marta al baile.
   He is taking Marta to the dance.

   Invito a tus hijas a la fiesta.
   I'm inviting your daughters to the party.

2. when the direct object of the verb is a personified noun or a domestic animal.

   Teme a la muerte.
   He fears death.

   Busco a mi perro.
   I'm looking for my dog.

3. with the indefinite pronouns **alguien, nadie, cada uno, alguno(-a),** and **ninguno(-a).**

   ¿Ves a alguien en la calle?
   Do you see someone (anyone) in the street?

   No veo a nadie.
   I don't see anyone.

   No conozco a ninguno.
   I don't know any (of them).

4. with **¿quién(-es)?** when the expected answer would require a personal **a.**

   ¿A quién ve Paco?
   Whom does Paco see?

Ve a su mamá.
He sees his mother.

B. Exceptions

1. There is a tendency to omit the personal **a** before collective nouns.

Conozco la familia.
I know the family.

2. The personal **a** usually is not used after **tener.**

Tengo algunos amigos cubanos.
I have some Cuban friends.

PRÁCTICA

A. La *a* personal. Complete Ud. las oraciones siguientes con la **a** personal cuando sea necesario.*

1. Llama _____ su hija por teléfono.
2. Ellos tienen _____ muchos primos en España.
3. Tratan de encontrar _____ unos libros distintos.
4. Invito _____ los jóvenes al baile.
5. Espero _____ el autobús para ir a la escuela.
6. Paco mira _____ su profesor.
7. Encuentro _____ mis amigas en el café.
8. Ellas oyen _____ su música predilecta.
9. Susana visita _____ la casa de su abuela todos los días.
10. Veo _____ mis tíos en la tienda.

B. Más práctica con la *a* personal. Complete Ud. las oraciones siguientes con la **a** personal cuando sea necesario.

1. Busco una casa. (un libro / un amigo / un profesor / un lápiz / unas chicas / unos papeles)
2. Miramos las fotografías. (nuestros padres / la televisión / las mujeres / el presidente / la ventana)

C. Pidiendo información. Hágale Ud. las siguientes preguntas a un(a) compañero(a) de clase.

---

*The personal **a** contracts with **el** to form **al.**

1. if she/he has many friends
2. if she/he writes to her/his friends often
3. if she/he knows someone who speaks Spanish well
4. if she/he sees many movies
5. if she/he visits her/his relatives on weekends

REPASO

I. **Es lógico.** Haga Ud. oraciones siguiendo el modelo.

Modelo Él vive en España. Habla español. (los chicos)
Los chicos viven en España. Hablan español.

1. María vive en México. Empieza a estudiar inglés. (nosotros)
2. El hombre está en casa. Debe salir en seguida. (yo)
3. Tomás trabaja en la capital. Es del campo. (las mujeres)
4. Elena es vieja. No sale nunca. (tú)

II. **A construir oraciones.** Haga Ud. oraciones de las palabras siguientes, en el orden indicado. Haga todos los cambios necesarios para hacer una oración correcta. Ud. puede añadir elementos (artículos, preposiciones, etc.) que sean necesarios para completar el sentido de la oración.

1. Ramón / no / querer / ir / clase / hoy
2. Elena / preferir / distraer / profesor
3. todos / deber / escuchar / explicación / profesor
4. profesor / hablar / influencias / extranjero / sobre / español
5. lengua / español / tener / alguno / palabras / alemán
6. árabes / aportar / mucho / palabras / lengua / español / moderno
7. yo / conocer / bien / influencia / latín / sobre / español
8. estudiantes / discutir / ejercicios / aunque / tener / sueño

III. **Una entrevista.** Hágale Ud. las preguntas siguientes a un(a) compañero(a) de clase. Después, hágales una encuesta a los otros estudiantes de la clase. Escriba los resultados en la pizarra para hacer una comparación de actividades y opiniones entre los estudiantes.

1. ¿De dónde eres?
2. ¿Por qué estudias en esta universidad?
3. ¿Qué curso sigues?
4. ¿Cuál es tu clase favorita?
5. ¿Crees que los idiomas extranjeros son interesantes? ¿Por qué?
6. ¿Crees que es importante saber más de un idioma? ¿Por qué?

7. ¿Cómo puedes usar el idioma que estudias?

8. ¿Crees que es necesario saber las bases de cada idioma? ¿Por qué?

IV. Lo que hacemos en ciertas situaciones. Con un(a) compañero(a) de clase, cuéntense lo que hacen en los lugares siguientes.

1. en la cafetería	7. en el centro
2. en la clase de español	8. en la iglesia
3. en el parque	9. en el museo
4. en la biblioteca	10. en el gimnasio
5. en el teatro	11. en el estadio
6. en el cine	12. en la playa

INTERCAMBIOS

EL ARTE DE CONVERSAR

When you want to converse in Spanish, there are various strategies that can enhance your ability to communicate clearly. Used on a regular basis, these strategies can help you to understand the speaker's message and to respond meaningfully to what is said. They can also provide you with techniques to initiate, maintain, and end conversations. Some basic strategies for communication will be presented in this and subsequent units of the text. Whenever possible, try to use them along with what you already know about communicating in your own language and about human interaction in general.

Nonverbal Communication

A great deal of meaning is conveyed to the listener through facial expressions, gestures, and body language. These nonverbal clues will often tell you if the speaker is sad, happy, angry, content, tired, bored, etc. Certain gestures will tell you if the speaker understands what you are saying; others will indicate if the speaker is hungry, thirsty, on the point of leaving, saying good-bye, etc. Be aware of these signs, as they will help you better understand the meaning of the message that the speaker is trying to convey.

CONVERSACIÓN CONTROLADA

En la sala de clase. Ramón, un estudiante, está en una sala de clase de la universidad. Es el primer día de clases, y allí empieza a hablar con Elena, una estudiante. Con un(a) compañero(a) de clase, prepare Ud. un diálogo según las siguientes indicaciones. Utilice unos gestos mientras está hablando para indicarle a la otra persona que Ud. es una persona alegre y simpática, y que a Ud. le gusta mucho la otra persona.

RAMÓN

Ramón says hello and asks the girl what her name is.

Ramón tells her his name and then asks where Elena is from.

Ramón says that he is from Nevada. Then he asks Elena why she is studying Spanish at the university.

Ramón answers that he is studying Spanish because he wants to work and travel in Spain. Then he asks her if she wants to go with him to the cafeteria after class for coffee.

Ramón says good-bye.

ELENA

Elena says hello also and says that her name is Elena. Then she asks Ramón what his name is.

Elena says that she is from California. Then she asks Ramón where he is from.

Elena answers that she is studying Spanish because she wants to visit her relatives in Mexico and that they cannot speak English. Then she asks Ramón why he is studying Spanish.

Elena says yes, and that she'll see him later.

SITUACIONES

Con un(a) compañero(a) de clase, prepare Ud. un diálogo que corresponda a una de las situaciones siguientes.

En la oficina de español. Un(a) estudiante quiere entrar a una clase intermedia de español. El (la) profesor(a) le pide datos personales para saber si el (la) estudiante sabe bastante para entrar a la clase.

Amigos nuevos. Un(a) estudiante se encuentra con otro(a) estudiante en el pasillo (*hallway*). No se conocen. Empiezan a hablar. Cada estudiante quiere saber de dónde es el (la) otro(a), por qué está en esta universidad, qué estudia y las razones por las que estudia español.

A ESCUCHAR

Escuche Ud. a continuación la situación siguiente y el diálogo. Luego haga los ejercicios relacionados con lo que ha escuchado y aprendido.

¿Catalán o castellano? Los padres de Mari-Carmen están en Barcelona: don Carlos por asuntos de negocios, y doña Celinda lo acompaña. Todos los días pasan un rato con Mari-Carmen, su única hija, que estudia arquitectura en la Universidad de Barcelona. Doña Celinda y su hija se han encontrado en la Plaza de Cataluña, y están en la cafetería de El Corte Inglés.

A. Información

I. ¿Son **verdaderas** o **falsas** las siguientes oraciones?

   a. En Sevilla vive doña Celinda.
   b. En España sólo se habla español.
   c. A doña Celinda le gusta que le hablen en catalán.
   d. La madre y la hija están en una cafetería.
   e. Mari-Carmen tiene tres hermanas.

II. Complete las siguientes oraciones.

   a. La Plaza de Cataluña está...
   b. En Barcelona se habla...
   c. Don Carlos está en Barcelona por...

B. Conversación

Con dos o tres estudiantes debata Ud. los aspectos positivos, o negativos, del bilingüismo. Un estudiante puede mantener la posición de la mamá, otro la de Mari-Carmen, y un tercero la de un catalán en la España contemporánea.

A CONVERSAR

A. Discusión: las lenguas y las influencias extranjeras

Indique Ud. sus reacciones ante las siguientes ideas y explique por qué. Después, compare sus reacciones con las de sus compañeros de clase.

   1. Cuando uno habla inglés, español u otro idioma, debe...

      a. usar cualquier palabra extranjera que quiera.
      b. rechazar completamente el uso de palabras extranjeras.
      c. usar sólo palabras extranjeras que no tienen equivalente en su lengua.

2. El uso de palabras extranjeras...

    a. contamina el idioma.
    b. enriquece el idioma.
    c. no tiene ninguna importancia.

3. La influencia del inglés sobre otros idiomas es...

    a. buena porque el inglés debe ser el idioma dominante en el mundo.
    b. útil porque presta palabras nuevas que son necesarias.
    c. mala porque destruye la individualidad de los otros idiomas.

4. Una lengua debe...

    a. mantenerse fija e invariable.
    b. aceptar palabras nuevas, pero mantener su estructura fundamental.
    c. adaptarse y evolucionar con el tiempo, incluso en su gramática.

5. Los hablantes de cada idioma deben...

    a. reconocer un dialecto oficial y rechazar otros dialectos.
    b. aceptar todos los dialectos, pero usar sólo uno en la lengua escrita.
    c. aceptar todos los dialectos.

6. En el mundo moderno...

    a. se necesita una lengua universal.
    b. todos deben aprender lenguas extranjeras.
    c. no es necesario tener una lengua universal ni aprender otras lenguas porque hay traductores e intérpretes.

B. Ejercicio de comprensión

Ud. va a escuchar dos comentarios breves sobre los idiomas extranjeros. Después de cada comentario, va a escuchar dos oraciones. Indique si la oración es verdadera (V) o falsa (F), trazando un círculo alrededor de la letra que corresponde a la respuesta correcta.

Primer comentario:

    1. V   F   2. V   F

Segundo comentario:

    3. V   F   4. V   F

Fíjese en esta foto. ¿Cuál es el elemento de esta foto que muestra la influencia del inglés sobre la lengua española? Ahora, describa esta escena de una calle típica de Caracas, Venezuela. ¿Cuáles son las semejanzas y las diferencias entre esta calle y una calle de su ciudad?

C. Temas de conversación o de composición

1. ¿Sabe Ud. si hoy día el idioma inglés tiene alguna influencia sobre el español? ¿y sobre otros idiomas? ¿Por qué?

2. ¿Sabe Ud. si el inglés contiene palabras que vienen del español? Dé algunos ejemplos. (Si necesita inspirarse, puede mirar un mapa de los Estados Unidos.)

3. ¿Qué otras lenguas aportan palabras o expresiones al inglés? Dé Ud. algunos ejemplos.

4. ¿Qué sabe Ud. acerca de la evolución del inglés?

D. Descripción y expansión

Esta unidad empezó en una clase de español con un grupo de estudiantes que no quería estudiar los verbos reflexivos. En la página 30, hay un dibujo de otra clase más o menos típica de cualquier escuela o universidad. Estudie Ud. el dibujo, y después haga las actividades.

1. ¿Qué hay en la clase? Identifique Ud. todos los objetos que se pueden ver en el dibujo.

   Modelo   Hay *una mesa* en la clase.

2. Describa Ud. lo que pasa en la clase.

3.   Conteste las siguientes preguntas.

    a.   ¿En qué clase estamos?

    b.   ¿Qué península podemos ver?

    c.   ¿Qué países están en esta península?

    d.   ¿Dónde está Madrid?

    e.   ¿Por qué es importante la ciudad de Madrid?

    f.   ¿Es España un país grande o pequeño? ¿y Portugal?

    g.   ¿Quiénes conquistan la península en el año 200 antes de Cristo?

    h.   ¿Quiénes invaden la península desde el norte de Europa en el siglo V después de Cristo?

    i.   ¿De dónde vienen los moros para invadir la península?

    j.   ¿Quiere Ud. visitar España? ¿Por qué?

4.   Opiniones

¿Cuál es su opinión respecto al estudio de los idiomas extranjeros?

MATERIALES AUTÉNTICOS

El estudio del inglés. El estudio del inglés es muy importante en muchos de los países hispánicos, especialmente entre los estudiantes de hoy y las personas que participan en negocios. Lea Ud. el anuncio de la revista mexicana *ERES*, y conteste las preguntas que siguen.

1. Es obvio que el joven que está mirándose en el espejo necesita algo. ¿Qué necesita?
2. En su opinión, ¿es este anuncio muy serio o más o menos chistoso? Explique.
3. ¿Dónde se puede aprender inglés, según el anuncio?
4. ¿Cómo es el sistema de enseñanza?
5. ¿Cómo es Harmon Hall para el estudio de idiomas extranjeros?
6. ¿Qué quiere decir la frase: «inglés de una vez... y para siempre»? ¿Es verdad?
7. En su opinión, ¿es más fácil aprender español o inglés? ¿Por qué?

Orígenes de la cultura hispánica: América

Chichén Itzá en Yucatán fue uno de los grandes centros mayas. La pirámide en la foto se llama «el templo de los guerrilleros». ¿Qué revela de la civilización maya?

(La discusión continúa.)

RAMÓN
Todavía no pude estudiar los verbos reflexivos. ¿Y tú?

ELENA
No. Tenemos que distraer al profesor de nuevo. Tú le puedes hacer la pregunta esta vez.

5

RAMÓN
Bien. Creo que se la voy a hacer sobre el mismo asunto. La última vez habló toda una hora acerca de las influencias extranjeras sobre el español. Le encantó ese tema.

10
Mira, ya está aquí.

PROF.
Buenos días. Hoy vamos a analizar los verbos reflexivos. Ah, sí, Ramón, ¿tienes una pregunta?

RAMÓN
En la clase anterior estábamos comentando

15
eso de las influencias extranjeras. Su discusión fue muy interesante, pero solamente llegó hasta los moros. ¿No hubo otras influencias?

PROF.
Claro que hubo otras.

20 RAMÓN
¿Cuáles fueron? Hubo influencia de los indios americanos, ¿no?

PROF.
Sí, los españoles tomaron muchas palabras, o lo que llamamos préstamos, de las lenguas indígenas, especialmente del náhuatl y del

25
quechua.[1]

RAMÓN
¿Por qué?

PROF.
Pues, los españoles encontraron en América muchos animales y plantas desconocidos. Naturalmente, el español no tenía nombres

30
para estas cosas. No les quedó más remedio que incorporar al idioma las palabras que empleaban los indios.

ELENA
¿Cuáles son algunos de los préstamos?

PROF.
Bueno, entre los comestibles la batata, la   batata   *sweet potato*

35
papa, el maíz, el chocolate, el tomate y el cacao. Como puedes ver, algunas de estas palabras después pasaron del español al inglés.

RAMÓN
¿Sólo nombres de comestibles?

40 PROF.
No, otros también como huracán, hule,   hule (*m*)   *rubber*
hamaca y nombres de animales como el   hamaca   *hammock*
puma, el caimán, el cóndor y el tiburón. La   caimán   *alligator* /
                                                             tiburón   *shark*

45

mayoría de estos préstamos se refieren a cosas de la naturaleza. Bueno, y ahora volvamos a los verbos...

ELENA Pero, ¿y después de la influencia de los indios?

PROF. Después hubo influencia del francés[2] en el siglo XVIII, cuando Francia era un país muy poderoso en Europa. También el inglés ha influido mucho[3] en el siglo XX, especialmente en el vocabulario tecnológico. Pero debemos volver a la lección.

50

RAMÓN Ya no queda tiempo, profesor.

55 PROF. Ah, ¡qué lástima! Ahora ya no pueden hacer preguntas sobre los verbos reflexivos. Aparecen en el examen que vamos a tener al principio de la próxima clase.

ELENA (*a Ramón*) ¡Ay, Dios mío! ¿Qué hacemos ahora, Ramón?

60

Notas culturales

[1] **del náhuatl y del quechua:** El náhuatl es el idioma de los aztecas; el quechua es el de los incas. Estas lenguas todavía se hablan en los países donde hay grandes concentraciones de población indígena: México, Guatemala, el Perú, Bolivia y el Ecuador.

[2] **influencia del francés:** En el siglo XVIII, Francia llegó a dominar la cultura europea. El francés influyó en el español de la época, especialmente en el lenguaje culto, escolástico y gubernamental. Esta influencia se limitó a la introducción de galicismos (palabras y frases francesas), que reemplazaron palabras y frases que venían usándose en español. Más tarde hubo una reacción en contra de esta tendencia.

[3] **También el inglés ha influido mucho:** En los siglos XIX y XX, el poder económico y político de Inglaterra primero, y de los Estados Unidos después, facilitó la introducción de anglicismos en casi todas las lenguas del mundo.

VOCABULARIO ACTIVO

Estudie estas palabras.

Verbos

comentar   *to discuss*
encantar   *to delight, to enchant;*
   le encanta   *he/she loves (some-*
   thing)
reemplazar   *to replace*

Sustantivos

el asunto   *matter*
el cacao   *chocolate*
el comestible   *food, foodstuff*
el huracán   *hurricane*
el maíz   *corn, maize*
la papa   *potato*
el préstamo   *loan*
el remedio   *solution*

Adjetivos

culto, -a   *cultured, refined*
escolástico, -a   *scholastic*
indígena   *indigenous; Indian*
poderoso, -a   *powerful*
próximo, -a   *next*
tecnológico, -a   *technological*

Otras expresiones

quedarle a uno   *to have left;* no les
   quedó más remedio   *they had*
   no other solution
claro (que)   *of course*
eso de   *the matter of*
lo que   *what*
¡Qué lástima!   *What a shame!*

COMPRENSIÓN

1. ¿Por qué tienen que hacer otra pregunta los alumnos?   2. ¿Quién la va a hacer esta vez?   3. ¿Sobre qué tema es la pregunta?   4. ¿Le gusta al profesor el tema de las influencias extranjeras?   5. ¿Hasta dónde llegó el profesor en la clase anterior?   6. ¿De qué influencias habla el profesor hoy?   7. ¿De qué lenguas indígenas tomaron palabras los españoles?   8. ¿Qué son los préstamos?   9. ¿Por qué necesitaban tomar palabras de esas lenguas?   10. ¿Cuáles son algunos de los préstamos?   11. ¿Qué otras lenguas influyeron en el español moderno?   12. ¿Por qué no terminaron la lección?   13. ¿Sobre qué va a ser el examen de la próxima clase?

OPINIONES

1. ¿Puede Ud. pensar en unas palabras que usamos en inglés y que son préstamos del idioma español? ¿Cuáles son?   2. ¿Qué sabe Ud. de la civilización de los aztecas? ¿de los incas?   3. En su opinión, cuál de estas dos civilizaciones indígenas es más interesante, ¿la de los aztecas o la de los incas? ¿Por qué?   4. ¿Quiere Ud. aprender más acerca de las civilizaciones e idiomas indígenas de las Américas? ¿Por qué?   5. ¿Cuál de los comestibles indígenas le gusta más

a Ud.?   6. ¿Le encanta a Ud. estudiar las influencias extranjeras sobre el español? ¿Por qué?   7. ¿Cree Ud. que el estudio de un idioma extranjero le ayuda a entender mejor su propio idioma? ¿Por qué?   8. ¿Por qué cree Ud. que es esencial estudiar los verbos de un idioma?

ESTRUCTURA

THE IMPERFECT TENSE

A. Regular verbs

The imperfect tense is formed by dropping the infinitive endings and adding the following endings to the stem: **-aba, -abas, -aba, -ábamos, -abais,** and **-aban** for **-ar** verbs; **-ía, -ías, -ía, -íamos, -íais,** and **-ían** for **-er** and **-ir** verbs.

llamar	*to call*	comer	*to eat*	vivir	*to live*
llamaba	llamábamos	comía	comíamos	vivía	vivíamos
llamabas	llamabais	comías	comíais	vivías	vivíais
llamaba	llamaban	comía	comían	vivía	vivían

B. Irregular verbs

Only three verbs are irregular in the imperfect.

ir: iba, ibas, iba, íbamos, ibais, iban
ser: era, eras, era, éramos, erais, eran
ver: veía, veías, veía, veíamos, veíais, veían

The imperfect tense has the following English equivalents:

Tú llamabas { *You called*
                You used to call
                You were calling

PRÁCTICA

A. Una narrativa breve. Lea Ud. esta narrativa breve. Luego cuéntela desde el punto de vista de las personas indicadas.

En la clase yo comentaba siempre las influencias indígenas sobre el vocabulario del idioma español. También aprendía a analizar los verbos reflexivos con frecuencia. Todas las noches iba a la biblioteca para hacer la tarea de la clase. Yo era un buen estudiante. Muchas veces veía a los amigos allá y hablaba con ellos.

(ellas, tú, nosotros, Juana, los estudiantes, Uds.)

B. El Nuevo Mundo. Complete Ud. esta historia breve con las formas correctas del imperfecto de los verbos entre paréntesis.

Las civilizaciones indígenas (ser) <u>1</u> muy interesantes, especialmente las de los indios que (vivir) <u>2</u> en el altiplano del Perú durante el tiempo del encuentro con los españoles en el Nuevo Mundo. Los conquistadores (ver) <u>3</u> cosas nuevas todos los días, incluso varias plantas que (ser) <u>4</u> desconocidas en España. Los indios (comer) <u>5</u> con frecuencia papas, batatas, maíz y cacao como parte de su dieta diaria. (Haber) <u>6</u> muchos tipos de comestibles nuevos.

C. Una entrevista. Con un(a) compañero(a) de clase pregúntense las cosas siguientes, para saber más de lo que Uds. hacían durante su niñez. Comparen las respuestas para ver cuáles actividades tenían en común.

1. ¿Dónde vivías durante tu niñez?
2. ¿Dónde vivías cuando asistías a la escuela secundaria?
3. ¿Estudiabas español cuando estabas en la escuela secundaria, antes de venir a la universidad?
4. ¿Eras un buen o mal estudiante?
5. ¿Cuál era tu pasatiempo favorito?
6. ¿Qué hacías durante los fines de semana?
7. ¿Ibas a la biblioteca o te quedabas en casa para estudiar?
8. Cuando eras muy joven, ¿qué querías ser al graduarte de la universidad?

D. Su niñez. Dígale a un(a) compañero(a) de clase tres cosas que Ud. hacía todos los veranos durante su niñez. Luego, escuche Ud. mientras su compañero(a) hace lo mismo. Termine Ud. haciendo un resumen de sus experiencias para ver cuales de sus experiencias eran similares y cuales eran diferentes.

Modelo	Ud.	*Yo iba a la playa todos los veranos cuano era pequeño(a).*
	Compañero(a) de clase	*Yo iba a la playa también.*
		-o-
		Yo no iba a la playa.
		Yo iba a las montañas.

THE PRETERITE TENSE OF REGULAR VERBS

The preterite tense of regular verbs is formed by dropping the infinitive endings and adding the following endings to the stem: **-é, -aste, -ó, -amos, -asteis,** and **-aron** for **-ar** verbs; **í, -iste, -ió, -imos, -isteis,** and **-ieron** for **-er** and **-ir** verbs.

escuchar	*to listen to*	comer	*to eat*	salir	*to leave*
escuché	escuchamos	comí	comimos	salí	salimos
escuchaste	escuchasteis	comiste	comisteis	saliste	salisteis
escuchó	escucharon	comió	comieron	salió	salieron

PRÁCTICA

A. **Una narrativa breve.** Lea Ud. esta narrativa breve. Luego cuéntela desde el punto de vista de las personas indicadas.

Escuché su conferencia acerca de las influencias extranjeras sobre el español con mucho interés. Después, salí con unos amigos para comer en un café y discutir el asunto. Comí una variedad de cosas de origen indígena como papas fritas con salsa de tomate y una taza (*cup*) de chocolate. Pasé una noche muy agradable (*pleasant*) con buenos amigos, comida deliciosa y conversación animada (*lively*).

(Elena y yo, tú, mi hermano, Tomás y Luisa, Ud.)

B. **Las actividades de ayer.** Diga Ud. lo que hicieron las personas siguientes ayer.

Modelo   mi padre / comprar un coche nuevo
Mi padre compró un coche nuevo ayer.

1. el joven / escribir una carta
2. tú / perder tus libros
3. los estudiantes / asistir a la clase de historia
4. las muchachas / hablar con el profesor
5. mi hermana / trabajar en la biblioteca
6. mi amigo y yo / salir de casa
7. yo / escuchar música en la radio

C. **Anoche.** Con un(a) compañero(a) de clase háganse Uds. las preguntas siguientes para saber lo que él/ella hizo anoche. Si Uds. no hicieron ninguna de las cosas indicadas, díganse lo que hicieron en realidad.

Modelo   Ud.   ¿Almorzaste en casa o en la cafetería anoche?

Compañero(a) de clase   *No almorcé ni en casa ni en la cafetería. Almorcé en un café cerca de la universidad.*

1. ¿Asististe a una conferencia anoche o fuiste al cine?
2. ¿Saliste después con unos amigos para comer algo o decidiste ir a la biblioteca para estudiar?
3. ¿Volviste tarde o temprano a casa?
4. Al llegar a casa, ¿miraste un programa de televisión o te acostaste?
5. Antes de acostarte anoche, preparaste la lección o le escribiste una carta a tu novio(a)?

Ahora, haga Ud. un resumen de sus respuestas y compártalas con la clase. ¿Cuántos de sus compañeros de clase hicieron cosas semejantes? ¿diferentes?

D. Antes de la clase. Usando algunos de los verbos siguientes, diga cinco cosas que Ud. hizo antes de venir a clase hoy.

escuchar	comer	descansar	escribir
trabajar	hablar	llamar	visitar
comprar	cantar	nadar	comentar

THE PRETERITE TENSE OF IRREGULAR VERBS

1. **Ir** and **ser** have the same forms in the preterite tense.

   ir *to go /* **ser** *to be*
fui	fuimos
fuiste	fuisteis
fue	fueron

   Paula **fue** a la clase anoche.
   *Paula **went** to class last night.*

   Fue una clase interesante.
   *It **was** an interesting class.*

2. **Dar** and **ver** are also irregular in the preterite.

   dar: di, diste, dio
   dimos, disteis, dieron
   ver: vi, viste, vio
   vimos, visteis, vieron

3. Irregular verbs with the **u** change in the stem.

   andar: anduve, anduviste, anduvo
   anduvimos, anduvisteis, anduvieron
   estar: estuve, estuviste, estuvo
   estuvimos, estuvisteis, estuvieron

haber: hube, hubiste, hubo
            hubimos, hubisteis, hubieron
poder: pude, pudiste, pudo
            pudimos, pudisteis, pudieron
poner: puse, pusiste, puso
            pusimos, pusisteis, pusieron
saber: supe, supiste, supo
            supimos, supisteis, supieron
tener: tuve, tuviste, tuvo
            tuvimos, tuvisteis, tuvieron

4. Irregular verbs with the **i** change in the stem.

hacer: hice, hiciste, hizo
            hicimos, hicisteis, hicieron
querer: quise, quisiste, quiso
            quisimos, quisisteis, quisieron
venir: vine, viniste, vino
            vinimos, vinisteis, vinieron

5. Irregular verbs with the **j** change in the stem.

decir: dije, dijiste, dijo
              dijimos, dijisteis, dijeron
producir:* produje, produjiste, produjo
              produjimos, produjisteis, produjeron
traer: traje, trajiste, trajo
              trajimos, trajisteis, trajeron

Note that the verbs in items 3 and 4 above have the same irregular preterite endings. The verbs in item 5 also have the same irregular endings in all forms of the preterite with the exception of third person plural, which is **-eron,** not **-ieron.**

A. Spelling-change verbs

1. Verbs ending in **-car, -gar,** and **-zar** make the following changes in the first person singular of the preterite:

-car   **c** to **qu**
-gar: **g** to **gu**
-zar: **z** to **c**

---

*Other verbs ending in **-ducir** conjugated like **producir: conducir, traducir.**

buscar: busqué, buscaste, buscó
buscamos, buscasteis, buscaron

llegar: llegué, llegaste, llegó
llegamos, llegasteis, llegaron

empezar: empecé, empezaste, empezó
empezamos, empezasteis, empezaron

2. Certain **-er** and **-ir** verbs change **i** to **y** in the third person singular and plural. Note the accents.

caer: caí, caíste, cayó
caímos, caísteis, cayeron

creer: creí, creíste, creyó
creímos, creísteis, creyeron

leer: leí, leíste, leyó
leímos, leísteis, leyeron

oír: oí, oíste, oyó
oímos, oísteis, oyeron

B. Stem-changing verbs

1. Stem-changing **-ir** verbs that change **e** to **ie** or **o** to **ue** in the present tense change **e** to **i** and **o** to **u** in the third person singular and plural forms of the preterite.

preferir		dormir	
preferí	preferimos	dormí	dormimos
preferiste	preferisteis	dormiste	dormisteis
prefirió	prefirieron	durmió	durmieron

2. Stem-changing **-ir** verbs that change **e** to **i** in the present tense also change **e** to **i** in the third person singular and plural of the preterite.

repetir		pedir	
repetí	repetimos	pedí	pedimos
repetiste	repetisteis	pediste	pedisteis
repitió	repitieron	pidió	pidieron

3. The majority of **-ar** and **-er** stem-changing verbs in the present tense are regular in the preterite.

PRÁCTICA

A.   Una narrativa breve. Lea Ud. esta narrativa breve. Luego, cuéntela desde el punto de vista de las personas indicadas.

Llegamos a Buenos Aires anoche. Buscamos un hotel en el centro. Después de comer, fuimos a un club nocturno (*night club*) donde oímos discos de ritmos latinoamericanos. Tuvimos que volver al hotel a la medianoche. Al entrar al hotel, le dijimos al empleado que nos despertara (*to wake us up*) temprano por la mañana.

(yo, los profesores, tú, Francisco)

B. Transformación. Cambie Ud. los verbos en las oraciones siguientes a la primera persona singular del pretérito.

1. Tocamos la trompeta.
2. Pagamos la cuenta en la tienda.
3. Comenzamos a trabajar a las siete.
4. Jugamos al tenis el sábado.
5. Le dedicamos este poema a la profesora.
6. Reemplazamos los viejos libros de español.

C. El viaje de Carmen. Complete Ud. este cuento sobre un viaje que Carmen hizo a México, usando la forma correcta de los verbos entre paréntesis.

Carmen (hacer) 1 un viaje a México la semana pasada. Al llegar a la capital no (poder) 2 pasar por la aduana porque su madre no (poner) 3 su pasaporte en su maleta. Ella (traer) 4 una tarjeta de turismo con ella y por eso los funcionarios de la aduana le (permitir) 5 entrar al país. Su amigo Raúl (ir) 6 al aeropuerto para llevarla a la casa de su familia. Por un instante ella (tener) 7 mucho miedo, pero al conocer a sus padres ella (darse) 8 cuenta de que no habría ningún problema. El próximo día Raúl le (pedir) 9 el coche a su padre y los dos jóvenes (salir) 10 para hacer una gira de las ruinas indígenas.

D. Una historia personal. Ahora, escriba Ud. una narrativa semejante a la narrativa del ejercicio **C,** relatando algo inolvidable que Ud. o un(a) amigo(a) hizo en el pasado. Use Ud. algunos de los verbos de la lista siguiente.

llegar	pedir	almorzar	entrar
buscar	empezar	traer	hacer
ir	pagar	tener	jugar

USES OF THE IMPERFECT AND THE PRETERITE

A. Summary of uses

The two simple past tenses in Spanish, the imperfect and the preterite, have specific uses and express different things about the past. They cannot be interchanged.

The imperfect is used:

1. to tell that an action was in progress or to describe a condition that existed at a certain time in the past.

    Estudiaba en España en aquella época.
    He was studying in Spain at that time.

    En el cine yo me reía mientras los demás lloraban.
    In the movie theater I was laughing while the rest were crying.

    Había muchos estudiantes en la clase de química.
    There were a lot of students in the chemistry class.

    Hacía mucho frío en la sala de conferencias.
    It was very cold in the lecture hall.

2. to relate repeated or habitual actions in the past.

    Mis amigas estudiaban todas las noches en la biblioteca.
    My friends used to study every night in the library.

    Los chicos viajaban por la península todos los veranos.
    The boys used to travel through the peninsula every summer.

3. to describe a physical, mental, or emotional state in the past.

    Los jóvenes estaban muy enfermos.
    The young people were very ill.

    No comprendíamos la lección sobre el lenguaje culto y escolástico de la época.
    We didn't understand the lesson about the refined and scholastic language of the era.

    Yo creía que Juan era rico y poderoso.
    I thought that Juan was rich and powerful.

    La chica quería quedarse en casa.
    The girl wanted to stay at home.

4. to tell time in the past.

    Eran las siete de la noche.
    It was seven o'clock in the evening.

The preterite is used:

1. to report a completed action or an event in the past, no matter how long it lasted or how many times it took place. The preterite views the act as a single, completed past event.

Fuimos a clase ayer.
We went to class yesterday.

Llovió mucho el año pasado.
It rained a lot last year.

Traté de llamar a Elsa repetidas veces.
I tried to call Elsa many times.

Salió de casa, fue al centro y compró el regalo.
She left the house, went downtown, and bought the gift.

2. to report the beginning or the end of an action in the past.

Empezó a hablar con los estudiantes.
He started to talk with the students.

Terminaron la tarea muy tarde.
They finished the assignment very late.

3. to indicate a change in mental, physical, or emotional state at a definite time in the past.

Después de la explicación lo comprendimos todo.

After the explanation we understood everything.

B. The preterite and the imperfect used together

1. The preterite and imperfect tenses can best be understood by examining their use together in the same sentence.

El profesor hablaba cuando Elena entró.
The professor was talking when Elena entered.

Él explicaba las influencias extranjeras cuando terminó la clase.
He was explaining the foreign influences when the class ended.

Me dormí mientras hacía los ejercicios.
I fell asleep while I was doing the exercises.

In the above sentences, note that the imperfect describes the way things were or what was going on while the preterite relates a completed act that interrupted the scene or action.

2. Note the use of the preterite and the imperfect in the following paragraphs.

Los españoles llegaron a América en 1492, donde se encontraron con los indígenas de este nuevo mundo. Los indígenas eran de una raza desconocida. Todo era distinto incluso el color de su piel, la ropa, sus costumbres y sus lenguas. Los españoles creían que estaban en la India, y por eso llamaron a los habitantes de estas tierras «indios».

Cuando los españoles empezaron a explorar estos nuevos territorios supieron que ya había tres civilizaciones muy avanzadas: la maya, la azteca y la incaica. Estos indios tenían sus propios sistemas de gobierno, sus propias lenguas y en cada civilización la religión hacía un papel muy importante en la vida diaria de la gente. Había muchos templos y los indios participaban en numerosas ceremonias dedicadas a sus dioses. Había gran cantidad de diferencias entre la cultura de los españoles y la de los indios. Por eso los españoles no pudieron entender bien a los indios ni los indios a los españoles.

The Spaniards arrived (completed act) in America in 1492 where they found (completed act) the native inhabitants of this new world. The natives were (description) from an unknown race. Everything was (description) different including the color of their skin, their clothing, their customs, and their languages. The Spaniards believed (thought process) that they were (location over a period of time) in India and therefore called (completed act) the inhabitants of these lands "Indians."

When the Spaniards started (beginning of an act) to explore these new territories they found out (meaning of saber in the preterite) that there were (description) already three very advanced civilizations: the Mayan, the Aztec, and the Incan. These Indians had (description) their own systems of government, their own languages and in each civilization religion played (description) a very important role in the daily life of the people. There were (description) many temples and the Indians participated (continuous or habitual act) in many ceremonies dedicated to their gods. There were (description) many differences between the culture of the Spaniards and that of the Indians. For that reason the Spaniards could not (meaning of poder in the preterite) understand well the Indians nor the Indians the Spaniards.

C. Verbs with special meanings in the preterite

In the imperfect tense, some verbs describe a physical, mental, or emotional state, while in the preterite they report a changed state or an event.

conocer:	Conocí a Elena anoche. *I met (became acquainted with) Elena last night.*	¿Conocías a Elena en aquella época? *Did you know Elena at that time?*
saber:	Supo que ella salió temprano. *He found out that she left early.*	Sabía que ella salió temprano. *He knew that she left early.*

querer: Quiso llamarla.
He tried to call her.

Querer llamarla. Quería llamarla.
He wanted to call her.

No quiso hacerlo.
He refused to do it.

No quería hacerlo.
He didn't want to do it.

poder: Pudo hacerlo.
She succeeded in doing it (managed to do it).

Podía hacerlo.
She was able to do it (capable of doing it).

No pudo hacerlo.
She failed to do it.

No podía hacerlo.
She wasn't able to do it.

PRÁCTICA

A. **A decidir.** Complete Ud. las oraciones siguientes con el pretérito o el imperfecto de los verbos entre paréntesis.

1. Mi amigo _____ (estudiar) cuando yo _____ (entrar).
2. Los invitados _____ (comer) cuando mis padres _____ (llegar).
3. Ella _____ (salir) mientras el reloj _____ (dar) las seis.
4. Nosotros _____ (dormir) cuando el policía _____ (llamar) a la puerta.
5. Yo _____ (hablar) con el profesor cuando los estudiantes _____ (entrar) en la clase.
6. Siempre me _____ (llamar) cuando él _____ (estar) en la ciudad.
7. La chica _____ (ser) muy bonita. Ella _____ (tener) pelo rubio y ojos verdes.
8. Los moros _____ (invadir) España en 711 y _____ (salir) en 1492.
9. Ramón _____ (ir) a la biblioteca y _____ (estudiar) por dos horas.
10. Cuando nosotros _____ (estar) de vacaciones en la penínsu-la, _____ (hacer) calor todos los días.

B. **Una tarde con Ramón.** Escriba Ud. el parráfo otra vez cambiando todos los verbos al pretérito o al imperfecto.

Son las tres de la tarde. Ramón está en casa. Hace buen tiempo y por eso decide llamar a Elena para preguntarle si quiere dar un paseo con él. Llama dos veces por teléfono pero nadie contesta. Entonces sale de casa.

Anda por la plaza cuando ve a Elena frente a la catedral. Ella está con su amiga Concha. Ramón corre para alcanzarlas. Cuando ellas lo ven, lo saludan con gritos y risas. Ramón las saluda y empieza a hablar con Elena. No hablan por mucho tiempo porque las chicas tienen que estar en casa de Concha a las cinco, y ella vive muy lejos. Ramón conoce a Concha también, pero ella nunca lo invita porque cree que él es muy antipático. Por eso los jóvenes se despiden y Ramón le dice a Elena que va a llamarla más tarde.

C. Una carta a un(a) amigo(a). Escríbala Ud. en español.

Querido(a):

I am writing to you to tell you what I did last weekend. I used to go out with José every Saturday, but I saw Ramón yesterday in the bookstore and we decided to go to a movie. It was an interesting film about the early indigenous cultures of Mexico. Later we went to a discotheque that was near the Zócalo. We met some friends there and danced until 2:00 in the morning. It was 3:00 when I arrived home. I was very tired so I went to bed. I slept until 4:00 in the afternoon. I got up, studied, ate supper, and watched television. It was a busy weekend, but I enjoyed myself a lot.

Until later.
Tu amigo(a),

D. Su fin de semana pasado. Ahora escriba Ud. una carta a un(a) amigo(a) diciéndole lo que Ud. hizo el fin de semana pasado. Luego, compare sus experiencias con las de un(a) compañero(a) de clase. Para terminar, comparta Ud. sus experiencias con la clase. ¿Cuántos estudiantes hicieron las mismas cosas y cuántos estudiantes hicieron cosas diferentes? Haga Ud. una lista de estas actividades en la pizarra para comparar las diferencias y semejanzas.

DIRECT OBJECT PRONOUNS

A. Forms and usage

me	*me*	**nos**	*us*
te	*you*	**os**†	*you*
lo*	*him, you, it*	**los**	*them, you*
la	*her, you, it*	**las**	*them, you*

*In Spain, **le** is generally used instead of **lo** to refer to people (masculine). **Lo** is the preferred form in Latin America.

†In Latin America, the **os** has been replaced by **los** and **las**.

Direct object pronouns take the place of nouns used as direct objects. They agree in gender and number with the nouns they replace.

Compro **la revista.**   **La** compro.
Necesitan **los zapatos.**   **Los** necesitan.

B. Position

1. They normally precede the conjugated form of a verb.

Me ven en la escuela.   **Lo** tengo aquí.
They see me at school.   *I have it here.*

2. They usually follow and are attached to an infinitive.

Salió sin hacer**lo.**   Traje los libros para vender**los.**
He left without doing it.   *I brought the books to sell them.*

However, when an infinitive immediately follows a conjugated verb form, the pronoun may either be attached to the infinitive or placed before the entire verb phrase.

Enrique quiere comprar**las.**

>   OR

Enrique **las** quiere comprar.
Enrique wants to buy them.

Note: The position of object pronouns with the present participle, the progressive tenses, and commands will be reviewed in subsequent units.

PRÁCTICA

A. **Manipulación.** Haga Ud. el ejercicio siguiente cambiando las palabras entre paréntesis a pronombres directos. Luego, póngalos en la oración original.

Modelo   Yo te llamé. (Raúl)
             Yo lo llamé.

1. Juan me ve. (nosotros / tú / ellos / ella / él / ellas)
2. Nosotros lo leemos. (la carta / el artículo / los periódicos / las novelas)
3. Quiero verla. (las montañas / la playa / ellos / tú / el pueblo / Tomás / las revistas)
4. Salió sin escribirlo. (las cartas / el cuento / la composición / los artículos)

B. Transformación. Cambie Ud. las palabras escritas en letra cursiva a pronombres directos. Luego, escriba la oración otra vez poniendo los pronombres en la posición correcta.

1. Los alumnos estudian *los verbos reflexivos.*
2. Las mujeres salieron sin pagar *la cuenta.*
3. Cristóbal Colón descubrió *el Nuevo Mundo.*
4. Elena quiere discutir *la historia de la lengua española.* (two ways)
5. Estaba muy cansado después de terminar *el trabajo.*
6. Los moros conocían bien *las tierras de España.*
7. Ellos leen *libros históricos.*
8. Después de encontrar *una silla desocupada*, se sentó.
9. El profesor explicó *las influencias extranjeras.*
10. Los españoles derrotaron *a los moros* en 1492.

C. Una persona inquisitiva. Su compañero(a) de clase es una persona muy inquisitiva y siempre le hace muchas preguntas. Contéstelas Ud. usando pronombres directos.

Modelo   Compañero(a) de clase   ¿Leíste el periódico hoy?
Tú   *Sí, lo leí.*
-o-
No, no lo leí.

1. ¿Le escribiste una carta a tu familia ayer?
2. ¿Estudiaste la lección para hoy?
3. ¿Comiste todos los dulces?
4. ¿Compraste todos los libros para tus clases?
5. ¿Hiciste tu tarea para mañana?
6. ¿Aprendiste los verbos irregulares?
7. ¿Entendiste la conferencia del profesor?
8. ¿Llamaste a tu novio(a) anoche?

THE REFLEXIVE VERBS AND PRONOUNS

1. A reflexive verb may be identified by the reflexive pronoun **se** which is attached to the infinitive to indicate that the verb is reflexive. When a reflexive verb is conjugated the appropriate reflexive pronoun must accompany each form of the verb.

levantarse   *to get (oneself) up*

me levanto	nos levantamos
te levantas	os levantáis
se levanta	se levantan

The reflexive construction is used when the action of the verb reflects back and acts upon the subject of the sentence.

Me levanto a las ocho.
I get (myself) up at 8:00.

Se llama Elena.
Her name is Elena. She calls (herself) Elena.

2. The reflexive pronouns may either precede a conjugated form of a verb or follow and be attached to the infinitive.

¿Vas a bañar**te** ahora?
¿No **te** vas a bañar ahora?

> *Note:* The Spanish reflexive is often translated as *to become* or *to get* plus an adjective. The verb **ponerse** plus various adjectives also means *to become* or *to get.*

acostumbarse *to get used to*	enojarse *to become angry*
casarse *to get married*	ponerse pálido *to become pale*
enfermarse *to get sick*	ponerse triste *to become sad*

A. *Verbs used reflexively and non-reflexively*

1. Many Spanish verbs may be used reflexively or non-reflexively; the use of the reflexive pronoun changes the meaning of the verb.

For example:

Lavo mi coche todos los sábados.
I wash my car every Saturday.

Me lavo antes de comer.
I wash (myself) before eating.

2. Note the following verbs:

acercar *to bring near*	acercarse (a) *to approach*
acordar *to agree (to)*	acordarse (de) *to remember*
acostar *to put to bed*	acostarse *to go to bed*
bañar *to bathe (someone)*	bañarse *to bathe (oneself)*
burlar *to trick, to deceive*	burlarse (de) *to make fun of*
decidir *to decide*	decidirse (a) *to make up one's mind*
despedir *to discharge, to fire*	despedirse (de) *to say good-bye*
despertar *to awaken (someone)*	despertarse *to wake up*
divertir *to amuse*	divertirse *to have a good time*
dormir *to sleep*	dormirse *to fall asleep*

enojar *to anger (someone)*	enojarse *to get angry*
fijar *to fix, to fasten*	fijarse (en) *to notice*
hacer *to do, to make*	hacerse *to become*
levantar *to raise, to lift*	levantarse *to get up*
llamar *to call*	llamarse *to be called, to be named*
negar *to deny*	negarse (a) *to refuse*
parecer *to seem, to appear*	parecerse (a) *to resemble*
poner *to put, to place*	ponerse *to put on (clothing)*
	ponerse a *to begin*
preocupar *to preoccupy*	preocuparse (de, por, *or* con) *to worry about*
probar *to try, to taste*	probarse *to try on*
quitar *to take away, to remove*	quitarse *to take off*
sentar *to seat someone*	sentarse *to sit down*
vestir *to dress (someone)*	vestirse *to get dressed*
volver *to return*	volverse *to turn around*

3. The following verbs are normally reflexive:

atreverse (a) *to dare*	jactarse (de) *to boast*
arrepentirse (de) *to repent*	quejarse (de) *to complain*
darse cuenta (de) *to realize*	suicidarse *to commit suicide*

B. Reflexive pronouns for emphasis

Colloquially, a reflexive pronoun may be used to intensify an action or to emphasize the personal involvement of the subject. Note the following conversational examples.

Se me murió el abuelo el año pasado.
My grandfather died last year.

¿Los viajes? Me los pago yo.
The trips? I'm paying for them.

Lo siento, me lo comí todo.
I'm sorry, I ate it all up.

PRÁCTICA

~~~~

A. **Una narrativa breve.** Lea Ud. esta narrativa breve. Luego cuéntela desde el punto de vista de las personas indicadas.

Ayer me levanté temprano. Me bañé, me vestí y me desayuné. Más tarde, me puse la chaqueta y me fui a la universidad. Después de mis clases, decidí ir a estudiar en la biblioteca antes de volver a casa. Me divertí mucho leyendo el cuento para la clase de español. Al llegar a casa, me cambié de ropa, me acosté y me dormí pronto.

(mis amigos y yo, Carmen, Uds., tú, ellas)

B. Un cambio de sentido. Cambie Ud. las oraciones a la forma reflexiva. Fíjese en el cambio de sentido entre la forma reflexiva y la forma original.

Modelo   Ella lava los platos.
   Ella se lava.

1. José levanta a su hermano temprano.
2. Yo baño a mi perro todos los días.
3. La madre acuesta a sus niños a las ocho.
4. La señora viste a su nieta.
5. El criado sienta a los invitados cerca de la ventana.
6. Las mujeres quitan los zapatos de la mesa.

C. Actividades de ayer. Diga Ud. lo que hicieron las personas siguientes ayer.

1. el profesor / levantarse tarde
2. yo / lavarse antes de salir de mi casa
3. mis padres / acostarse temprano
4. tú / dormirse durante la conferencia
5. mis amigos y yo / divertirse mucho durante la fiesta

D. Su vida en la escuela secundaria. Con un(a) compañero(a) de clase háganse Uds. estas preguntas para saber lo que hacían durante sus años en la escuela secundaria. ¿Hay semejanzas y diferencias? ¿Cuáles son?

1. ¿Te sentabas en el mismo lugar en tus clases todos los días?
2. ¿Te preocupabas mucho de tus estudios?
3. ¿Te acostabas todas las noches a las nueve?
4. ¿Te burlabas de tus maestros muchas veces?
5. ¿Te quejabas de tus clases con frecuencia?

E. Su horario diario. Ud. y su compañero(a) de clase van a comparar su horario diario. Dígale cinco cosas que Ud. hizo ayer y a qué hora las hizo. Su compañero(a) de clase va a hacer la misma cosa. Compare Ud. las diferencias y semejanzas de sus actividades. Use los verbos siguientes y otros, cuando sea necesario.

despertarse	vestirse	volver
levantarse	irse	quitarse
bañarse	llegar	acostarse

Machu Picchu está situa-
da en los Andes cerca del
Cuzco, Perú. Se conoce
como la ciudad perdida
de los incas porque
permaneció escondida
hasta 1911. ¿Por qué
construirían los incas
una ciudad en las
montañas?

REPASO

I. **Sus actividades de ayer.** Cuente Ud. lo que hizo ayer, cambiando los verbos en la narrativa breve del tiempo presente al pretérito.

A las siete *me despierto. Me levanto* en seguida y *voy* al baño. *Me lavo, me peino* y *me visto. Salgo* de mi cuarto a las siete y media. *Voy* al comedor para desayunarme. Después de comer, *salgo* para la universidad. *Llego* a mi primera clase a las ocho. Cuando *termina* la clase *voy* a la biblioteca para estudiar. *Estudio* por tres horas. *Vuelvo* a casa a las doce. *Preparo* el almuerzo y lo *como.* Por la tarde *duermo.* A las cinco mi amigo *pasa* por mi casa y *vamos* a la cafetería donde *trabajamos. Regreso* a casa muy tarde. *Me acuesto* inmediatamente.

II. **Las actividades de ayer de su compañero(a) de clase.** Pregúntele Ud. a un(a) compañero(a) de clase si él/ella hizo las cosas siguientes ayer.

Modelo despertarse temprano
—*¿Te despertaste temprano ayer?*
—*Sí, me desperté temprano ayer.*
-o-
—*No, no me desperté temprano ayer.*

En tiempos precolombi-
nos, Teotihuacán fue un
gran centro político-
religioso. El Templo de
Quetzalcóatl es sólo uno
de los edificios que se
encuentran allí. En la
fachada se alternan
imágenes de Quetzalcóatl,
la serpiente emplumada,
y de Tláloc, el dios de
la lluvia. ¿Por qué
construiría alguien un
edificio en honor a un
animal?

1. levantarse a las ocho
2. bañarse antes de vestirse
3. peinarse con mucho cuidado
4. vestirse rápidamente
5. ponerse perfume

III. Las actividades de su familia y amigos. Diga Ud. lo que hacían su familia y amigos generalmente todos los días, y lo que hicieron en cambio (*instead*) ayer. Siga el modelo.

Modelo   mi madre / preparar la comida en casa
Mi madre siempre preparaba la comida en casa, pero ayer mi
hermano la preparó.

mi hermana / estudiar todo el tiempo
Mi hermana estudiaba todo el tiempo, pero ayer fue a la playa
a nadar.

1. mis hermanos / acostarse a las ocho
2. yo / ir a la playa todos los veranos
3. mis padres / venir a visitarme todos los fines de semana
4. mis amigos y yo / estudiar todas las noches en la biblioteca

5.   tú / distraer al profesor durante la clase
6.   Carlos / dormirse en la clase de español

INTERCAMBIOS

EL ARTE DE CONVERSAR

Language Functions

Being able to carry out specific language functions is essential to effective communication. Some of the basic language functions that you must practice are asking and answering questions, describing, narrating, expressing likes and dislikes, expressing and supporting opinions, stating preferences, giving and following directions, hypothesizing, persuading, and discussing abstract concepts. In each unit of the text you will be given the opportunity to use these functions.

Verbal Communication

In verbal communication be aware of the tone of voice used by the speaker. This can indicate the mood of the speaker, which will alert you to what kind of message is being conveyed. The intonation of a phrase or sentence can also tell you whether the speaker is asking a question, exclaiming, or making a statement.

CONVERSACIÓN CONTROLADA

En la oficina de un(a) profesor(a). Un(a) profesor(a) pide una entrevista con un(a) estudiante para ver cómo conversa él (ella). Con un(a) compañero(a) de clase, prepare Ud. un diálogo según las siguientes indicaciones.

EL (LA) PROFESOR(A)	EL (LA) ESTUDIANTE
The professor asks the student where he/she studied and what grade he/she received.	The student answers that he/she studied Spanish in high school and that he/she received a B.
The professor asks what kind of teacher the student had.	The student answers that he/she had a very good teacher who knew a lot about the Hispanic world.
The professor asks where the teacher was from.	The student answers that the teacher was born in Mexico but came to the United States when he was ten years old.
The professor asks if the student likes Spanish.	The student answers yes and that he/she speaks Spanish with a friend every day.
The professor asks the student why he/she began to study Spanish.	The student answers that he/she started to study Spanish because it is an important language and that he/she wants to work and travel in Latin America.
The professor says that he/she speaks Spanish very well, but that he/she ought to continue his/her study of the language.	The student says thank you and that he/she is going to take a Spanish class this semester.

SITUACIONES

Con un(a) compañero(a) de clase, prepare Ud. un diálogo que corresponda a una de las siguientes situaciones.

En la biblioteca. Ud. trabaja en la biblioteca de la universidad. Un(a) estudiante entra y empieza a buscar un libro. Ud. le pide la información siguiente: el título del libro, el autor, la compañía que lo publicó y en cuál de sus clases va a usarlo.

Otro día en la clase de español. Ramón encuentra a Elena otra vez en la clase de español. Él le pregunta a ella lo que hizo anoche. Ella le describe en detalle todo lo que hizo. Luego ella le pregunta lo que hizo él. Ramón contesta que él fue al cine. Elena le hace muchas preguntas sobre la película que él vio. Ramón contesta en detalle todas sus preguntas.

A ESCUCHAR

Escuche Ud. a continuación la siguiente situación y el diálogo. Luego haga los ejercicios relacionados con lo que ha escuchado y aprendido.

Arqueología. Al final del verano Raúl, un mexicano, invitó a David, estudiante de la Universidad de Chicago, y a Teresa, natural de Madrid, a su casa en Taxco para pasar unos días antes de volver a sus respectivos países. En Guatemala los tres formaron parte de un grupo de trabajo en una excavación arqueológica maya, y se hicieron amigos. Raúl ha ido al aeropuerto para recogerlos.

A. Información

Complete Ud. las oraciones con una de las tres posibilidades que se le ofrecen.

1. Los tres amigos trabajaron en el...
   a. invierno.
   b. mes de enero.
   c. verano.

2. La chica es de...
   a. Taxco.
   b. Madrid.
   c. Guatemala.

3. El viaje...
   a. duró mucho tiempo.
   b. empezó a la hora en punto.
   c. tuvo lugar durante un huracán.

4. Raúl los invitó...
   a. el próximo verano.
   b. a su casa.
   c. a dormir con los mayas.

B. Conversación

Mantenga Ud. una conversación con un compañero basándose en los temas de la conversación. Pueden empezarla haciéndose las siguientes preguntas.

1. ¿En qué país era la excavación?
2. ¿Qué recuerdas de los mayas?
3. Si te interesa la arqueología, ¿qué pueblo de la antigüedad te fascina?
4. ¿Por qué te gusta tanto?

A CONVERSAR

A. Discusión: la astrología, la magia y la ciencia

Indique Ud. sus opiniones respecto a las siguientes posibilidades, y explique por qué.

1. Las estrellas...
   a. controlan la vida humana.
   b. influyen en la vida de todos.
   c. no influyen nada en nuestras vidas.

2. En cuanto a los horóscopos...
   a. los leo todos los días porque quiero saber lo que va a pasar.
   b. no los leo nunca.
   c. los leo de vez en cuando, pero no creo en ellos.

3. Los rasgos típicos de los que nacen bajo mi signo del zodíaco...
   a. son cualidades con las que me identifico.
   b. pueden atribuirse a cualquier persona.
   c. son cualidades que no describen ni mi personalidad ni mi carácter.

4. La magia...
   a. sólo existe como explicación de lo que todavía no se entiende científicamente.
   b. sí existe en todas partes del mundo.
   c. es una parte esencial de toda religión.

5. Los fenómenos psíquicos...
   a. indican que hay fuerzas inexplicables.
   b. se basan en el hecho de que existen ondas (*waves*) cerebrales que son capaces de moverse por el aire.
   c. no existen y son producto de la imaginación.

6. La ciencia...
   a. puede resolver todos los problemas de la humanidad.
   b. es menos importante que la filosofía o la religión.
   c. es la base de nuestra cultura.

7. El verdadero científico...
   a. sólo cree en lo tangible y lo material.
   b. también puede ser una persona religiosa.
   c. es la persona más indicada para gobernar el mundo moderno.

B. El horóscopo

Busque Ud. su signo en la página 60, y explique si se identifica o no con las características que se asocian con él.

60 UNIDAD 2

HOROSCOPO

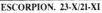

ARIES. 21-III/20-IV

Se te ofrecerán oportunidades que no debes desaprovechar. El tacto que tengas para tratar a los demás, será muy importante si quieres conseguir éxito. Es un día apropiado para organizar la vida cotidiana.

TAURO. 21-IV/20-V

Debes escuchar a los que más que tú sobre el tema que se trate. Imponer tus puntos de vista sin tener toda la información, será poco positivo para ti. El tema familiar va a darte alguna preocupación.

GEMINIS. 21-V/21-VI

Es el momento de renovarse con las amistades, de mostrarse abierto con otras personas distintas de las que conoces y participar de encuentros agradables. Físicamente necesitarás el contacto con la naturaleza.

CANCER. 22-VI/22-VII

Puedes empezar a evitarte ciertos hábitos que no van bien con tu salud, para lograr un mejor estado físico y mental. Las cuestiones relativas al trabajo te preocuparán, pero también encontrarás la forma de solucionarlas.

LEO. 23-VII/22-VIII

Estás dejando atrás a los amigos y a los que te quieren bien, debido a que te preocupas demasiado por el trabajo y la rutina cotidiana. Económicamente dispondrás de mayor holgura, así que podrás hacer planes positivos.

VIRGO. 23-VIII/21-IX

Espera alguna oportunidad o noticia por algún sitio, las cosas empiezan a arreglarse tal cual deseas. Tus amigos buscarán los consejos que los puedas dar, ello puede agobiarte porque tendrás falta de tiempo.

LIBRA. 22-IX/22-X

Puedes sentirte presionado por las circunstancias, vivir las cosas de una forma muy dramática y poco objetiva. Delante de ti aparecerán buenas ocasiones de relacionarte y de llevar adelante una buena labor.

ESCORPION. 23-X/21-XI

Tiendes a dar excesiva importancia al tema afectivo, dejando de lado otros aspectos de la vida que también son importantes. Tus sentimientos y afectos pueden ser inestables. Deberías centrar tus objetivos.

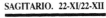

SAGITARIO. 22-XI/22-XII

Pueden tratarte injustamente o la gente no saber valorar tus capacidades. Debes tener los ojos muy abiertos para que nadie invada tu terreno y para que nadie pueda manejarte. Por la cabeza se te pasarán ideas descabelladas.

CAPRICOR. 23-XII/21-I

Te mostrarás impulsivo y algo agresivo. Desearás llevar tú solo las riendas de las cosas, lo que puede resultar un tanto duro. A nivel profesional, la competitividad se intensificará, debes estar alerta.

ACUARIO. 22-I/21-II

Te preocupa tu futuro amoroso, pasas por un momento de incertidumbres y también de carencias. Puedes encontrarte con una persona muy emotiva que te conmueva internamente. Trata de potenciar la vida social.

PISCIS. 22-II/20-III

Tus planes profesionales pueden cambiar de forma radical. A nivel afectivo pasarás de un estado muy pasional a otro que es todo lo contrario. Económicamente debes cuidar tus gastos, evitando darte muchos caprichos.

ARIES:	21 marzo–20 abril
	Rasgos: impulsivo, egoísta, enérgico
TAURO:	21 abril–20 mayo
	Rasgos: obstinado, estoico, paciente
GÉMINIS:	21 mayo–21 junio
	Rasgos: inteligente, impaciente, inconstante
CÁNCER:	22 junio–22 julio
	Rasgos: caprichoso, malhumorado, emocional
LEO:	23 julio–22 agosto
	Rasgos: poderoso, dominante, orgulloso
VIRGO:	23 agosto–21 septiembre
	Rasgos: tímido, solitario, trabajador
LIBRA:	22 septiembre–22 octubre
	Rasgos: justiciero, artístico, indeciso
ESCORPIÓN:	23 octubre–21 noviembre
	Rasgos: vengativo, honesto, leal
SAGITARIO:	22 noviembre–22 diciembre
	Rasgos: sincero, impolítico, gracioso
CAPRICORNIO:	23 diciembre–21 enero
	Rasgos: ambicioso, serio, callado
ACUARIO:	22 enero–21 febrero
	Rasgos: independiente, idealista, inestable
PISCIS:	22 febrero–20 marzo
	Rasgos: imaginativo, optimista, compasivo

C. Ejercicio de comprensión

Ud. va a escuchar dos comentarios breves sobre la llegada de los españoles al Nuevo Mundo y la influencia que los idiomas indígenas tuvieron sobre la lengua española. Después de cada comentario Ud. va a escuchar dos oraciones. Indique si la oración es verdadera (V) o falsa (F), trazando un círculo alrededor de la letra que corresponde a la respuesta correcta.

Primer comentario:

1. V   F   2. V   F

Segundo comentario:

3. V   F   4. V   F

D. Temas de conversación o de composición

1. Explique Ud. por qué hay tantas personas que creen en la astrología.
2. Busque Ud. su horóscopo en un periódico e indique su reacción a lo que dice.

En Chichicastenango, Guatemala, los indios siguen la tradición antigua de tener un mercado al aire libre en la plaza de este pueblo colonial construido por los españoles. ¿Qué le parece esta mezcla de dos culturas?

E. Descripción y expansión

1. Durante los siglos XV and XVI los españoles exploraron muchas partes del Nuevo Mundo. En Sudamérica encontraron culturas indígenas que eran muy avanzadas. También vieron muchos animales y plantas exóticas. ¿Cuánto sabe Ud. de esta tierra encantada? Refiriéndose al mapa, conteste Ud. las siguientes preguntas.

   a. ¿Cuántos países hay en Sudamérica?
   b. ¿En qué países no se habla español?
   c. ¿Cómo se llama la capital de la Argentina? ¿de Chile? ¿del Perú? ¿del Ecuador? ¿de Colombia? ¿de Bolivia? ¿del Uruguay? ¿del Paraguay? ¿de Venezuela? ¿del Brasil?
   d. ¿Cuál es el río más grande de Sudamérica?
   e. ¿Cómo se llama la cordillera de montañas que está en el oeste de Sudamérica?
   f. ¿Cuál es el país más grande de Sudamérica?
   g. ¿Qué océano está al este del Brasil?
   h. ¿Qué océano está al oeste de Chile?

i. ¿Cuáles son los países de Sudamérica que no dan al mar?

j. Si Ud. quisiera (*would like*) pasar el verano en Argentina, ¿sería mejor ir en julio o en enero? ¿Por qué?

2. Opiniones

a. Describa Ud. sus impresiones de Sudamérica.

b. ¿Cuál de los países de Sudamérica le interesa más? ¿Por qué?

c. ¿Ha viajado Ud. a algún país de Sudamérica? ¿A cuál(es)? ¿Qué pensó de él (ellos)?

MATERIALES AUTÉNTICOS

Una revista muy popular entre los jóvenes de España es *Entre Estudiantes.* La revista está dividida en distintas secciones. Estudie Ud. los nombres y el contenido de las varias secciones y conteste las preguntas.

1. ¿Cree Ud. que la revista tiene mucho interés en el estudio de idiomas extranjeros? ¿Por qué? ¿Cuántos números (*issues*) de esta revista tratan de este tema? ¿Cómo se llama la sección que trata de este tema? Según el nombre de esta sección, ¿qué pasa cuando una persona puede hablar un idioma extranjero? ¿Está de acuerdo con esta idea?

Las carreras del mes
* Periodismo
* Enfermería
Orientación
* Oposiciones
  a la Administración
Técnicas de estudio
* La memoria
Hablando se entiende la gente
* El arte de aprender
  un idioma

Sin fronteras * El programa Erasmus. **Investigadores** * Los blazares. **Debate** * El sexo en la Universidad. **Reportaje** * Estudian y trabajan. **Empresas que emplean** *Arthur Andersen. **Deporte** *Enduro

Las carreras del mes
* Económicas
* Auxiliar de vuelo
Orientación
* La selección de personal
Técnicas de estudio
* Esquemas y resúmenes
Hablando se entiende la gente
* Estudiar idiomas
  en verano

Sin fronteras * El programa AIESEC. **Investigadores** *Inmunomoduladores contra el SIDA. **Debate** * El distrito compartido. **Reportaje** * La selectividad. * Las cuentas jóvenes bancarias. **Empresas que emplean** * Telefónica. **Deporte** * Squash

Las carreras del mes
* Ingeniería de
  Telecomunicación
* Bellas Artes
Orientación
* El curriculum vitae
* El subrayado
Hablando se entiende la gente
* Cursos de idiomas por
  vídeo
Sin fronteras
* El programa Comett

Investigadores * La comunicación de masas. **Debate** * ¿Apuntes o libros? **Reportaje** * Los Centros de Empresas e Innovación. * ¿Enganchados por el ordenador? **Empresas que emplean** * Iberduero. **Deporte** * La escalada libre.

Las carreras del mes
* Medicina
* Turismo
Orientación
* La preparación
  de exámenes
Hablando se entiende la gente
* El alemán, en alza
Sin fronteras
* El programa Lingua

Investigadores * La degradación de la Catedral de Toledo **Debate** * Las universidades de verano. **Reportaje** * Las universidades privadas. * Las Junior Empresas. * Oferta Pública de Empleo 1991. **Empresas que emplean** *Banco Santander. **Deporte** * La hípica.

2. ¿Cómo se llama otra sección que aparece en todos los números? De todas las profesiones mencionadas, ¿cuál le interesa más a Ud.? ¿Por qué?

3. En dos de los números hay artículos sobre un tema que es muy importante si el estudiante quiere tener éxito en su programa académico. ¿Cómo se llama esta sección, y cuáles son unos de los tópicos presentados?

4. ¿Qué le parece a Ud. esta revista? ¿buena? ¿mala? ¿aburrida? Explique.

La religión en el
mundo hispánico

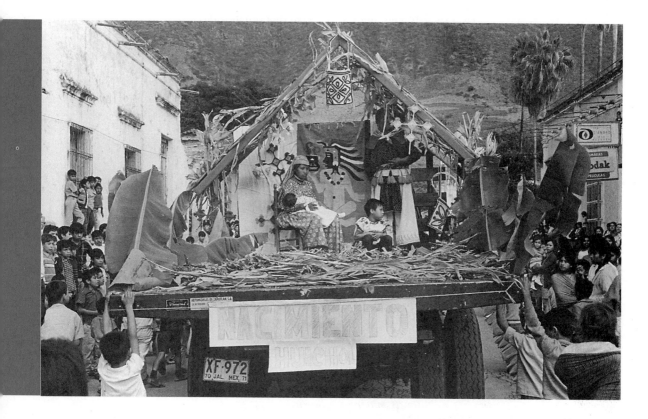

En Jocotepec, México, estos indígenas celebran la fiesta
religiosa del Señor del Monte. ¿Qué semejanzas y
qué diferencias nota Ud. entre esta ceremonia y la
celebración tradicional de la Navidad?

(El Día de los Difuntos; después de la comida)

El Día de los Difuntos *All Souls' Day, Nov. 2*

CARLOS	Con permiso.
MAMÁ	¿Adónde vas, hijo?
CARLOS	Voy a dormir la siesta. Me estoy muriendo de sueño.
5 MAMÁ	Pero, ¿no te gustaría ir a misa conmigo?
CARLOS	No, mamá, no quiero ir.
MAMÁ	¿Qué te pasa, Carlos? Ya casi nunca vas a misa. Cuando eras niño y vivíamos en el campo[1] te gustaba ir todos los domingos y los días de obligación. Son esos amigos tuyos de la universidad que te están influyendo, ¿verdad?

días de obligación *holy days of obligation*

CARLOS	Bueno, mamá, es cierto que muchos de mis amigos no van. Pero no me hace falta ir a misa. Es posible creer en Dios sin ir a misa todo el tiempo.
MAMÁ	Ah, hijo. Hablas igual que hablaba tu padre.[2] Que en paz descanse. Tampoco quería ir a misa. Pero las palabras del cura renovarán tu fe. Vamos.

Que... descanse. *May he rest in peace.*

CARLOS	El cura es sólo un hombre, como yo. En los pueblos, sí, los curas son los únicos hombres educados y por eso tienen mucha influencia. Pero aquí en la ciudad es diferente.
MAMÁ	Carlos, me desilusionas mucho. Sabes que son hombres dedicados a Dios.
CARLOS	Tal vez, pero yo puedo creer en Dios sin tener que ir a misa. La iglesia es para las bodas y los bautizos.[3] Bueno, claro, y también para cuando se estira la pata. Como un seguro de viaje para las últimas vacaciones.

cuando... pata *when you die* / seguro de viaje *travel insurance*

MAMÁ	Carlos, ¡cállate! ¡Eres exactamente como tu padre! Ofenderás a Dios con esas blasfemias. No sé qué pasaría con tu padre. Nunca iba a misa y un día murió de repente. *(Comienza a llorar.)*

blasfemias *blasphemies*

de repente *suddenly*

CARLOS	¡Mamá, está bien! No llores. Papá estará muy bien en el cielo. Tú rezas bastante para toda la familia.
MAMÁ	Pues, para mí la religión siempre será muy importante. Es un gran consuelo en tiempos difíciles.

CARLOS   Sí, ya lo sé. Es cuestión de valores diferen-
45   tes. Deja de llorar. Voy contigo a misa. No
                        podría dormir de todos modos. ¡Qué dolor
                        de cabeza tengo!

Notas culturales

[1] **Cuando... vivíamos en el campo:** En los pueblos pequeños la Iglesia sirve
de centro social además de centro religioso.

[2] **Hablas igual que hablaba tu padre:** En el mundo hispánico los hombres
frecuentemente son católicos, pero no son practicantes.

[3] **La iglesia es para las bodas y los bautizos:** Aún los hombres que casi
nunca van a misa, esperan casarse y bautizar a sus hijos en la iglesia. También
quieren la presencia del clero en la hora de la muerte.

VOCABULARIO ACTIVO

Estudie estas palabras.

Verbos

bautizar   *to baptize*
dejar de   *to stop*
demostrar (ue)   *to show*
desilusionar   *to disappoint, to
    disillusion*
influir (en)   *to influence*
renovar (ue)   *to renew, to renovate*
rezar   *to pray*
servir (i) de   *to serve as*

Sustantivos

el bautizo   *baptism*
la boda   *wedding*
el campo   *country*
el clero   *clergy*
el consuelo   *consolation*

el cura   *priest*
el diablo   *devil*
la fe   *faith*
el fiel: los fieles   *the faithful, the
    devout*
la misa   *Mass*
el valor   *value*

Adjetivos

único, -a   *only*

Otras expresiones

con permiso   *excuse me*
de todos modos   *anyway*
es cierto   *it's true*
igual que   *the same as, just like*

COMPRENSIÓN

1. ¿Qué quiere hacer Carlos después del almuerzo?   2. ¿Adónde va a ir su mamá?   3. ¿Va Carlos a misa todos los días de obligación?   4. ¿Quiénes influyen en Carlos, según la mamá?   5. ¿Dice Carlos que es necesario ir a misa?   6. ¿Por qué tienen los curas mucha influencia en los pueblos peque- ños?   7. Según la mamá, ¿por qué son buenos los curas?   8. Según Carlos, ¿para qué sirve la iglesia?   9. Según la madre, Carlos es como su padre. ¿Cómo era su padre?   10. ¿Para qué le sirve la religión a la madre de Carlos? 11. ¿Por qué decide Carlos ir a misa con su mamá?

OPINIONES

1. ¿Va Ud. a la iglesia todos los domingos? ¿Por qué?   2. ¿Cree Ud. que una persona puede ser religiosa sin asistir a una iglesia? ¿Por qué?   3. ¿Cree Ud. que una persona debe discutir sus creencias religiosas con otras personas, o es algo demasiado personal?   4. ¿Cree Ud. que la religión tiene un papel muy importante en la vida diaria de cada persona? ¿Por qué?   5. ¿Es posible para una persona ser buena sin asistir a una iglesia? Explique.   6. ¿Qué piensa Ud. de una persona que dice que no cree en Dios?   7. ¿Piensa Ud. que los jóvenes de hoy son menos religiosos que sus padres? ¿Por qué?   8. En su opinión, ¿sería el mundo mejor o peor sin la religión? Explique.

ESTRUCTURA

THE *IR A* + INFINITIVE CONSTRUCTION

The present indicative of the verb **ir** followed by **a** and the infinitive is often used in Spanish to express an action that will take place in the immediate future.

¿Qué vas a hacer?
What are you going to do?

Voy a vender la pintura.
I am going to sell the painting.

Va a invitar a tu hija.
She is going to invite your daughter.

Vamos a tener mucho éxito.
We are going to be very successful.

Va a ser un gran consuelo para la gente.
It is going to be a great consolation for the people.

PRÁCTICA

A. Una narrativa breve. Lea Ud. esta narrativa breve. Luego, cuéntela Ud. desde el punto de vista de las personas indicadas.

Vamos a asistir a la misa mañana. Vamos a celebrar el bautizo de nuestra sobrina. Vamos a invitar a toda la familia. Después de la misa, vamos a tener una comida especial en casa.

(yo, ella, Felipe y Juana, tú, Ud.)

B. Comentarios religiosos. Cambie Ud. las oraciones siguientes usando la estructura **ir a** + el infinitivo.

1. El clero influye mucho en la gente.
2. Los fieles renuevan su fe en la iglesia.
3. Yo sirvo de cocinero (*cook*) durante la fiesta.
4. Carlos y su madre no se meten en los problemas de la ciudad.
5. ¿Comes tú antes de ir a misa?

C. ¿Adónde va Ud. y por qué? Cuando alguien va a un lugar generalmente es por una razón específica. Diga Ud. adónde van las personas de la columna **A** y por qué van allí.

Modelo   Yo voy a la biblioteca. Voy a leer un libro.

A	B	C
Su madre	a la fiesta	divertirse
Yo	a la iglesia	renovar la fe
Tú	al centro	tomar el sol
Carlos y Teresa	a la biblioteca	nadar en el mar
Mis amigos y yo	a las montañas	comprar unos comestibles
	a un concierto	preparar la tarea
	a la Misa del gallo*	escuchar la música
	a la playa	hablar español
	a la clase	visitar al cura
	a la universidad	bailar
	a una discoteca	estudiar lenguas extranjeras
		mirar los picos altos
		rezar

*Misa del gallo = midnight Mass.

D. Ahora hágale Ud. cinco preguntas a un(a) compañero(a) de clase para saber lo que él/ella va a hacer durante el resto del día.

THE FUTURE AND CONDITIONAL TENSES

A. The future of regular verbs

1. In Spanish, the future tense of regular verbs is formed by adding the following endings to the complete infinitive: **-é, -ás, -á, -emos, -éis, -án**. Note that the same endings are used for all three conjugations.

hablar		comer		vivir	
hablaré	hablaremos	comeré	comeremos	viviré	viviremos
hablarás	hablaréis	comerás	comeréis	vivirás	viviréis
hablará	hablarán	comerá	comerán	vivirá	vivirán

2. The future tense in Spanish corresponds to the English auxiliaries *will**
and *shall*, and it is generally used as in English.

¿A qué hora volverán?
At what time will they return?

Iremos a misa a las ocho.
We shall go to Mass at eight.

3. The future may also be used as a softened substitute for the direct command.

Ud. volverá mañana a la misma hora.
You will return tomorrow at the same time.

4. The following are often substituted for the future:

a. **Ir a** (in the present) plus the infinitive, referring to the near future.

Van a dejar de fumar.
They are going to stop smoking.

Voy a hacer compras mañana.
I am going to shop tomorrow.

---

*When the English word *will* is used to make a request, the verb **querer** + an infinitive is used in Spanish rather than the future tense: ¿**Quiere Ud. abrir la ventana?** (*Will you open the window?*)

b.   The present tense.

El partido de tenis empieza a las dos.
The tennis game will begin at two.

B. *The conditional of regular verbs*

1.   The conditional tense endings are also added to the complete infinitive:
-ía, -ías, -ía, -íamos, -íais, -ían. The endings are the same for all three
conjugations.

hablar		**comer**		**vivir**	
hablaría	hablaríamos	comería	comeríamos	viviría	viviríamos
hablarías	hablaríais	comerías	comeríais	vivirías	viviríais
hablaría	hablarían	comería	comerían	viviría	vivirían

2.   The conditional tense corresponds to the English auxiliary *would** and is
generally used as in English.

Me dijo que lo renovarían.
He told me that they would renovate it.

Me gustaría estudiar contigo.
I would like to study with you.

3.   Specifically, the conditional is used:

a.   to express a future action from the standpoint of the past.

Carlos le dijo que no dormiría la siesta.
Carlos told her that he would not take his nap.

b.   to express polite or softened statements, requests, and criticisms.

Tendría mucho gusto en llevar a tu hermana.
I would be very happy to take your sister.

¿Podría Ud. ayudarme?
Could you (would you be able to) help me?

¿No sería mejor ayudarlo?
Wouldn't it be better to help him out?

---

*The conditional tense is not used in Spanish to express *would* meaning "used to" or *would not*
meaning "refused to." These concepts are expressed by the imperfect and the preterite, respectively. **Íbamos a la playa todos los días.** *(We would [used to] go to the beach every day.)* **No
quiso hacerlo.** *(He would not [refused to] do it.)*

c. to state the result of a conditional *if*-clause.*

Si viviéramos en el campo, irías a la iglesia todos los domingos.
If we lived in the country, you would go to church every Sunday.

C. Irregular future and conditional verbs

Some commonly used verbs are irregular in the future and conditional tenses.
However, the irregularity is only in the stem; the endings are regular.

Verb	Future	Conditional
decir	diré	diría
haber	habré	habría
hacer	haré	haría
poder	podré	podría
poner	pondré	pondría
querer	querré	querría
saber	sabré	sabría
salir	saldré	saldría
tener	tendré	tendría
valer	valdré	valdría
venir	vendré	vendría

PRÁCTICA

A. **¿Qué hará la gente?** Indique Ud. lo que cada persona hará en las situaciones siguientes.

Modelo Al llegar a la biblioteca (yo / estudiar) la lección.
Al llegar a la biblioteca yo estudiaré la lección.

1. Al levantarse (Carlos / vestirse) rápidamente.
2. Al entrar en la iglesia (nosotros / sentarse) inmediatamente.
3. Al llegar a casa (tú / poner) los libros en la sala.
4. Al recibir el dinero (ellos / ayudar) a los pobres.
5. Al terminar la clase (María / salir) para la casa.

Repita Ud. el ejercicio **A** diciendo lo que Ud. hará.

B. **¿Cuándo va a hacerlo?** Pregúntele Ud. a un(a) compañero(a) de clase cuándo va a hacer las cosas siguientes.

---

*In such situations the *if*-clause is in the imperfect subjunctive. *If*-clauses will be discussed in more detail in Unit 10.

Modelo escuchar las palabras del cura
¿Vas a escuchar las palabras del cura ahora?
No, escucharé las palabras del cura mañana.

1. devolver el libro
2. almorzar con los amigos
3. asistir a la iglesia
4. salir a pasear
5. tener una cita
6. tomar el tren
7. hacer la tarea
8. rezar en la iglesia

C. **Transformación.** Cambie Ud. las oraciones para concordar con los verbos entre paréntesis.

Modelo Sé que vendrá en coche. (sabía)
Sabía que vendría en coche.

1. Me dicen que Ramón la llevará a la iglesia. (dijeron)
2. Creo que el cura contestará nuestras preguntas. (creía)
3. Estoy seguro de que la misa terminará a tiempo. (estaba)
4. Creo que nos dirá la verdad. (creía)
5. Les dice que discutirán sobre religión más tarde. (dijo)

D. **¿Qué harían ellos?** Diga Ud. lo que harían estas personas en las situaciones siguientes.

Modelo Al recibir el cheque (yo / hacer) un viaje.
Al recibir el cheque yo haría un viaje.

1. Al visitar México (Laura / asistir) a una fiesta religiosa.
2. Al hacer un viaje (sus padres / enviarnos) unos recuerdos.
3. Al volver tarde (nosotros / acostarse) sin comer.
4. Al mirar la televisión (tú / divertirse) mucho.
5. Al mudarse a la ciudad (los campesinos / poder) encontrar empleo.

Repita Ud. el ejercicio **D** diciendo lo que Ud. haría.

E. **Una entrevista.** Hágale Ud. estas preguntas a un(a) compañero(a) de clase para saber lo que hará en las situaciones siguientes. Comparta esta información con otro(a) compañero(a) de clase.

Modelo Estudiante 1 *¿Qué harás después de esta clase?*
Estudiante 2 *Iré a la cafetería.*
Estudiante 1 *Carlos dijo que iría a la cafetería.*

1. ¿Qué harás al ir a la biblioteca?
2. ¿Qué harás al llegar a casa esta tarde?
3. ¿Qué harás al asistir a la fiesta?
4. ¿Qué harás antes de estudiar esta noche?
5. ¿Qué harás al graduarte de la universidad?

F. Un millón de dólares. Haga Ud. una lista de cinco cosas que haría si tuviera un millón de dólares. Luego, compare su lista con la de un(a) compañero(a) de clase.

THE FUTURE AND CONDITIONAL TO EXPRESS PROBABILITY

A. *The future of probability*

The future tense is used to express probability at the present time. This construction is used when the speaker is conjecturing about a situation or occurrence in the present.

¿Qué hora será?
I wonder what time it is. (What time do you suppose it is?)

Serán las once.
It is probably eleven o'clock. (It must be eleven o'clock.)

¿Dónde estará Rosa?
I wonder where Rosa is. (Where do you suppose Rosa is?)

B. *The conditional of probability*

The conditional tense is used to express probability in the past.

¿Qué hora sería?
I wonder what time it was. (What time do you suppose it was?)

Serían las once.
It was probably eleven o'clock. (It must have been eleven o'clock.)

Estaría en la iglesia.
She was probably in the church. (I suppose that she was in the church.)

Note: Probability in the present or the past may also be expressed by using the word *probablemente* with either the present or the imperfect tense.

Probablemente están en la biblioteca.   Estarán en la biblioteca.
Probablemente sabía la respuesta.   Sabría la respuesta.

PRÁCTICA

～～～

A. Buscando a unos amigos. Ud. está buscando a unos amigos que se mudaron a otra ciudad. Ud. está en el barrio donde ellos viven pero no sabe exactamente donde está su casa. Está conjeturando sobre la dirección de la casa. Exprese Ud. su incertidumbre cambiando las oraciones al futuro de probabilidad.

Modelo   Probablemente ellos no viven en este barrio.
Ellos no vivirán en este barrio.

1. Probablemente ellos viven cerca de aquí.
2. Probablemente ellos tienen una casa muy grande.
3. Probablemente ellos no están en casa.
4. Probablemente ellos no nos esperan.
5. Probablemente la casa amarilla es su casa.

B. La incertidumbre. Alguien está haciéndole a Ud. varias preguntas. Ud. no sabe las respuestas, pero contesta con incertidumbre. Exprese sus dudas contestando las preguntas con el futuro de probabilidad.

Modelo   ¿Qué hora es? (las doce)
Serán las doce.

1. ¿A qué hora viene el cura? (a las nueve)
2. ¿Adónde va Carlos ahora? (a misa)
3. ¿A qué hora empieza el programa? (a las ocho)
4. ¿Cómo está su amiga? (muy cansada)
5. ¿Dónde trabaja su novio? (en un almacén)
6. ¿Qué tiene Ud. que hacer hoy? (ayudar a mi hermano)

C. No estoy seguro. Conteste Ud. las preguntas siguientes usando el condicional de probabilidad para indicar falta de confianza en sus respuestas.

Modelo   ¿Quién contestó las preguntas? (Ramón)
Ramon las contestaría.

1. ¿Quiénes hicieron las preguntas? (las alumnas)
2. ¿Quién escribió este cuento? (Cervantes)
3. ¿Quiénes mandaron estos ensayos? (mis amigos)
4. ¿Quién compró los libros? (mi primo)
5. ¿Quién puso la composición aquí? (el profesor)

D. El clero. Con un(a) compañero(a) de clase exprese Ud. el diálogo en español, conjeturando de la situación presentada.

SEÑORA 1	I wonder who he is.
SEÑORA 2	He is probably a priest.
SEÑORA 1	Where do you suppose he's from?
SEÑORA 2	He's probably from Spain.
SEÑORA 1	I wonder when he arrived.
SEÑORA 2	He probably came last night with the other members (*miembros*) of the clergy.

INDIRECT OBJECT PRONOUNS

A. Forms

1. The indirect object pronouns are identical in form to the direct object pronouns except for the third person singular and plural forms **le** and **les**.

me	*(to) me*	**nos**	*(to) us*
te	*(to) you*	**os***	*(to) you*
le	*(to) him, her, you, it*	**les**	*(to) them, you*

2. Since **le** and **les** have several possible meanings, a prepositional phrase (**a él, a ella,** etc.) is sometimes added to clarify the meaning of the object pronoun.

Le dio el dinero a él.
He gave the money to him.

Les mandé un cheque a ellos.
I sent a check to them.

B. Usage

1. To indicate to whom or for whom something is done.

Les dio el único cuaderno.
He gave the only notebook to them.

Mi marido me preparó la comida.
My husband prepared the meal for me.

2. To express possession in cases where Spanish does not use the possessive adjectives (**mi, tu, su,** etc.). This usually is the case with parts of the body and articles of personal clothing.

---

*In Latin America, the **os** form has been replaced by **les**, which corresponds to **ustedes**.

Me corta el pelo.
She is cutting my hair.

Nos limpia los zapatos.
He is cleaning our shoes.

3. With impersonal expressions.

    Le es muy difícil hacerlo.
    It is very difficult for him to do it.

    Me es necesario hablar con él.
    It is necessary for me to talk with him.

4. With verbs such as **gustar, encantar, faltar,** and **parecer**. This use will be discussed later in this unit.

5. The indirect object pronoun is usually included in the sentence even when the indirect object noun is also expressed.

    Le entregué el dinero a Juan.
    I handed the money to Juan.

    Les leí el cuento a los niños.
    I read the story to the children.

    Mario le da el regalo a Delia.
    Mario is giving the present to Delia.

C. Position

Indirect object pronouns follow the same rules for position as direct object pronouns. They generally precede a conjugated form of the verb or are attached to infinitives and present participles.

Van a leerte el cuento.
They are going to read you the story.

Te van a leer el cuento.
They are going to read the story to you.

Están escribiéndole* una carta.
They are writing a letter to him.

~~~~~~

*Note that when one or more pronouns are attached to the present participle, a written accent is required on the original stressed syllable.

Le están escribiendo una carta.
They are writing him a letter.

DOUBLE OBJECT PRONOUNS

1. When both a direct and an indirect object pronoun appear in the same sentence, the indirect object pronoun always precedes the direct.

    Me lo contó.
    He told it to me.

2. Double object pronouns follow the same rules for placement as single object pronouns.

    Va a contármelo.* Me lo va a contar.
    He's going to tell it to me.

    Está contándomelo. Me lo está contando.
    He's telling it to me.

3. When both pronouns are in the third person, the indirect object pronoun **le** or **les** changes to **se**.

    Le doy el libro.   Se lo doy.
    I give him the book.   *I give it to him.*

    Les mandé los cheques. Se los mandé.
    I sent them the checks. *I sent them to them.*

4. Since **se** may have several possible meanings, a prepositional phrase (**a ella, a Ud., a Uds., a ellos,** etc.) is often added for clarification.

    Se lo dio a Ud.
    He gave it to you.

5. Reflexive pronouns precede object pronouns.

    Se lo puso.
    He put it on.

~~~~~~

*Note that when two pronouns are attached to an infinitive, a written accent is required on the original stressed syllable.

6. The prepositional phrases **a mí, a ti, a nosotros,** and so forth may also be used with the corresponding indirect and direct object pronouns for emphasis.

A mí me dice la verdad.
She tells me the truth.

PRÁCTICA

A. **Una narrativa breve.** Lea Ud. esta narrativa breve. Luego, cuéntela desde el punto de vista de las personas indicadas.

Me habló por teléfono anoche. Estaba contándome sus experiencias en México, cuando alguien interrumpió la conversación. Por eso me dijo que iba a mandarme una carta con unas fotos describiendo todo.

(a nosotros, a ti, a ella, a ellos, a Uds.)

B. **Los pronombres directos e indirectos.** Diga Ud. cada oración otra vez cambiando las palabras escritas en letra cursiva a pronombres directos o indirectos.

1. Voy a traer *la maleta a Juana.*
2. Dijo *la verdad a sus padres.*
3. Su padre prestó *dinero a Luz María.*
4. Tengo que comprar *los boletos para Juan y Felipe.*
5. Nos mandan *las cartas.*
6. Está explicando *el motivo a mi amigo.*
7. Carlos invitó *a los extranjeros.*
8. La compañía vendió *la maquinaria al cliente.*
9. Elena quiere dar *su cámara a los turistas.*
10. Van a mostrarme *sus apuntes.*

C. **Un(a) amigo(a) ensimismado(a).** Ud. tiene un(a) amigo(a) que es bastante egoísta. Siempre está pidiéndole algo a Ud. Con un(a) compañero(a) de clase (quien va a hacerle las preguntas siguientes), conteste las preguntas con una oración negativa o afirmativa. Siga el modelo. ¡Cuidado con los pronombres directos e indirectos!

Modelo   ¿Vas a escribirme muchas cartas este verano?
Sí, voy a escribirte muchas cartas este verano.
Sí, voy a escribírtelas este verano.

1. ¿Vas a darme tus apuntes hoy?
2. ¿Vas a prepararme comida mexicana esta noche?
3. ¿Me dirás las respuestas mañana?

4. ¿Me compraste los libros ayer?
5. ¿Estás haciéndome los ejercicios para hoy?
6. ¿Tus padres te prestan dinero para comprarme un regalo?

D. La boda. Sus amigos van a casarse. ¿Qué hará Ud. para celebrar la boda? Use Ud. pronombres en sus respuestas.

Modelo ¿Les comprarás unos regalos?
Sí, se los compraré.

1. ¿Les arreglarás su luna de miel?
2. ¿Les construirás una casa nueva?
3. ¿Les comprarás un coche nuevo?
4. ¿Les darás un cheque de mil dólares?
5. ¿Les harás un brindis?
6. ¿Les enviarás muchas flores?

GUSTAR AND SIMILAR VERBS

A. Gustar

1. The Spanish verb **gustar** means *to please* or *to be pleasing*. The equivalent in English is *to like*. In the Spanish construction with **gustar** the English subject (I, you, Juan, etc.) becomes the indirect object of the sentence, or the one *to whom* something is pleasing. The English direct object, or the thing that is liked, becomes the subject. The verb **gustar** agrees with the Spanish subject; consequently, it almost always is in the third person singular or plural.

Nos gusta bailar.
We like to dance. (Dancing pleases us.)

Me gustó la música.
I liked the music. (The music was pleasing to me.)

¿Te gustan las conferencias del profesor Ramos?
Do you like Professor Ramos's lectures?

Les gustaban sus cuentos.
They liked his stories.

2. When the indirect object is a noun, it must be preceded by the preposition **a**. (The indirect object pronoun is still used.)

A mis hermanos les gustan los discos.
My brothers like the records.

A Pablo le gusta el queso.
Pablo likes cheese.

B. *Other verbs like* gustar

Other common verbs that function like **gustar** are **faltar** *(to be lacking, to need)*, **hacer falta** *(to be necessary)*, **quedar** *(to remain, to have left)*, **parecer** *(to appear, to seem)*, **encantar** *(to delight, to charm)*, **pasar** *(to happen, to occur)*, and **importar** *(to be important, to matter)*.

Me faltan tres billetes.
I am lacking (need) three tickets.

Nos hace falta estudiar más.
It is necessary for us to study more.

Les quedan tres pesos.
They have three pesos left.

No me importa el dinero.
Money doesn't matter to me.

Me encantan las rosas.
I love roses.

¿Qué te parece? ¿Vamos a la iglesia o no?
What do you think? Shall we go to church or not?

¿Qué te pasa?
What's happening to you? What's wrong?

PRÁCTICA

A. **Opiniones y observaciones.** Haga Ud. el ejercicio siguiente según el modelo.

Modelo   Me gustan los regalos. (a él / el poema)
       Le gusta el poema.

1. Me gusta la canción. (a ti / las películas; a Ud. / la misa; a nosotros / los deportes; a Raúl / la comida; a las chicas / las fiestas; a Rosa / la raqueta; a ellos / viajar)
2. Le faltaba a Ud. el dinero. (a ti / los zapatos; a ella / una cámara; a nosotros / un coche; a Rosa y a Pedro / los billetes; a mí / un lápiz)
3. ¿Qué les parecieron a Uds. las clases? (a ti / el concierto; a Elena / el clima; a tus hermanos / los partidos; a ella / las lecturas; a Ud. / la discoteca; a ellos / los bailes mexicanos)

B. **¿Cuál es la pregunta?** Haga Ud. preguntas que produzcan la información siguiente.

1. Sí, me gustaron las ruinas indias.
2. Sí, nos gustan esos jardines.

3. No, a él no le gusta el movimiento feminista.
4. No, a mí no me gusta la política.
5. Sí, nos gusta dormir la siesta.

C. ¿Qué les gusta? Con un(a) compañero(a) de clase háganse Uds. preguntas para saber lo que les gusta o no les gusta. Después de contestar, explique Ud. por qué.

Modelo   estudiar mucho
—*¿Te gusta estudiar mucho?*
—*Sí, me gusta estudiar mucho porque quiero aprender.*
-o-
—*No, no me gusta estudiar mucho porque prefiero escuchar música.*

1. las ciudades grandes
2. mirar la televisión
3. vivir en el campo
4. la comida española
5. hablar y escribir en español
6. los bailes latinos
7. asistir a la iglesia
8. esta escuela

D. La vida universitaria. Haga Ud. una lista de cinco cosas que le gustan de la vida universitaria y cinco cosas que no le gustan. Compare su lista con la de un(a) compañero(a) de clase para saber las diferencias y semejanzas que existen entre Uds.

THE VERBS *SER* AND *ESTAR*

The verbs **ser** and **estar** are translated as the English verb *to be*. However, their usage in Spanish is quite different. They can never be interchanged without altering the meaning of a sentence or in certain contexts producing an incorrect sentence.

A. Estar *is used:*

1. to express location.

    La ciudad de Granada está en España.
    The city of Granada is in Spain.

    Ellos están en la clase de español.
    They are in the Spanish class.

2. to indicate the condition or state of a subject when that condition is variable or when it is a change from the norm. Note that in some of the examples below **estar** can be translated by a verb other than *to be* (*to look, to taste, to seem, to feel,* etc.).

La ventana está sucia.
The window is dirty.

Yo estoy muy desilusionado.
I am (feel) very disillusioned.

La cena está lista.
The dinner is ready.

Juan está muy alegre hoy.
Juan is (seems) very happy today.

¡Qué delgada está Teresa!
How thin Teresa is (looks)!

La sopa está riquísima.
The soup is (tastes) delicious.

3. with past participles used as adjectives to describe a state or condition that is the result of an action.

El profesor cerró la puerta. La puerta está cerrada.
The professor closed the door. The door is closed.

El autor escribió el libro. El libro está escrito.
The author wrote the book. The book is written.

4. with the present participle to form the progressive tenses.*

Los estudiantes están analizando los verbos reflexivos.
The students are analyzing the reflexive verbs.

B. Ser *is used:*

1. to describe an essential or inherent characteristic or quality of the subject.

Su hija es bonita.
Your daughter is pretty.

El hombre es pobre.
The man is poor.

Mis tíos son ricos.
My uncles are rich.

La isla es pequeña.
The island is small.

Su abuelo es viejo. (in years)
His grandfather is old.

Su hermana es joven. (in years)
Her sister is young.

2. with a predicate noun that identifies the subject.

El señor Pidal es profesor.
Mr. Pidal is a professor.

Juan es el cónsul español.
Juan is the Spanish consul.

María es ingeniera.
María is an engineer.

Ramón es su amigo.
Ramón is her friend.

3. with the preposition **de** to show origin, possession, or the material from which something is made.

Roberto es de España.
Roberto is from Spain.

El reloj es de oro.
The watch is (made of) gold.

*See Unit 4.

El libro es de Teresa.   La casa es de madera.
The book is Teresa's.   *The house is made of wood.*

4. to express time and dates.

Son las ocho.   Es el cinco de mayo.
It's eight o'clock.   *It's the fifth of May.*

5. when *to be* means "to take place."

La conferencia es aquí a las seis.
The lecture is (taking place) here at 6:00.

El concierto fue en el Teatro Colón.
The concert was (took place) in the Teatro Colón.

6. to form impersonal expressions (**es fácil, es difícil, es posible,** etc.).

Es necesario entender los tiempos verbales.
It is necessary to understand the verb tenses.

7. with the past participle to form the passive voice. (This will be discussed further in Unit 11.)

El fuego fue apagado por el viento.
The fire was put out by the wind.

La lección fue explicada por el profesor.
The lesson was explained by the professor.

C. Ser *and* estar *used with adjectives*

It is important to note that both **ser** and **estar** may be used with adjectives. However, the meaning or implication of the sentence changes depending upon which verb is used.

Ser	Estar
Elena es bonita.	Ella está bonita hoy.
Elena is pretty (a pretty girl).	*She looks pretty today.*
Tomás es pálido.	Tomás está pálido.
Tomás is pale-complexioned.	*Tomás looks pale.*
Él es bueno (malo).	Está bueno (malo).
He's a good (bad) person.	*He's well (ill).*
Es feliz (alegre).	Está feliz (alegre, contenta).
She's a happy (cheerful) person.	*She's in a happy (cheerful, contented) mood.*

El profesor es aburrido.
The professor is boring.

Está aburrido.
He's bored.

Carlos es borracho.
Carlos is a drunkard.

Carlos está borracho.
Carlos is drunk.

José es enfermo.
José is a sickly person.

José está enfermo.
José is sick (now).

Las sandalias son cómodas.
Sandals are (generally) comfortable.

Estas sandalias están muy cómodas.
These sandals feel very comfortable.

Carolina es lista.
Carolina is clever (alert).

Carolina está lista para salir.
Carolina is ready to leave.

PRÁCTICA

A. Ser y estar. Complete Ud. las oraciones siguientes con la forma correcta de **ser** o **estar.**

1. La casa de Patricia _____ muy lejos de aquí.
2. Su casa _____ de ladrillo.
3. Marina _____ la esposa de Juan.
4. Mi amigo _____ muy cansado hoy.
5. _____ el primero de octubre.
6. Esta sopa _____ muy caliente.
7. Él _____ muy buena persona, pero _____ enojado ahora.
8. Mi primo _____ enfermo hoy.
9. _____ más ricos que los reyes de España.
10. Ya _____ apagado el fuego.
11. Elena_____bonita, y hoy _____más bonita que nunca.
12. ¿De quién _____ este libro?
13. La conferencia _____ a las ocho.
14. Yo _____ muy contento porque los zapatos _____ muy cómodos.
15. El libro _____ muy aburrido y por eso yo _____ aburrido.

B. Un día en la vida de Enrique. Complete Ud. el cuento de Enrique con la forma correcta de **ser** o **estar.**

_____ las siete cuando Enrique se despertó. _____ el día de los exámenes finales y él _____ muy nervioso. Su primer examen

El bautizo es una ocasión importante en la vida hispánica. A menudo se celebra con una gran fiesta familiar después de la ceremonia religiosa. Comente sobre una ocasión importante en la vida de su familia.

_____ a las nueve y quería llegar temprano para poder estudiar. Después de vestirse, empezó a buscar los libros. No _____ ni en la sala ni en el estudio. Al fin, su madre le dijo que _____ detrás de la puerta de su cuarto. Ahora _____ listo y salió para la escuela. Cuando llegó, ya _____ sus amigos en la biblioteca. _____ muy aburridos de esperar tanto pero no dijeron nada. Todos _____ seguros de que iban a salir mal en el examen. _____ las nueve menos cinco. Ya _____ muy tarde y ellos tenían que apurarse para llegar a clase a tiempo. Después del examen, todos _____ cansados pero alegres porque el examen fue muy fácil.

C. El bautizo. Describa Ud. la foto arriba usando una forma de **ser** o **estar** y las cosas de la lista.

Modelo   iglesia
La iglesia es muy grande.

las personas
Las personas están en la iglesia.

1. el bautizo
2. las flores
3. el cura calvo (*bald*)
4. la pareja (el padre) (la madre)
5. el bebé
6. el cura de pelo negro
7. el hombre vestido de traje
8. la vela
9. el altar
10. el micrófono

Ahora, añada Ud. otras dos oraciones descriptivas.

REPASO

I. **Una carta de Carlos.** Carlos le está escribiendo una carta a su prima describiéndole lo que él y sus amigos harán durante el semestre que viene. Exprese Ud. estas ideas cambiando el verbo entre paréntesis al futuro.

1. Yo (estudiar) más este semestre.
2. Mis amigos (hacer) la tarea todas las noches.
3. Juan y yo (asistir) a las conferencias especiales con más frecuencia.
4. Enrique (tener) que escribir un trabajo sobre la importancia de la Iglesia en México.
5. A pesar de los estudios, yo (divertirse) mucho.
6. José y Carmen (graduarse) de la universidad en mayo.

II. **¿Qué haría Ud.?** Diga Ud. lo que haría en las situaciones siguientes.

Modelo   Al terminar la lección *me acostaría.*

1. Al recibir un cheque de mil pesos _____.
2. Al entrar en la clase de español _____.
3. Al ir a un buen restaurante _____.
4. Al ver a mi mejor amigo(a) _____.
5. Al ir de vacaciones _____.
6. Al despertarme temprano _____.

III. **Al graduarse.** Diga Ud. lo que harán las personas siguientes después de graduarse.

Modelo   Ana (casarse con un hombre rico)
             Ana se casará con un hombre rico.

1. nosotros (hacer un viaje alrededor del mundo)
2. tú (trabajar para un banco internacional)

3. mis amigos (comprar un coche nuevo)
4. Alicia (entrar en un convento)
5. Roberto (salir para España a estudiar)

IV. **A escoger.** Si Ud. pudiera escoger, ¿cuál de las cosas siguientes haría?

Modelo   asistir a una misa o a un concierto
Asistiría a un concierto.

1. estudiar en México o en Colombia
2. vivir en la playa o en las montañas
3. ver una película española o una película francesa
4. salir temprano o tarde de la clase de español

V. **Una entrevista.** Hágale Ud. estas preguntas a un(a) compañero(a) de clase. Luego comparta la información con la clase. Los otros miembros de la clase van a hacer la misma cosa para saber cuántos estudiantes tienen ideas semejantes o diferentes.

1. ¿Piensas que una persona debe casarse con otra persona que tiene una creencia religiosa diferente? ¿Por qué?
2. En tu opinión, ¿cuál es la religión más verdadera y aceptable de todas las religiones? ¿Por qué?
3. ¿Crees que es importante para los padres bautizar a sus hijos en una iglesia? ¿Por qué?
4. ¿Piensas que debe haber solamente una religión mundial? Explica.
5. ¿Crees que las religiones causan, o resuelven la mayor parte de los problemas del mundo? Explica.

INTERCAMBIOS

EL ARTE DE CONVERSAR

Being a good listener can make you a better conversationalist. In the initial phases of language learning and acquisition, you will not know all of the vocabulary needed to understand every word that is spoken. Being aware of the linguistic and social contexts of the message will enable you to understand a conversation through word and phrase association and through the social situation in which the conversation is taking place. Also try to determine the topic or gist of the conversation. Then by making some logical assumptions and with sensible guessing, you should be able to determine the meaning of what you are hearing, which will enable you to make appropriate responses during the conversation.

CONVERSACIÓN CONTROLADA

¿Qué hacemos? Dos estudiantes comparten un cuarto en una residencia estudiantil. Acaban de conocerse. Están tratando de decidir lo que deben hacer para divertirse. Con un(a) compañero(a) de clase, prepare Ud. un diálogo según las siguientes indicaciones.

ESTUDIANTE 1	ESTUDIANTE 2
Says that he/she is bored and asks his/her roommate if he/she knows what they can do to amuse themselves.	Answers that they can go to a show or to a religious festival (*un festival*) that will take place in the plaza.
Says that he/she does not like religious festivals. Says he/she would prefer to go to a show.	Asks what would he/she prefer to see, an American film or one from Mexico.
Answers that he/she would prefer to see a Mexican film because he/she wants to have more practice hearing Spanish. Asks if it's OK with him/her.	Says yes, that it's a good idea. Then he/she says that they should leave now because the show starts at 8:00 and the theater is far from the dormitory.

SITUACIONES

Con un(a) compañero(a) de clase, prepare Ud. un diálogo que corresponda a una de las siguientes situaciones.

Un(a) niño(a) no quiere asistir a misa. Una familia está lista para salir para la iglesia. Un(a) niño(a) de la familia no quiere ir. La madre le explica por qué él (ella) debe asistir a misa y el (la) niño(a) le da a ella las razones por las cuales no quiere ir.

La vida ideal. Dos amigos(as) conversan sobre lo que piensan que sería la vida ideal. Están comparando sus ideas. Uno(a) explica en qué consistiría la vida ideal y el (la) otro(a) responde con su perspectiva de la vida perfecta.

A ESCUCHAR

Escuche Ud. a continuación la siguiente situación y el diálogo. Luego haga los ejercicios relacionados con lo que ha escuchado y aprendido.

Recién casados. Maribel y Elena, tomando la merienda, charlan muy alegres en una cafetería del centro de Buenos Aires. Maribel le cuenta a su hermana sobre la luna de miel, de la cual acaba de regresar, y de sus primeros días de recién casada en su nuevo hogar.

A. Información

Complete Ud. las siguientes oraciones basándose en lo escuchado.

1. Maribel y Ramón fueron de _____.
2. Elena y Maribel son _____.
3. La mamá piensa que los novios no irían a _____.
4. La música entusiasma a _____.
5. Para Maribel el café está _____.

B. Conversación

Con uno o dos compañeros entable una conversación, intercambiando opiniones y experiencias sobre: la necesidad/no necesidad de que los esposos sean/no sean religiosos, tengan/no tengan la misma religión. Si no tienen la misma religión, ¿cómo se resolvería el problema religioso de los hijos? ¿Conocen algún matrimonio en esa situación?...

A CONVERSAR

A. Discusión: Modos de vivir

A continuación se presentan cinco modos de vivir. Primero, indique Ud. su reacción ante cada uno de ellos. Después, compare sus reacciones con las de sus compañeros de clase. Si quiere, describa Ud. brevemente su propio modo de vivir y su filosofía personal.

Aquí está la lista de reacciones que son posibles:

a. Me gusta mucho.   d. No me gusta mucho.
b. Me gusta un poco.   e. No me gusta nada.
c. No me importa.

1. En este modo de vivir, el individuo participa activamente en la vida social de su pueblo, pero no busca cambiar la sociedad, sino comprender y preservar los valores establecidos. Evita todo lo excesivo y busca la moderación y el dominio sobre sí mismo. La vida, según esta filosofía, debe ser activa, pero también debe tener claridad, control y orden.

La catedral de Sevilla, España, es la catedral gótica más grande del mundo. Aquí se ve la Giralada que es la torre de la catedral. ¿De qué clase de arquitectura es la torre? Describa lo que está pasando en la plaza que está enfrente de la catedral.

2. El individuo que participa en este modo de vivir se retira de la sociedad. Vive apartado donde puede pasar mucho tiempo solo y controlar su propia vida. Hay mucho énfasis en la meditación y la reflexión, el conocerse a sí mismo. Para este individuo el centro de la vida está dentro de sí mismo, y no debe depender de otras personas ni de otras cosas.

3. Según esta filosofía, la vida depende de los sentidos y se debe gozar de ella sensualmente. Uno debe ser receptivo a las cosas y a las personas y deleitarse con ellas. La vida es alegría y no la escuela donde uno aprende la disciplina moral. Lo más importante es abandonarse al placer y dejar que los acontecimientos y las personas influyan en uno.

4. Ya que el mundo exterior es transitorio y frío, el individuo sólo puede encontrar significado y verdadera gratificación en la vida pensativa y en la religión. Como han dicho los sabios, esta vida no es más que una preparación para la otra, la vida eterna. Todo lo físico debe ser subordinado a lo espiritual. El individuo debe juzgar sus acciones y sus deseos a la luz de la eternidad.

5. Sólo al usar la energía del cuerpo podemos gozar completamente de la vida. Las manos necesitan fabricar y crear algo. Los músculos

necesitan actuar: saltar, correr, esquiar, etcétera. La vida consiste en conquistar y triunfar sobre todos los obstáculos.

B. Ejercicio de comprensión

Ud. va a escuchar dos comentarios breves sobre la religión en el mundo hispánico. Después de cada comentario, Ud. va a escuchar dos oraciones. Indique si la oración es verdadera (V) o falsa (F), trazando un círculo alrededor de la letra que corresponde a la respuesta correcta.

Primer comentario:

1. V   F   2. V   F

Segundo comentario:

3. V   F   4. V   F

C. Temas de conversación o de composición

1. El casarse con alguien de otra religión ya no presenta problemas en nuestra sociedad.
2. Todas las religiones son esencialmente iguales. Por eso, deberían unirse en una gran religión universal.
3. Las mujeres y los hombres deberían participar igualmente en la dirección de los ritos religiosos.
4. Ninguna religión debe recibir el apoyo del Estado.
5. Las creencias religiosas siempre se basan en ideas supersticiosas.

D. Descripción y expansión

Muchas veces la plaza mayor de un pueblo hispano sirve de centro social para la gente que vive allí. Estudie este dibujo de una plaza típica y después haga las actividades siguientes.

1. Describa la plaza de este pueblo hispánico.
2. Describa la iglesia.
3. ¿Qué pasa en el dibujo?

   a. ¿Cuántas personas hay en el dibujo?
   b. ¿Qué hace el cura?
   c. ¿Qué hacen los niños?
   d. ¿Dónde están los jóvenes?
   e. ¿Qué hacen los jóvenes?
   f. ¿Qué venden los vendedores?
   g. ¿Qué compra la señora?

4. Opiniones

   ¿Le gustaría a Ud. más vivir en un pueblo pequeño o en una ciudad grande? ¿Por qué?

MATERIALES AUTÉNTICOS

La religión en los negocios. La religión hace un papel importante en la vida diaria de la mayor parte de la gente del mundo hispánico. Lea Ud. el anuncio en la página 96 que apareció en uno de los diarios de México, *EXCELSIOR.* Ud. puede ver como una compañía ha incorporado un tema religioso en un anuncio para vender computadoras. El tema religioso que se usa aquí es el Día de lo Reyes Magos (*Three Wise Men*) que se celebra cada año el seis de enero en el mundo hispánico. Es el día en el cual, en algunos países, hay un intercambio de regalos entre amigos.

1. ¿Cómo se llama la compañía que vende computadoras?
2. ¿Por qué usará la compañía el tema del Día de los Reyes Magos para vender sus computadoras?
3. ¿Qué nombre tiene cada uno de los paquetes especiales?
4. ¿En cuál de los paquetes recibe el cliente un procesador 80286?
5. ¿En cuál de los paquetes recibe el cliente un Monitor Color VGA?

6. En su opinión, ¿tendrá este anuncio mucho éxito en atraer la atención (*attracting the attention*) del público? ¿Por qué?
7. En su opinión, ¿sería una buena idea usar temas religiosos para vender mercancías (*merchandise*)? ¿Por qué?

Aspectos de la familia
en el mundo hispánico

Esta familia se reúne todos los domingos. Identifique las varias

generaciones de la familia en la foto. ¿Qué le parece la comida?

¿Puede identificar unos de los platos? ¿Cuáles son las diferencias

entre esta reunión familiar y una reunión de su familia?

(Carlos y Concha piensan ir al cine, pero encuentran varios obstáculos.)

CARLOS   Oye, Concha, no hemos visto esa nueva película italiana.[1] ¿Quieres ir esta noche?

CONCHA   ¡Ah! Me encantaría. Pero, sabes, mi mamá querrá ir también.[2]

5   CARLOS   ¿No hay manera de irnos solos? Tu mamá es una buena persona, pero yo sólo deseaba verte a ti.

CONCHA   Carlitos,[3] tú sabes como es ella. Siempre se enoja cuando no la invitamos. Tendrás
10   que llevarla a ella también.

CARLOS   ¿Y si le decimos que la película es de esas surrealistas? La última vez la invitamos, pero no quiso ir.

CONCHA   ¡Ah, sí! Dice que siempre se duerme. Pero,
15   ¿cómo vamos a convencerla?

CARLOS   Déjamelo a mí. Yo lo arreglaré.

(Van a la cocina donde encuentran a la mamá de Concha y al tío Paco, de ochenta y seis años.)

MAMÁ   ¡Hola, Carlos! ¿Cómo estás? Te quedas a comer con nosotros, ¿verdad?[4]

CARLOS   Gracias, acabo de comer en casa. Venimos
20   a ver si Ud. querría acompañarnos al cine. Vamos a ver la película italiana que dan en el Cine Mayo. No la ha visto, ¿verdad?

MAMÁ   ¿Qué película es? Para decir la verdad me gustan más las norteamericanas con Brad
25   Pitt o Alec Baldwin. Prueba esta carne asada, Carlos.[5]

CARLOS   Bueno, un bocado nada más. Esas películas comunes y corrientes no valen la pena. Ésta sí que debe ser buena; fue premiada
30   en Europa.

CONCHA   ¿Vienes o no, mamá?

MAMÁ   Bueno, pensándolo bien, es mejor que vayan Uds. solos. La última vez me dormí apenas comenzaba la película.

35   TÍO   A mí sí que me gustan las películas de ese... ¿cómo se llama?... Fettucini, creo. Yo iré con Uds.[6] Hace dos semanas que no voy al cine.

CARLOS   Bueno... no lo había pensado.

comunes y corrientes *common, ordinary* / fue premiada *was awarded a prize*

40 CONCHA   (*en voz baja a Carlos*) No te preocupes,
tonto. Está tan ciego el tío Paco que tiene
que sentarse muy cerca de la pantalla. Le
diremos que no aguantamos eso, y nos
sentaremos atrás, solitos.

45 CARLOS   Ah, Conchita, ¡eres tan lista!

Notas culturales

[1] **película italiana:** Las películas extranjeras son muy populares en Europa y
en Hispanoamérica. En España, en la Argentina y en México hay una industria
cinematográfica notable, pero no alcanza a satisfacer al público hispánico.

[2] **mi mamá querrá ir también:** Es común en el mundo hispánico que salgan
juntas personas de diversas edades. No hay la división según la edad que hacemos en los EE.UU.

[3] **Carlitos:** Es común usar diminutivos para indicar cariño o familiaridad.

[4] **Te quedas a comer con nosotros, ¿verdad?:** Es casi automática esta invitación a comer, pero es falsa. La respuesta, también automática, es negativa
pero cortés.

[5] **Prueba esta carne asada, Carlos:** La segunda invitación, siempre hecha
con más fuerza, es verdadera y debe ser aceptada, con ganas o no.

[6] **Yo iré con Uds.:** El tío, por pertenecer a la familia, tiene el derecho de invi-
tarse. Sería descortés negárselo.

VOCABULARIO ACTIVO

Estudie estas palabras.

Verbos

aguantar   *to put up with*
arreglar   *to arrange*
probar (ue)   *to taste, to sample*
significar   *to mean*

Sustantivos

el bocado   *bite, taste*

el cariño   *affection*
la(s) gana(s)   *desire, wish*
la pantalla   *movie screen*
la película   *movie, film*

Adjetivos

asado, -a   *roasted*
ciego, -a   *blind*

listo, -a   *clever*
solitos *dimin. of* solos   *alone*
surrealista   *surrealistic*

Otras expresiones

atrás   *in back*
acabar de   *to have just*
hace dos semanas que   *it has been
        two weeks since*
valer la pena   *to be worthwhile*

COMPRENSIÓN

1. ¿Qué piensan hacer Carlos y Concha?   2. ¿Por qué no podrán ir solos?
3. ¿Qué hace la mamá cuando no la invitan?   4. ¿Qué clase de película quieren
ver?   5. ¿Qué hace la mamá cuando ve una película surrealista?   6. ¿Quiénes
están en la cocina?   7. ¿Qué le pregunta la mamá a Carlos?   8. ¿Cuáles son
las películas que le gustan a la mamá?   9. ¿Qué come Carlos? 10. ¿Quién
decide ir al cine con los jóvenes?   11. ¿Qué van a hacer los jóvenes para estar
solos en el cine?

OPINIONES

1. ¿Le gustan a Ud. las películas extranjeras? ¿Por qué sí o por qué no?
2. ¿Qué películas ha visto Ud. recientemente?   3. ¿Le gustan las películas
surrealistas? Explique.   4. ¿Va Ud. al cine con sus padres? ¿Por qué?
5. ¿Con quién prefiere Ud. ir al cine? ¿Por qué?   6. ¿Cuáles son sus películas
favoritas?   7. ¿Quién es su actor favorito? ¿su actriz favorita?   8. En su opinión, ¿vale la pena ver películas modernas? ¿Por qué?

ESTRUCTURA

THE PROGRESSIVE TENSES

A. The present participle

1. The present participle is formed by adding **-ando** to the stem of all **-ar**
    verbs and **-iendo** to the stem of most **-er** and **-ir** verbs.

hablar:	*habl*ando	*speaking*
aprender:	*aprend*iendo	*learning*
vivir:	*viv*iendo	*living*

2. Some common verbs have irregular present participles. In **-er** and **-ir** verbs, the **i** of **-iendo** is changed to **y** when the verb stem ends in a vowel.

caer:	cayendo	**leer:**	leyendo
creer:	creyendo	**oír:**	oyendo
ir:	yendo	**traer:**	trayendo

3. Stem-changing **-ir** verbs and some **-er** verbs have the same stem changes in the present participle as in the preterite.

decir:	diciendo	**sentir:**	sintiendo	**mentir:**	mintiendo
poder:	pudiendo	**pedir:**	pidiendo	**divertir:**	divirtiendo
venir:	viniendo	**dormir:**	durmiendo		

B. *The present progressive*

1. The present progressive is usually formed with the present tense of **estar** and the present participle of a verb.

estoy		
estás	bailando	*I am dancing, etc.*
está		
estamos	bebiendo	*I am drinking, etc.*
estáis		
están	escribiendo	*I am writing, etc.*

2. The present progressive is used to stress that an action is in progress or is taking place at a particular moment in time.

Están demostrando mucho interés en las religiones del mundo.
They are showing a lot of interest in the religions of the world.

Estoy leyendo mis apuntes.
I am reading my notes.

Están viviendo solitos en México.
They are living all alone in Mexico.

3. Certain verbs of motion are sometimes used as substitutes for **estar** in order to give the progressive a more subtle meaning.

ir:	Va aprendiendo a tocar la guitarra.
	He is (slowly, gradually) learning to play the guitar.
seguir, continuar:	Siguen hablando.
	They keep on (go on) talking.
venir:	Viene contando los mismos chistes desde hace muchos años.
	He has been telling the same jokes for many years.

andar: Anda pidiendo limosna para los pobres.
                     He is going around asking for alms for the poor.

C. The past progressive

1. The past progressive is usually formed with the imperfect of **estar** plus a present participle.*

estaba
estabas
estaba   } mirando   *I was looking at, etc.*
estábamos
estabais   } vendiendo *I was selling, etc.*
estaban   } saliendo *I was leaving, etc.*

2. This tense is used to stress that an *unfinished* action was in progress at a specific time in the past.

   Yo estaba mirando un programa de televisión, en vez de estudiar.
   I was watching a television program instead of studying.

   El cura estaba explicando las influencias extranjeras sobre la Iglesia cuando lo interrumpieron.
   The priest was explaining the foreign influences on the church when they interrupted him.

3. As in the present progressive, the verbs of motion **ir, seguir, continuar, venir,** and **andar** may also be used to form the past progressive.

   Seguía escribiendo poemas.
   She kept on writing poems.

   Andaba diciendo mentiras.
   He was going around telling lies.

D. Position of direct object pronouns with the participle

Direct object pronouns are attached to the present participle. But in the progressive tenses the object pronoun may either precede **estar** or be attached to the participle.

---

*A second past progressive tense is the preterite progressive, formed with the preterite of **estar** plus a present participle. It is used to stress that a completed action was in progress at a specific time in the past: **Estuve estudiando hasta las seis.** *(I was studying until six.)*

Leyéndolo,* vio que yo tenía razón.
Reading it, he saw that I was right.

Estoy arreglándola.

    OR

La estoy arreglando.
I am repairing it.

PRÁCTICA

A. El cine. Ud. ha ido al cine. Describa Ud. lo que está pasando. Termine esta narrativa breve con la forma correcta de **estar** y el participio presente.

Yo (observar) _____ a la gente que (llegar) _____ al cine. Hay mucha gente que (comprar) _____ entradas. Otras personas (entrar) _____ al cine. Un hombre (pedir) _____ palomitas (*popcorn*) y su amiga (beber) _____ una coca-cola. Yo (morirme) _____ de hambre, pero me falta dinero para comprar refrescos. Muchas personas (sentarse) _____ cerca de la pantalla, otras no. Varias personas (leer) _____ su programa. Me parece que todos (divertirse) _____ mucho.

B. Lo que está pasando ahora. Usando algunos de los verbos siguientes, diga Ud. cinco cosas que está haciendo en la clase a este momento.

observar	leer	escuchar	hablar	abrir
mirar	escribir	poner	hacer preguntas	sacar

C. ¿Qué está haciendo la gente? Indique Ud. lo que varias personas están o no están haciendo ahora. Use Ud. el progresivo presente con **estar**.

Modelo   su mamá (mirar la televisión / preparar la comida)
        Su mamá no está mirando la televisión. Está preparando la comida.

1. el tío Paco (mirar la película / dormir)
2. Concha (estudiar / hablar con Carlos)
3. el estudiante (escribir cartas / estudiar la lección)
4. nosotros (leer / buscar un libro)

*Note that when the pronoun is attached to the participle, a written accent is required on the original stressed syllable of the participle.

5. yo (mentir / decir la verdad)
6. sus padres (comer / escuchar música)

Ahora, repita Ud. el ejercicio **C** usando **seguir.**

D. **El regreso a casa.** Describa Ud. lo que estaba pasando ayer cuando Concha entró a su casa.

Modelo   su amigo / esperarla
Cuando llegó en casa ayer, su amigo estaba esperándola.

1. el gato / dormir
2. Carlos / leer el periódico
3. sus hermanos / jugar
4. su tío / mirar la televisión
5. su madre / preparar la comida
6. Carlos y su madre / hablar del cine

Ahora, diga Ud. cinco cosas que estaban pasando en su casa cuando volvió a casa ayer.

E. **Actividades de ayer.** Con un grupo de compañeros de clase, hablen Uds. de las cosas que estaban haciendo ayer a las horas indicadas. Hagan una lista de las cosas que eran iguales, y otra lista de las cosas diferentes. Comparen Uds. sus actividades.

Modelo   a las 10:00 de la noche
Estaba mirando las noticias a las diez de la noche.

1. a las 6:00 de la mañana
2. a las 8:30 de la mañana
3. a las 12:15 de la tarde
4. a las 3:00 de la tarde
5. a las 6:00 de la tarde
6. a las 8:45 de la noche

F. **Anoche en la casa de Concha.** Haga Ud. el papel de Concha, y describa lo que estaba pasando anoche en su casa.

1. I was reading the newspaper.
2. My mother went on preparing the meal.
3. Our uncle was (gradually) answering our questions.
4. Carlos was trying to find the entertainment guide (*Guía del Ocio*).
5. He was telling us that they keep on repeating the same films all week.
6. My mother was describing her favorite film to us.
7. Carlos went around asking for money for the show.
8. We kept on talking about the movies until midnight.

THE PERFECT TENSES

A. The past participle

1. The past participle of regular verbs is formed by dropping the infinitive ending and adding **-ado** to **-ar** verbs and **-ido** to **-er** and **-ir** verbs.

hablar:	hablado	*spoken*
comer:	comido	*eaten*
vivir:	vivido	*lived*

2. Some common verbs have irregular past participles.

abrir:	abierto		**hacer:**	hecho
cubrir:	cubierto		**morir:**	muerto
decir:	dicho		**poner:**	puesto
descubrir:	descubierto		**resolver:**	resuelto
devolver:	devuelto		**romper:**	roto
envolver:	envuelto		**ver:**	visto
escribir:	escrito		**volver:**	vuelto

3. Some forms carry a written accent. This occurs when the stem ends in a vowel.

caer:	caído		**oír:**	oído
creer:	creído		**reír:**	reído
leer:	leído		**traer:**	traído

4. The past participle in Spanish is used with the auxiliary verb **haber** to form the perfect tenses. It can also be used as an adjective to modify nouns with **ser** or **estar,** or it can modify nouns directly. When used as an adjective, it must agree in gender and number with the noun.

   La puerta está cerrada.
   The door is closed.

   El tío Paco está aburrido porque la película es aburrida.
   Uncle Paco is bored because the movie is boring.

   Tenemos que memorizar las palabas escritas en la pizarra.
   We have to memorize the words written on the blackboard.

   The past participle may also be used with a form of **estar** to describe the resultant condition of a previous action.

   Juan escribió los ejercicios. Ahora los ejercicios están escritos.
   Juan wrote the exercises. Now the exercises are written.

Su madre cerró la ventana. Ahora la ventana está cerrada.
His mother closed the window. Now the window is closed.

B. *The present perfect tense*

1. The present perfect is formed with the present tense of **haber** plus a past participle.

    he
    has
    ha
    hemos
    habéis
    han

    } hablado   *I have spoken, etc.*

    comido   *I have eaten, etc.*

    vivido   *I have lived, etc.*

2. The present perfect is used to report an action or event that has recently taken place and whose effects are continuing up to the present.

    Ellos han encontrado varios obstáculos.
    They have encountered several obstacles.

    Esta semana he pensado mucho en ver esa película.
    This week I have thought a lot about seeing that movie.

3. The parts of the present perfect construction are never separated and the past participles do not agree with the subject in gender or number. They always end in **-o**.

    ¿Lo ha probado María?
    Has María tasted it?

    Han visto una película italiana.
    They have seen an Italian movie.

4. **Acabar de** plus an infinitive is used idiomatically in the present tense to express *to have just + past participle*. The present perfect tense is not used in this construction.

    Ella acaba de preparar la comida.
    She has just prepared the meal.

C. *The pluperfect tense*

1. The past perfect tense, also called the pluperfect, is formed with the imperfect tense of **haber** plus a past participle.*

---

*The preterite of **haber** plus a past participle forms the preterite perfect, which is generally a literary tense.

había
habías
había   }   hablado   *I had spoken, etc.*
habíamos
habíais   }   comido   *I had eaten, etc.*
habían

vivido   *I had lived, etc.*

2. The past perfect is used to indicate an action that preceded another action in the past.

Cuando llamé, ya habían salido.
When I called, they had already left.

Dijo que ya había ido al cine.
He said that he had already gone to the movies.

3. Negative words and pronouns precede the auxiliary verb form of **haber**.

No ha probado un bocado.
He hasn't tasted a mouthful.

Mamá se durmió cuando apenas había comenzado la película.
Mom fell asleep when the movie had barely started.

4. **Acabar de** plus an infinitive is used idiomatically in the imperfect tense to express *had just + past participle.* The pluperfect tense is not used in this construction.

Ellos acababan de salir del teatro, cuando los vi.
They had just left the theater, when I saw them.

PRÁCTICA

~~~

A. No quiere hacerlo. Diga Ud. por qué la gente no quiere hacer las cosas indicadas. Use el presente perfecto.

Modelo   Concha no quiere ver esta película porque _____.
             Concha no quiere ver esta película porque ya la ha visto.

1. Su madre no va a preparar la comida porque _____.
2. Carlos y ella no quieren probar el arroz porque _____.
3. Nosotros no vamos a hacer los platos mexicanos porque

   _____.
4. Tú no vas a escribir la carta porque _____.
5. Yo no pienso comprar las entradas porque _____.
6. Enrique no va a devolver el regalo porque _____.

B. Ya se había hecho eso. Diga Ud. lo que las personas siguientes ya habían hecho antes de hacer las cosas indicadas. Use el pasado perfecto.

Modelo   Antes de ir al cine ya (ellos / comprar las entradas).
Antes de ir al cine ya habían comprado las entradas.

1. Antes de asistir al teatro ya (yo / cenar).
2. Antes de entrar a la cocina ya (ellos / hablar con su madre).
3. Antes de salir de la casa ya (ella / hacer la comida).
4. Antes de hablar con tus padres ya (tú / resolver el problema).
5. Antes de ir a la biblioteca ya (nosotros / escribir la composición).
6. Antes de nuestra llegada ya (ellos / volver).

C. Antes de la clase. Con un(a) compañero(a) de clase comparta cinco cosas que Ud. ha hecho para prepararse para la clase. ¿Cuántas cosas que Uds. han hecho son iguales?

Modelo   *Para prepararme para la clase hoy yo he estudiado todos los verbos.*

D. Antes de acostarse. Con un(a) compañero(a) de clase describan cinco cosas que Uds. habían hecho antes de acostarse anoche. ¿Hicieron Uds. unas de las mismas cosas?

Modelo   *Yo había hablado por teléfono con un(a) amigo(a) antes de estudiar anoche.*

E. El resultado de sus acciones. Los miembros de su familia hicieron las cosas siguientes. Describa Ud. el resultado de sus acciones.

Modelo   Mi madre preparó la comida.
Ahora la comida está preparada.

1. Mi hermano rompió la ventana.
2. Mi hermana hizo su tarea.
3. Mi padre arregló el coche.
4. Yo escribí unas cartas.
5. Mi madre lavó los vasos.

THE FUTURE AND CONDITIONAL PERFECT

A. Future perfect

1. The future perfect tense is formed with the future tense of the verb **haber** plus a past participle.

habré		
habrás	hablado	*I will have spoken, etc.*
habrá		
habremos	comido	*I will have eaten, etc.*
habréis		
habrán	salido	*I will have left, etc.*

2. It expresses a future action that *will have taken place* by some future time.

Habrán salido a eso de las diez.
They will have left by ten.

Habrá terminado la lección antes de comer.
He will have finished the lesson before eating.

B. *Conditional perfect*

1. The conditional perfect is formed with the conditional tense of **haber** plus a past participle.

habría		
habrías	hablado	*I would have spoken, etc.*
habría		
habríamos	comido	*I would have eaten, etc.*
habríais		
habrían	salido	*I would have left, etc.*

2. This tense is used to express something that *would have* taken place.

Yo habría estudiado en vez de ir al cine.
I would have studied instead of going to the movies.

¿Qué habrías contestado tú?
What would you have answered?

C. *Probability*

The future and conditional perfects may be used to express probability.

¿Habrá terminado su trabajo a tiempo?
I wonder if he has finished his work on time.

¿Habría terminado su trabajo a tiempo?
I wonder if he had finished his work on time.

Habrán llegado a las ocho.
They must have arrived at eight.

Habrían llegado a las ocho.
They had probably arrived at eight.

PRÁCTICA

〜〜〜

A. El teatro. Ud. va al teatro a encontrarse con sus amigos. Ud. conjetura sobre lo que ellos ya habrán hecho (probablemente) antes de su llegada.

Modelo   ellos / llegar temprano
Ellos ya habrán llegado temprano.

1. ellos / cenar
2. Carlos / estacionar el coche
3. Concha / comprar las entradas
4. ellos / esperarnos una hora antes de entrar
5. Concha / entrar al teatro
6. ellos / sentarse en su butaca

B. Unas decisiones difíciles. ¿Qué habría hecho Ud. en las situaciones siguientes? Con un(a) compañero(a) de clase lean Uds. las situaciones siguientes. Luego háganse la pregunta y contéstela con lo que Ud. habría hecho.

Modelo   Mi amigo encontró una cartera (*wallet*) en la calle y se la devolvió al dueño.
—*¿Qué habrías hecho tú?*
—*Yo se la habría devuelto al dueño también.*

1. Ricardo se ganó un millón de dólares en la lotería y luego hizo un viaje alrededor del mundo.
2. Los estudiantes recibieron malas notas en el examen, pero luego decidieron estudiar más.
3. Era el cumpleaños de su novio(a), y le compró muchos regalos.
4. Alguien me invitó a cenar en un restaurante elegante, pero no acepté su invitación.
5. El cocinero nos ofreció un bocadillo de carne asada, pero no lo aceptamos porque no teníamos hambre.

C. A conjeturar. Con un(a) compañero(a) de clase haga Ud. esta conversación en español.

ROBERTO   Where do you suppose they have gone?
MARGARITA   They must have decided to go to the show.
ROBERTO   I wonder if they had tried to call us before leaving the house.

MARGARITA   Maybe, but we had probably not arrived home yet.

ROBERTO   They must have thought that we had already seen the movie or they probably would have invited us to go with them.

POSSESSIVE ADJECTIVES AND PRONOUNS

A. *Possessive adjectives—unstressed (short) forms*

1. The unstressed (short) forms of the possessive adjectives:

mi, mis	*my*	**nuestro** (-a, -os, -as)	*our*
tu, tus	*your*	**vuestro** (-a, -os, -as)*	*your*
su, sus	*his, her, its, your*	**su, sus**	*their, your*

2. Possessive adjectives agree with the thing possessed and not with the possessor. The unstressed forms always precede the noun.

    Él es cortés con mi mamá.
    He is polite with my mother.

    Su hermano es muy listo.
    His (her, your, their) brother is very clever.

    Tus composiciones son muy interesantes.
    Your compositions are very interesting.

3. All possessive adjectives agree in number with the nouns they modify, but **nuestro** and **vuestro** show gender as well as number.

    Nuestros padres van mañana.
    Our parents are going tomorrow.

    Nuestra casa está lejos del centro.
    Our house is far from downtown.

4. The possessive **su** has several possible meanings: *his, her, its, your,* or *their.* For clarity, **su** plus a noun is sometimes replaced by the definite article + noun + prepositional phrase.

---

*The **vuestro** (-a, -os, -as) form has been replaced by **su, sus** in Latin America.

¿Dónde vive su madre?

OR

¿Dónde vive la madre de él? (de ella, de Ud., de ellos, etc.)
Where does his (her, your, their, etc.) mother live?

El padre de él y el tío de ella son amigos.
His father and her uncle are friends.

5. Definite articles are generally used in place of possessives with parts of the body, articles of clothing, and personal effects. If the subject does the action to someone else, the indirect object pronoun indicates the possessor (**Les limpié los zapatos** = *I cleaned their shoes*). If the subject does the action to himself or herself, the reflexive pronoun is used (**Ella se lava las manos** = *She washes her hands*). However, if the part of the body or article of clothing is the subject of the sentence, or if any confusion exists regarding the possessor, then the possessive adjective is used.

Tus pies son enormes.
Your feet are enormous.

Pedro dice que mis brazos son muy fuertes.
Pedro says that my arms are very strong.

B. Possessive adjectives—stressed (long) forms

1. The stressed (long) forms of the possessive adjectives:

mío (-a, -os, -as)	*(of) mine*
tuyo (-a, -os, -as)	*(of) yours*
suyo (-a, -os, -as)	*(of) his, hers, its, yours*
nuestro (-a, -os, -as)	*(of) ours*
vuestro (-a, -os, -as)*	*(of) yours*
suyo (-a, -os, -as)	*(of) theirs, yours*

2. The stressed forms agree in gender and number with the noun they modify; they always follow the noun.

unas amigas mías	una tía nuestra
some friends of mine	*an aunt of ours*

~~~~~~

***Vuestro** (-a, -os, -as) has been replaced by **suyo** (-a, -os, -as) in Latin America.

3. The stressed possessive adjectives may function as predicate adjectives or they may be used to mean *of mine, of theirs*, and so forth.

   Unas amigas mías vinieron al club.
   Some friends of mine came to the club.

   Esa es la raqueta suya, ¿verdad?
   That's your racquet, isn't it?

4. It is important to note in the previous examples that the stress is on the possessive adjective and not on the noun: **unas amigas mías, una raqueta suya**. In contrast, the short forms of the possessive adjective are not stressed: **mis amigas, su raqueta**.

5. Since **suyo** has several possible meanings, the construction **de + él, ella, Ud.,** etc., may be used instead for clarity.

   Un amigo suyo viene a verme.

   > OR

   Un amigo de Ud. viene a verme.
   A friend of yours is coming to see me.

C. *Possessive pronouns*

1. The possessive pronouns are formed by adding the definite article to the stressed forms of the possessive adjectives.

Possessive Adjectives		Possessive Pronouns	
el coche mío	*my car*	el mío	*mine*
la finca nuestra	*our farm*	la nuestra	*ours*

   Carlos tiene la maleta suya y las mías.
   Carlos has his suitcase and mine (plural).

2. For clarification, **el suyo** (**la suya,** etc.) may be replaced by the **de + él** (**ella, Ud.,** etc.) construction.

   Esta casa es grande.   *This house is large.*
   La suya es pequeña.   } *His is small.*
   La de él es pequeña.

3. After the verb **ser** the definite article is usually omitted.

   ¿Son tuyos estos boletos?
   Are these tickets yours?

   Note: An article may be used to stress selection: **Es el mío.** *It's mine.*

PRÁCTICA

~~~~

A. Familias. Dos personas están comparando sus familias. Con un(a) compañero(a) de clase completen Uds. esta comparación con la forma correcta de los adjetivos posesivos.

1. *(My)* _____ tío vive con *(our)* _____ familia.
2. *(His)* _____ hermanas visitan a *(your fam. sing.)* _____ primas, ¿verdad?
3. *(Their)* _____ casa está cerca de *(her)* _____ apartamento.
4. *(Her)* _____ parientes conocen a *(my)* _____ abuelos.

B. Más información de algunas familias. Cambie Ud. las oraciones según el modelo.

Modelo Mi amigo vive cerca de la universidad.
Un amigo mío vive cerca de la universidad.

1. Nuestro tío es casi ciego.
2. Tus primos viven en España.
3. Mis primas son simpáticas.
4. Su hermana estudia en México.
5. Mi abuela dice que es su idea.

C. La comparación continúa. Con un(a) compañero(a) de clase completen Uds. las oraciones siguientes con un pronombre o un adjetivo posesivo.

1. *(My)* _____ familia es grande. *(Yours fam. sing.)* _____ es pequeña.
2. *(His)* _____ hermana es joven. *(Mine)* _____ es vieja.
3. *(Her)* _____ parientes viven en España. *(Ours)* _____ viven aquí.
4. *(Your formal)* _____ primos asisten a esta universidad. *(Hers)* _____ prefieren estudiar en Chile.

D. ¿De quién es? Hágale Ud. estas preguntas a un(a) compañero(a) de clase. Ella/él debe contestar usando pronombres posesivos en sus respuestas.

Modelo ¿Es tuyo este libro?
Sí, es mío.
-o-
No, no es mío.

1. ¿Son tuyas estas revistas?
2. ¿Es de ella este auto?

3. ¿Son tuyas estas recetas?
4. ¿Es tuyo ese traje de baño?
5. ¿Es de Juan esta casa?

E. Más comparaciones. Compare Ud. las cosas siguientes usando pronombres o adjetivos posesivos en sus respuestas.

Modelo your family and a friend's family
Mi familia es pequeña; la suya es grande.

1. our class with their class
2. your favorite food and your friend's favorite food
3. your car with your friend's car
4. your grades with your friend's grades
5. our university and your friend's university

F. Información de sus familias. Con un(a) compañero(a) de clase háganse Uds. preguntas sobre sus familias. Contesten usando adjetivos o pronombres posesivos.

Modelo —*¿De dónde es su familia?*
—*La mía es de Utah.*

INTERROGATIVE WORDS

A. Forms of the interrogatives

¿quién? ¿quiénes?*	*who?*
¿de quién? ¿de quiénes?	*whose, of whom, about whom?*
¿a quién? ¿a quiénes?	*to whom?*
¿con quién? ¿con quiénes?	*with whom?*
¿qué?	*what?*
¿cuál? ¿cuáles?	*what, which, which one(s)?*
¿cuánto? ¿cuánta?	*how much?*
¿cuántos? ¿cuántas?	*how many?*
¿cómo?	*how? what?*
¿para qué?	*why (for what purpose)?*
¿por qué?	*why (for what reason)?*
¿dónde?	*where?*
¿adónde?	*to where?*
¿cuándo?	*when?*

*Note that all the interrogatives have written accents.

¿Quién ha ganado el premio Nobel?
Who has won the Nobel prize?

¿Qué busca Ud.?
What are you looking for?

¿Cuál es su religión?
What is his religion?

¿Cuánto dinero necesitas?
How much money do you need?

¿Por qué va a casarse?
Why are you going to get married?

¿Adónde van ellos en el invierno?
Where are they going in the winter?

B. ¿Qué? *versus* ¿cuál?

1. **¿Qué?** *(What?)* asks for a definition or explanation. It is also used to ask for a choice when the things involved are general or abstract nouns.

    ¿Qué es una pantalla?
    What is a screen?

    ¿Qué te pasó?
    What happened to you?

    ¿Qué prefieres, la poesía o la prosa?
    What do you prefer—poetry or prose?

2. When an identification is being asked for in a question that contains a noun, either expressed or implied, **¿qué?** is always used. Note that **¿qué?** always comes before the noun in this construction.

    ¿Qué (cosa) le dio ella de comer a Carlos?
    What (thing) did she give Carlos to eat?

    ¿Qué libro quieres?
    What book do you want?

3. **¿Cuál?** *(Which? Which one?)*, on the other hand, is used when asking for a selection or choice among specific objects or when asking questions involving a number of possibilities as answers.

    Hay muchos coches en la calle. ¿Cuál es el tuyo?
    There are many cars on the street. Which one is yours?

    Tengo muchas clases difíciles. ¿Sabes cuál es la más difícil?
    I have many difficult classes. Do you know which one is the most difficult?

    ¿Cuál prefieres, el tuyo o el mío?
    Which one do you prefer—yours or mine?

4. **¿Cuál?** is a pronoun and usually is not used as an adjective to modify a noun.*

    ¿Cuál es la fecha de su carta?
    What is the date of his letter?

               BUT

    ¿Qué fecha prefieres?
    Which date do you prefer?

5. Note that **¿cuál?** is always used before a phrase introduced by **de**.

    ¿Cuál de los dos quieres?
    Which of the two do you want?

PRÁCTICA

A. **La salida.** Su amigo(a) va a salir esta noche. Siendo una persona de mucha curiosidad Ud. le hace muchas preguntas porque quiere saber:

    1. who is he/she going out with
    2. where are they going
    3. when are they going
    4. how are they going to get there
    5. why did they decide to go there
    6. how long will they be there
    7. what will they do before coming home
    8. at what time will they come home
    9. who is going to pay for the evening
    10. when can he/she call you to tell you about the date

B. **Preguntas.** Haga Ud. una serie de preguntas que produzcan la información siguiente.

    Modelo Carlos y Berta van al teatro.

               ¿Quiénes van al teatro?
                        -o-
               ¿Adónde van Carlos y Berta?

---

*In parts of Latin America, however, **¿cuál?** is frequently used as an adjective with a noun. In Spain it is not. **¿Cuál libro prefieres?** *(Which book do you prefer?)*

1. Esa chica es mi amiga.
2. Vamos a salir para Toledo el sábado.
3. Su casa está cerca de la iglesia.
4. El coche es de mi papá.
5. Aurelio llama a Elena.
6. Es una cámara.
7. Quiero las maletas rojas.
8. Les tengo mucho cariño a ellos.
9. Van al Cine Mayo para ver la película francesa.
10. Estoy bien, gracias.

C. Periodista. Haga Ud. el papel de un(a) periodista que trabaja con un diario importante. Ud. está investigando un robo de un banco. Va a tener una entrevista con un funcionario del banco [su compañero(a) de clase] que puede darle la información básica que Ud. necesita. Haga las cinco preguntas básicas que son esenciales en buen periodismo:

¿Qué?   ¿Dónde?   ¿Cuándo?   ¿Cómo?   ¿Quién?

HACER AND *HABER* WITH WEATHER EXPRESSIONS

A. Expressions with hace (hacía)

1. Most expressions that describe the weather are formed with the impersonal (third person singular) forms of **hacer**.

¿Qué tiempo hace?	Hace fresco.
What's the weather like?	*It is cool.*
Hace buen tiempo.	Hace calor.
The weather is good.	*It is hot.*
Hace mal tiempo.	Hace viento.
The weather is bad.	*It is windy.*
Hacía frío.	Hacía sol.
It was cold.	*It was sunny.*

2. The adjective **mucho** (*not* **muy**) is the equivalent of *very* in these expressions since **frío, calor,** and **sol** are nouns.

   Hace mucho frío (calor, sol).
   It is very cold (hot, sunny).

3. The verb **tener** is used with animate beings to describe a physical state.

Yo tengo frío (calor).
I am cold (hot).

B. *Expressions with* hay (había)

Hay, the impersonal form of **haber,** is used to describe weather conditions that are visible. **Había** is used for the past.

Hay polvo (nubes, niebla).
It is dusty (cloudy, foggy).

Había sol* (luna).
The sun (moon) was shining.

PRÁCTICA

A. **El tiempo.** Describa Ud. el tiempo de hoy, el de ayer y el de mañana.

B. **Las estaciones.** Describa el tiempo de su estado durante la primavera, el verano, el otoño y el invierno. Luego, haga una lista de las cosas que a Ud. le gusta hacer en cada una de las estaciones y diga por qué.

HACER WITH EXPRESSIONS OF TIME

Hacer + *time expressions*

1. The impersonal form of **hacer (hace)** is used with expressions of time to indicate the duration of an action that began in the past and continues into the present. The normal word order in these constructions is **hace + expression of time + que + verb in the present tense.**

    Hace dos años que vivo aquí.
    I have lived here for two years.

    ¿Cuánto tiempo hace que estás aquí?
    How long have you been here?

Hace sol. = It is sunny.
 Hay sol. = The sun is shining.

2. When an action had been going on for a period of time in the past and was still continuing when something interrupted the action, it is expressed by **hacía** + a time expression + **que** + verb in the imperfect tense.

Hacía dos años que él vivía aquí cuando murió.*
He had been living here for two years when he died.

3. **Hace** plus an expression of time may also be used to express the idea of *ago*. The normal word order in this construction is **hace** + expression of time + **que** + verb in the preterite tense.

Hace más de dos mil años que los romanos lo construyeron.
The Romans built it more than two thousand years ago.

The word order in this construction may also be reversed.

Los romanos lo construyeron hace más de dos mil años.

PRÁCTICA

~~~

A. **La duración del tiempo.** Cambie Ud. las oraciones siguientes según el modelo.

Modelo (nosotros) viajar / dos meses
Hace dos meses que viajamos.
Hacía dos meses que viajábamos.

1. (yo) tocar el piano / cuatro años
2. (ellos) trabajar aquí / diez meses
3. (tú) hablar con Rosa / media hora
4. (Carlos) tener ganas de comer / más de una hora

~~~

*An alternate construction for expressing the same idea is: verb phrase + **desde hace** or **hacía** + expression of time.

Vivo aquí desde hace dos años.

I have lived here for two years.

Vivía aquí desde hacía dos años cuando murió.

He had been living here for two years when he died.

The present tense of any verb + **desde** + a specific day, month, or year is used to express *since* in sentences such as:

Trabajo día y noche desde junio. *(I have been working day and night since June.)*

Trabajo aquí desde el lunes. *(I have been working here since Monday.)*

B. **Preguntas personales.** Con un(a) compañero(a) de clase háganse Uds. preguntas para saber cuánto tiempo hace que Ud. hace algo. Siga el modelo.

Modelo estudiar

Ud. *¿Cuánto tiempo hace que estudias español?*

Su compañero(a) de clase *Estudio español desde hace un año.*

1. asistir a esta universidad
2. vivir en este estado
3. conocer a tu mejor amigo(a)
4. visitar otro país

Para expresar *«ago»*

Modelo mudarse

—*¿Cuánto tiempo hace que te mudaste aquí?*
—*Me mudé aquí desde hace tres años.*

5. graduarse de la escuela secundaria
6. leer una novela buena
7. hacer un viaje largo
8. comprar un coche nuevo

REPASO

I. **Lo que hizo Ricardo ayer.** Cuente Ud. las experiencias que Ricardo tuvo ayer, cambiando todos los verbos en estos párrafos a un tiempo pasado.

Es sábado. Son las seis de la mañana. Sale el sol y parece que va a hacer fresco. Tengo mucho que hacer, pero como me siento perezoso, me quedo en casa hablando por teléfono con un amigo. Me dice que quiere ir a la playa y que pasará por mi casa dentro de poco. Sigo charlando con un vecino hasta las nueve cuando viene mi amigo a recogerme. Salimos.

Al llegar a la playa estamos muy contentos. Hay una vista magnífica y el agua está fresca. Veo que un antiguo compañero de clase me saluda. Me dice que está trabajando en una fábrica. Durante media hora habla de la ignorancia, la mala fe y la falsa conciencia de los eruditos universitarios. Le contesto que no todos son así y que no hay que dejarles las universidades a los pedantes y a los intrigantes.

Para cambiar de tema le pregunto por su novia. Me contesta que están reñidos (*on bad terms*) a causa de sus ideas respecto al feminismo. Estamos hablando de esto y de otras cosas cuando vemos acercarse un bote a la playa. Por las muchas cañas de pesca, los hombres parecen pescadores. En ese momento, miro el reloj. Ya es muy tarde. Me doy cuenta de que hablamos desde hace casi dos horas. He prometido encontrarme con mi novia a las cinco.

II. **Pidiendo información.** Para hacer estas preguntas cambie Ud. las palabras entre paréntesis al español.

1. *(My)* _____ libros están aquí. ¿Dónde están *(yours)* _____?

2. *(His)* _____ casa está cerca. ¿Dónde está *(theirs)* _____?

3. *(Their)* _____ coche está enfrente del teatro. ¿Dónde está *(ours)* _____?

4. *(Her)* _____ novio vive cerca del cine. ¿Dónde vive *(yours fam.)* _____?

5. *(Our)* _____ mamá está en la sala. ¿Dónde está *(his)* _____?

III. **Una entrevista.** Hágale Ud. estas preguntas a un(a) compañero(a) de clase. Luego, Ud. debe contestar las mismas preguntas que su compañero(a) va a hacerle. ¿Hay semejanzas entre Uds.? ¿Cuáles son?

1. ¿De dónde eres?
2. ¿Dónde vives aquí?
3. ¿Adónde vas generalmente durante el fin de semana?
4. ¿Quién es tu mejor amigo(a)?
5. ¿A quién le escribes todas las semanas?
6. ¿Con quién sales mucho?
7. ¿De qué hablas con tu amigo(a)?
8. ¿Por qué estudias español?
9. ¿Cuál de tus clases es tu favorita?
10. ¿Cuándo termina tu última clase del día?
11. ¿Qué haces después de tu última clase?
12. ¿Cuántas veces por semana vas a estudiar a la biblioteca?

IV. **Una descripción de su familia y de Ud.** Complete Ud. cada una de las oraciones siguientes con información sobre su familia y sobre Ud. mismo(a). Luego, comparta esta información con la clase. Use expresiones de tiempo con **hacer.**

1. (Hacer) _____ años que mis antepasados (llegar) _____ a este país.

2. (Hacer) _____ años que mi familia (vivir) _____ en _____.

3. Yo (nacer) _____ en _____ (hacer) _____ años.

4. Yo (decidir) _____ asistir a esta universidad (hacer) _____.

5. Yo (llegar) _____ aquí (hacer) _____.

6. Yo (estar) _____ aquí (hacer) _____.

7. Yo (estudiar) _____ español en esta clase (hacer) _____.

8. Antes de entrar a esta clase, yo (estudiar) _____ español (hacer) _____ en _____.

INTERCAMBIOS

EL ARTE DE CONVERSAR

One of the primary goals of second language learning is oral communication. Therefore, it is essential that you learn the ways in which native speakers of Spanish organize conversations in order to communicate effectively. One of the first steps toward effective communication is to learn phrases for initiating and ending a conversation. The following are some useful expressions.

Initiating a conversation:

Hola, ¿qué tal?	*Hello, how are you?*
Buenos días, ¿cómo estás?	*Good day (hello), how are you?*
Hola, me llamo...	*Hello, my name is...*
Hola, ¿cómo te llamas?	*Hello, what is your name?*
Hola, soy...	*Hello, I am...*
¿Qué hay de nuevo?	*What's new? (What's going on?)*
¿Adónde vas?	*Where are you going?*
¿Eres... ?	*Are you... ?*
¿De dónde eres?	*Where are you from?*
¿Qué estudias?	*What are you studying?*

Ending a conversation:

Adiós. Tengo que irme a casa.	*Good-bye. I have to go home.*
Hasta luego.	*See you later.*
Hasta mañana.	*See you tomorrow.*

CONVERSACIÓN CONTROLADA

¿Quiénes eran? Una persona quiere saber algo de sus antepasados. Visita una agencia que se dedica a la genealogía. Con un(a) compañero(a) de clase, prepare Ud. un diálogo según las siguientes indicaciones.

EL (LA) GENEALOGISTA	LA PERSONA
Says hello and asks how he/she can help him/her.	Answers that he/she is looking for information about his/her ancestors. Asks if he/she can help him/her.
Says yes, but that he/she will have to ask him/her a lot of questions. Then he/she asks what the surnames of his/her family are.	Answers that his/her father's surname is Martínez and his/her mother's family name is González.
Asks where the person is from and where his/her parents and grandparents are from.	Answers that he/she and his/her parents are from Tucson, but his/her grandparents are from Mexico.
Asks where his/her grandparents were born and how long ago they left there.	Answers that his/her grandparents were born in Guadalajara, and that they came to the United States thirty years ago.
Asks if he/she knows something about his/her great-grandparents (*bisabuelos*).	Answers that he/she doesn't know anything.
Says that he/she will have to look for the information in the genealogical archives (*archivos genealógicos*), and that he/she will have the information for him/her next week.	Says thank you and that he/she will call him/her on Tuesday.

SITUACIONES

Con un(a) compañero(a) de clase, prepare Ud. un diálogo que corresponda a una de las siguientes situaciones.

Una reunión familiar. Ud. y otro miembro de su familia están planeando una reunión familiar. Tienen que decidir dónde y cuándo será la reunión, quién va a hacer las invitaciones, qué clase de comida van a preparar, quién va a sacar fotos, y las actividades en que los niños pueden participar para divertirse.

El cine. Ud. y un(a) amigo(a) hablan del cine. Ud. habla de una película que vio hace dos semanas. A Ud. le gustó mucho, y su amigo(a) quiere saber por qué. Ud. le explica las razones y después Ud. le pide a su amigo(a) que le describa una película buena que él (ella) ha visto. Más tarde Uds. deciden ir al cine.

A ESCUCHAR

Escuche Ud. a continuación la siguiente situación y el diálogo. Luego haga los ejercicios relacionados con lo que ha escuchado y aprendido.

Buenos días. Pedro, estudiante universitario de segundo curso de ingeniería industrial de la universidad de Caracas, siempre se acuesta tarde, y le es difícil levantarse por la mañana. Por eso, rara vez puede darle los buenos días a su papá, que se marcha a las siete menos diez para la oficina. La abuela, Juan y la mamá se quedan en casa.

A. Información

Entreviste Ud. a un(a) compañero(a), haciéndole cinco preguntas, para asegurarse de que ha comprendido bien el contenido del diálogo.

1. ¿Por qué llama la mamá a Pedro?
2. ¿Quién lleva a Pedro a la universidad?
3. ¿Qué piensa Juan sobre su hermano?
4. ¿El papá de Pedro está de viaje de negocios?
5. Miguel come tostadas con el café, ¿verdad?

B. Conversación

Cuéntele Ud. a un(a) compañero(a), en forma narrativa, qué se hace en su casa cuando su familia se levanta. ¿Tiene hermanos perezosos? ¿Prepara su mamá el desayuno? ¿Quién es el primero en salir de casa?... Luego pídele a su compañero(a) que compare a su familia con la suya.

A CONVERSAR

A. Discusión: Un dilema familiar

A continuación se describe una familia que se ve confrontada con un problema típico. Acaban de informarle al padre que lo van a ascender a director de su compañía. Su familia tendrá que mudarse a una ciudad que queda lejos del pueblo donde siempre ha vivido. Los miembros de la familia son:

EL PADRE   tipo conservador, ambicioso, que quiere controlar a su familia.

A él le gusta la idea de mudarse y de ascender a director. Así ganará más dinero para pagar los estudios de sus hijos. Además, podrá comprarse una casa más lujosa y pasar las vacaciones en Europa. Aunque pide la opinión de los demás, está convencido de que será una oportunidad maravillosa para todos.

LA MADRE   mujer bondadosa que siempre busca reconciliar las diferencias entre la familia.

Ella tiende a apoyar a su marido en cuestiones de negocio. Por eso, dice que su marido tiene razón, que habrá más posibilidades para todos y que los problemas de la mudanza se resolverán fácilmente.

LA ABUELA   viuda, vieja, muy vinculada al pueblo donde vive ahora, donde está enterrado su marido.

Ella sabe que va echar de menos su pueblo, ya que todas sus amistades se encuentran allí, y ella es muy vieja para cambios de esa clase.

EL PRIMO   joven desocupado que no ha podido encontrar trabajo.

Le parece que su pueblo no ofrece muchas oportunidades para un joven. Ya conoce la otra ciudad y está seguro de que allá podrá encontrar empleo.

EL HIJO   muchacho de unos quince años que siempre ha creído que el pueblo de ellos es muy atrasado.

Le gusta conocer a gente nueva y visitar lugares desconocidos. Le parece que ya ha explorado todo en su pueblo y está aburrido con su vida actual. También cree que si su padre gana más dinero es posible que le regale un auto el año que viene.

LA HIJA   muchacha de unos diecisiete años que está enamorada de un joven, vecino de ellos.

Para ella, su Pepe es el hombre más sofisticado que hay, puesto que tiene veintidós años y sabe tanto del mundo. Además, su íntima amiga Julia piensa casarse en el verano y ella no quiere perderse de la boda.

En grupos, preparen una escena breve, pero emocionante en la cual participan todos los miembros de la familia. Discutan las ventajas y desventajas de mudarse.

B. Ejercicio de comprensión

Ud. va a escuchar un comentario breve sobre una familia del mundo hispánico. Después del comentario, va a escuchar dos oraciones. Indique si la oración es verdadera (V) o falsa (F), trazando un círculo alrededor de la letra que corresponde a la respuesta correcta.

   1. V   F   2. V   F

C. Temas de conversación o de composición

1. ¿Se ha mudado mucho su familia? ¿Cuántas veces? ¿Le gusta la idea de mudarse a menudo o prefiere quedarse en un lugar?

2. En cuestiones económicas, ¿debe funcionar la familia como una pequeña democracia o debe mandar el padre? ¿Por qué?

3. ¿Qué importancia deben tener las opiniones de los niños en una familia? ¿Cree Ud. que en su familia se toman en serio sus opiniones?

D. Descripción y expansión

1. Opiniones.

En el mundo hispánico el concepto de la familia incluye no solamente a la madre, al padre y a sus hijos, sino también a los tíos, a los primos y a los abuelos. Se refiere a esta clase de familia como a una «familia extensa». En cambio, una familia de los Estados Unidos por lo general consiste en sólo los padres y los hijos, y se llama una «familia nuclear».

Se ve en esta foto una familia extensa de Madrid, España. ¿Cuál es la diferencia entre una familia nuclear y una extensa? ¿Cómo se divierte la familia en la foto? Describa la sala de la casa. ¿Es como la de su casa? Explique.

a.   ¿Qué clase de familia hay en el dibujo, en su opinión? ¿Por qué opina esto?

b.   ¿Es común que el abuelo o la abuela viva con sus hijos en nuestra sociedad? En su opinión, ¿deben vivir juntas varias generaciones? ¿Por qué?

c.   Qué clase de familia prefiere Ud., ¿una familia extensa o una familia nuclear? ¿Por qué?

2.   ¿Qué está pasando en el dibujo?

a.   ¿Dónde está la madre? ¿Qué está haciendo?
b.   ¿Dónde está el padre? ¿Qué está haciendo?
c.   ¿Dónde están los niños pequeños? ¿Qué están haciendo?
d.   ¿Dónde están los jóvenes? ¿Qué están haciendo?
e.   ¿Dónde está la abuela? ¿Qué está haciendo ella?

3.   Compare Ud. las actividades de la familia en el dibujo con las de su familia.

MATERIALES AUTÉNTICOS

Estos anuncios aparecieron en la revista *CAMBIO 16* publicada en Madrid, España. Lea Ud. los anuncios con mucho cuidado. ¿Conoce Ud. estas películas?

1. ¿Cuál de las películas trata de amor? ¿de una gran injusticia que resultó en el cierre de una prisión famosa? ¿de una mujer que quería ser famosa?

2. En una de las películas un hombre robó tres dólares para su hermana. ¿Qué le pasó?

3. ¿Cómo se llama la película en la cual un poeta hace un papel importante? ¿Cómo se llama el poeta? ¿De dónde es?

4. ¿Cómo se llama la película en la cual una mujer quiere ser presentadora de televisión? ¿Realizó ella su sueño? ¿Qué le pasó a ella?

5. Un cartero le pide ayuda a un poeta para conquistar a una mujer. ¿Cómo se llama la mujer? ¿Cómo es ella? ¿En qué país tiene lugar la película?

6. ¿Cuál de las tres películas prefiere ver? ¿Por qué?

CINE

★ Del Papel al Corazón

El poeta chileno Pablo Neruda, exiliado en una isla italiana, descubre el poder de la palabra a un cartero que le pide ayuda para conquistar a la bellísima Beatrice. Ella no puede resistirse a la inspiración del poeta. El Cartero (y Pablo Neruda), de Michael Radford. Intérpretes: Massimo Troisi y Philippe Noiret. Estreno, 3 de noviembre.

Neruda y el cartero.

Policías armados vigilan al preso y a su defensor.

★ El Final de Alcatraz

Homicidio en primer grado, de Marc Rocco. Intérpretes: Christian Slater y Gary Oldman. Estreno, 27 de octubre.

EL DIRECTOR, MARC ROCCO, PASÓ UN FIN DE SEMAna encerrado en Alcatraz para entender mejor a los personajes que vivieron esta historia real que ha llevado al cine y que provocó el cierre de la prisión más temida del mundo. No sólo quería reflejar los sucesos que allí tenían lugar, como malos tratos y castigos a los presos, sino que se interesó sobre todo la relación entre los protagonistas: un hombre que por robar cinco dólares para su hermana sufrió tres años en la celda de castigo y, el día que por primera vez vio la luz, mató de un tiro al responsable de su padecimiento y su abogado defensor. Este, en la búsqueda de la justicia, se ve obligado a enfrentarse a Alcatraz y al Gobierno federal, un caso que puede acabar destruyendo su carrera. La investigación llevó al cierre de la cárcel más *segura* del mundo.

★ Un Sueño muy Caro

La máxima aspiración de Suzanne es convertirse en una famosa presentadora de televisión. La vida no le ayuda en sus sueños y pronto llega a convertirse en un obstáculo que ella no tiene inconveniente en eliminar, aunque tenga que llegar al asesinato. Tres jóvenes colaborarán en su locura.
Todo por un sueño, de Gus Van Sant. Intérpretes: Nicole Kidman y Matt Dillon.

Larry y su ambiciosa mujer.

Unidad 5

El hombre y la mujer en la sociedad hispánica

Estas personas trabajan en una oficina del diario Vanguardia
de Barcelona, España. ¿Cómo es la mujer? ¿el hombre?
Describa el elemento de la foto que le atrae más. ¿Por qué?

(Carlos, Concha y tío Paco llegan al cine, compran los boletos y entran.)

TÍO PACO ¿Qué hora es? Ojalá que lleguemos a tiempo para ver el dibujo animado del «Pájaro Loco».[1]

dibujo animado *cartoon*

CARLOS No se preocupe, tío. ¿Quieren que les traiga algo? Voy a comprar una Coca-Cola.

5

CONCHA Un chocolate, por favor.

TÍO PACO Gracias, para mí nada.

CARLOS *(Después de volver.)* Bueno, pues, entremos.

10 TÍO PACO Sentémonos muy cerca. No veo nada.

CONCHA Tío, Carlos y yo no queremos estar tan cerca de la pantalla. Nos vamos a sentar atrás. Lo veremos a Ud. después.

TÍO PACO Bueno, bueno, váyanse. *(Se sienta en la segunda fila.)*

15

CARLOS ¿Nos sentamos en aquellas butacas allí, las que están en medio?

CONCHA Donde sea, pero date prisa. Estamos perdiendo las primeras escenas.

Donde sea *Wherever*

20 CARLOS Bueno, sígueme. Permiso, con permiso señora, muy amable con permiso, muchas gracias. ¡Uf! ¡Perdone! ¿Ves bien?

CONCHA Sí, muy bien. Cállate.

(Voces de la pantalla.)

MUJER ¡Qué contenta me siento en tus brazos, mi amor!

25

HOMBRE Sí, yo también, pero se está haciendo tarde. Tu marido se estará preguntando dónde estás. Tenemos que separarnos una vez más.

se estará preguntando *he'll be wondering*

30 MUJER Apenas son las diez de la noche. Sabes que él nunca deja a tu esposa antes de las doce.

HOMBRE Sí, pero tal vez llegue Jorge antes de la hora convenida. Debemos evitar escenas desagradables.

convenida *agreed upon*

35

(Voces del auditorio.)

CARLOS ¿Qué demonios pasa? ¿Quién es Jorge?

CONCHA No sé. Perdimos eso al principio.

(Pasan dos horas. Termina la función.)

CONCHA	¡Qué película fenomenal!
CARLOS	Sí, me gustó. Pero, ¿dónde está tío Paco?
40	Busquémoslo.
CONCHA	Ahí está. Tío, ¿le gustó la película?
TÍO PACO	Pues, la verdad, sobrina, tenían esos dos
	tantos esposos y amantes que me dio un
	sueño terrible y me eché una siestecita.
45	¿Cómo terminó?
CARLOS	Pues... este... bueno, tío, es demasiado
	complicado. Vámonos.
TÍO PACO	Francamente, me gustan más las teleno-
	velas como «Simplemente María».[2] ¡Ésa
50	sí que vale la pena!

Notas culturales

[1]**el dibujo animado del «Pájaro Loco»:** La gran mayoría de los dibujos animados, o «caricaturas», son de origen norteamericano. Entre los más populares están «El Pájaro Loco» (*Woody Woodpecker*), «El Pato Donald» (*Donald Duck*) y «El Correcaminos y el Coyote» (*Roadrunner*).

[2]**«Simplemente María»:** La telenovela es un tipo de programa muy popular en el mundo hispánico. A diferencia de (*unlike*) las «*soap operas*» en los Estados Unidos, las telenovelas son episodios cortos que terminan en un año, o más. Generalmente estos programas se transmiten sólo una vez por semana, pero duran una o dos horas. «Simplemente María» ha sido una de las más populares del mundo hispánico.

VOCABULARIO ACTIVO

Estudie estas palabras.

Verbos

evitar   *to avoid*
perder (ie)   *to miss, to lose*

Sustantivos

el, la amante   *lover*
la butaca   *theater seat*

la fila   *row*
la función   *show*
la telenovela   *television serial (soap opera)*

Adjetivos

fenomenal   *great, terrific*

la fila   *row*
la función   *show*
la telenovela   *television serial
(soap opera)*

Adjetivos

fenomenal   *great, terrific*

Otras expresiones

a tiempo   *on time, in time*
darse prisa   *to hurry*
echarse una siestecita   *to take a
little nap*
ojalá (que)   *I hope that*
¿Qué demonios pasa?   *What the
devil is going on?*
tal vez   *perhaps*

COMPRENSIÓN

1. ¿Adónde van Carlos, Concha y el tío Paco?   2. ¿Qué compran antes de entrar?   3. ¿Qué es el «Pájaro Loco»?   4. ¿Qué compra Carlos?   5. ¿Dónde se sienta el tío Paco?   6. ¿Por qué no saben quién es Jorge?   7. Según Concha, ¿cómo fue la película?   8. ¿A Carlos le gustó la película?   9. ¿Qué hizo el tío Paco durante la película?   10. Al tío Paco, ¿qué le gusta más que las películas?

OPINIONES

1. ¿Va Ud. a menudo al cine? ¿Cuántas veces por mes?   2. ¿Dónde se sienta Ud. en el cine?   3. ¿Le gustan a Ud. las películas italianas? ¿Por qué?   4. ¿Qué clase de refrescos toma Ud. en el cine?   5. ¿Le gustan más a Ud. las películas o prefiere las telenovelas?   6. ¿Cómo se llama su película favorita?   7. ¿Qué programa de televisión le gusta más a Ud.?   8. ¿Le gustaría a Ud. ser actor (actriz) de televisión? ¿del cine? ¿Por qué?   9. ¿Quiénes son sus actores (actrices) favoritos(as)?¿Por qué?

ESTRUCTURA

THE SUBJUNCTIVE MOOD

In general, the indicative mood is used to relate or describe something that is definite, certain, or factual. In contrast, the subjunctive mood is used after certain verbs or expressions that indicate desire, doubt, emotion, necessity, or uncertainty. In this unit the formation of the present subjunctive and the use

of the subjunctive after the expressions **tal vez, acaso, quizás,** and **ojalá** will
be presented.

FORMS OF THE PRESENT SUBJUNCTIVE

A. The present subjunctive of regular verbs

The present subjunctive of most verbs is formed by dropping the **-o** of the first
person singular of the present indicative and adding the endings **-e, -es, -e,
-emos, -éis, -en** to **-ar** verbs and **-a, -as, -a, -amos, -áis, -an** to **-er** and **-ir**
verbs.

hablar		comer		vivir	
hable	hablemos	coma	comamos	viva	vivamos
hables	habléis	comas	comáis	vivas	viváis
hable	hablen	coma	coman	viva	vivan

B. Irregular verbs

1. Most verbs that are irregular in the present indicative are regular in the
    present subjunctive. Three examples are:

venir		traer		hacer	
venga	vengamos	traiga	traigamos	haga	hagamos
vengas	vengáis	traigas	traigáis	hagas	hagáis
venga	vengan	traiga	traigan	haga	hagan

2. The following six common verbs, which do not end in **-o** in the first
    person singular of the present indicative, are irregular in the present
    subjunctive.

dar		estar		haber	
dé	demos	esté	estemos	haya	hayamos
des	deis	estés	estéis	hayas	hayáis
dé	den	esté	estén	haya	hayan

ir		saber		ser	
vaya	vayamos	sepa	sepamos	sea	seamos
vayas	vayáis	sepas	sepáis	seas	seáis
vaya	vayan	sepa	sepan	sea	sean

C. Stem-changing verbs

1. The **-ar** and **-er** verbs that change **e** to **ie** or **o** to **ue** in the present
    indicative make the same stem changes in the present subjunctive. (Notice

that again there are no stem changes in the first and second persons plural.)

entender		encontrar	
entienda	entendamos	encuentre	encontremos
entiendas	entendáis	encuentres	encontréis
entienda	entiendan	encuentre	encuentren

2. The **-ir** verbs that change **e** to **ie** or **o** to **ue** in the present indicative make the same stem changes in the present subjunctive; in addition, they change **e** to **i** or **o** to **u** in the first and second persons plural.

sentir		dormir	
sienta	sintamos	duerma	durmamos
sientas	sintáis	duermas	durmáis
sienta	sientan	duerma	duerman

3. The **-ir** verbs that change **e** to **i** in the present indicative make the same stem change in the present subjunctive; in addition they change **e** to **i** in the first and second persons plural.

servir		repetir	
sirva	sirvamos	repita	repitamos
sirvas	sirváis	repitas	repitáis
sirva	sirvan	repita	repitan

D. Spelling-change verbs

Verbs ending in **-car**, **-gar**, **-zar**, and **-guar** have spelling changes throughout the present subjunctive in order to preserve the pronunciation of the final consonant of the stem.

buscar: c to qu		llegar: g to gu	
busque	busquemos	llegue	lleguemos
busques	busquéis	llegues	lleguéis
busque	busquen	llegue	lleguen

abrazar: z to c		averiguar: gu to gü	
abrace	abracemos	averigüe	averigüemos
abraces	abracéis	averigües	averigüéis
abrace	abracen	averigüe	averigüen

PRÁCTICA

A. Formas del presente del subjuntivo. Exprese Ud. la primera persona singular y plural de estos verbos en el presente del subjuntivo.

1. comer
2. tener
3. conocer

4. hacer
5. traer
6. decir

B. Más práctica. Exprese Ud. la tercera persona singular y plural de estos verbos en el presente del subjuntivo.

1. ganar
2. ver
3. pagar

4. buscar
5. estar
6. irse

C. Un poquito más. Exprese Ud. la primera persona singular y plural de estos verbos en el presente del subjuntivo.

1. servir
2. acostarse
3. volver

4. perder
5. jugar
6. empezar

SOME USES OF THE SUBJUNCTIVE

A. *The subjunctive after* tal vez, acaso, *and* quizás

1. The subjunctive is used after the expressions **tal vez, acaso,** and **quizás** (all meaning *perhaps, maybe*) when the idea expressed or described is indefinite or doubtful.

   Tal vez llegue a tiempo, pero lo dudo.
   Perhaps he will arrive on time, but I doubt it.

   Quizás Juan conozca a Gloria, pero no es probable.
   Perhaps Juan knows Gloria, but it's not likely.

   Acaso Manuel sepa la respuesta, pero no lo creo.
   Maybe Manuel knows the answer, but I don't think so.

2. However, when the idea expressed is definite or very probable, the indicative is used.

   Tal vez salen temprano hoy como siempre.
   Perhaps they're leaving early today as always.

Teresa está en el banco. Acaso está cobrando un cheque.
Teresa is in the bank. Maybe she's cashing a check.

Quizás podemos hacerlo; parece fácil.
Maybe we can do it; it looks easy.

B. *The subjunctive after* ojalá (que)

The subjunctive is always used after **ojalá** (derived from the Arabic
May Allah grant that). The **que** is optional after **ojalá.**

Ojalá (que) se den prisa.
I hope (that) they hurry.

Ojalá (que) él no vaya con nosotros.
I hope (that) he doesn't go with us.

Ojalá (que) no lleguemos tarde.
I hope (that) we don't arrive late.

PRÁCTICA

A. Pensamientos. Ud. está solo(a) en su cuarto pensando en sus amigos y su
familia a y en lo que ellos tal vez estén haciendo. Exprese sus pensamientos. Siga el modelo.

Modelo mi amigo / ir / al cine
Tal vez mi amigo vaya al cine.

1. mi familia / comer / ahora
2. mis abuelos / llegar / al teatro
3. mi hermano / buscar / trabajo
4. mi hermana / estar / en casa
5. mi primo / aprender / conducir
6. mi madre / servir / la cena
7. mis amigos / mirar / una telenovela
8. mis tíos / comprar / las entradas
9. José / echarse / una siestecita
10. mi prima / hacer / las tareas

B. Actividades personales. Las personas siguientes quieren hacer ciertas
cosas. Indique Ud. lo que ellos quizás puedan hacer. Siga Ud. el modelo.

Modelo Pablo quiere ganar el partido.
Quizás gane el partido.

1. María quiere levantarse temprano.
2. Ellos desean hablar alemán.
3. Mi hermano desea echarse una siestecita.
4. Su amante quiere ir con ellos al cine.
5. Su madre quiere ver una película fenomenal.
6. Enrique quiere pagar la cuenta.
7. José desea buscar una butaca en esa fila.
8. Los niños quieren salir.
9. Ese idiota quiere darle todo su dinero.
10. Aquellos jóvenes desean sentarse cerca de la pantalla.

C. Una cita. Ud. tiene una cita esta noche, y espera que todo vaya bien. Exprese Ud. sus deseos, usando la expresión **ojalá.** Siga el modelo.

Modelo   Vamos al cine esta noche.
Ojalá que vayamos al cine esta noche.

1. Mi hermano nos compra entradas.
2. Yo llego temprano a la casa de mi novio(a).
3. Mi novio(a) está listo(a) para ir.
4. Mi coche funciona bien.
5. Él/Ella quiere comer en un buen restaurante antes de ver la película.
6. Podemos encontrar una mesa libre.
7. La comida es muy buena.
8. La comida no cuesta mucho.
9. Encontramos butacas cerca de la pantalla al entrar al cine.
10. Él/Ella se divierte bastante esta noche.

D. Un nuevo día. Ud. y un(a) amigo(a) están para salir de su apartamento para ir a la escuela. Están haciéndose preguntas en cuanto al día. Siga el modelo.

Modelo   ¿Tenemos examen hoy?
¡Ojalá que no tengamos examen hoy!

1. ¿Comemos en la cafetería después de la clase?
2. ¿Podemos estudiar en la biblioteca esta tarde?
3. ¿Vamos al cine después de cenar esta noche?
4. ¿Quién va a comprar las entradas?
5. ¿Volvemos temprano a casa?
6. ¿A qué hora nos acostamos?

E. En el cine. Miguel y María Luz están esperando a sus amigos enfrente del cine. Con un(a) compañero(a) de clase exprese Ud. su conversación en español.

MIGUEL	I hope Laura and Emilio find a seat near the screen.
MARÍA LUZ	Perhaps they can, but I doubt it. There are a lot of people here.
MIGUEL	There are two seats here. Maybe they'll sit next to us.
MARÍA LUZ	I hope they hurry or they'll lose these seats.
MIGUEL	Perhaps they'll have to leave if they can't find good seats.

F. Tal vez. ¿Qué harán estas famosas personas hoy?

Modelo el príncipe de Monaco
Tal vez el príncipe de Monaco se case otra vez.

1. el presidente de los Estados Unidos
2. la reina de Inglaterra
3. Michael Jackson
4. Alec Baldwin
5. Roseanne
6. Candice Bergen
7. Jay Leno
8. David Letterman

COMMANDS

There are several different command forms in Spanish:

the formal direct commands (**Ud.** and **Uds.**)
the familiar direct commands (**tú** and **vosotros***)
the *let's* command (**nosotros**)
the indirect commands

All of these commands use present subjunctive verb forms except for the affirmative **tú** and **vosotros** commands.†

A. Formal commands

1. The **Ud.** and **Uds.** commands, negative and affirmative, are the same as the third person forms of the present subjunctive.

---

*The **vosotros** commands are not generally used in Latin America. They have been replaced by the **Uds.** commands.

†For the use of the infinitive to express commands, see Unit 11.

Mire (Ud.).   No mire (Ud.).
Look.   *Don't look.*

Salgan (Uds.).   No salgan (Uds.).
Leave.   *Don't leave.*

Note: The word **Ud.** is sometimes included for courtesy, but it is generally omitted.

2. Object pronouns (reflexive, indirect, and direct) follow and are attached to affirmative direct commands, but they precede negative direct commands. Notice that the affirmative command adds an accent to maintain the original stressed syllable.

Váyase (Ud.).   No se vaya (Ud.).
Váyanse (Uds.).   No se vayan (Uds.).
Go away.   *Don't go away.*

B. Familiar commands—affirmative

1. The affirmative **tú** command for regular verbs is the same as the third person singular of the present indicative. The subject pronoun is generally not used. Note again that object pronouns are attached to affirmative commands.

Habla, por favor.   Sígueme.
Speak, please.   *Follow me.*

Vuelve a casa temprano.   Cállate.
Return home early.   *Be quiet.*

2. The following affirmative **tú** commands are irregular:

decir:	di	**poner:**	pon	**tener:**	ten
hacer:	haz	**salir:**	sal	**venir:**	ven
ir:	ve	**ser:**	sé		

3. The affirmative **vosotros** command is formed by dropping the **-r** from the infinitive and adding **-d.**

esuchar: Escuchad.   **decir:** Decidnos.
              Listen.   *Tell us.*

4. For the **vosotros** command of reflexive verbs, the final **-d** is dropped before adding the pronoun **os.** One exception to this is **idos** (from **irse**). If the verb is an **-ir** verb, an accent is required on the final **i.**

Levantaos.   Divertíos.
Get up.   *Have a good time.*

C. Familiar commands—negative

The negative familiar commands for both **tú** and **vosotros** are the same as the second person forms of the present subjunctive. Object pronouns precede negative commands.

No llegues (tú) tarde.
Don't arrive late.

No lo esperéis.
Don't wait for him.

D. The "let's" command

1. The **nosotros** or *let's* command is the same as the first person plural of the present subjunctive. Note the position of the object pronouns in the second example below.

   Comamos.
   Let's eat.

   No comamos.
   Let's not eat.

   Cerrémosla.
   Let's close it.

   No la cerremos.
   Let's not close it.

2. When either the reflexive pronoun **nos** or the pronoun **se** is attached to an affirmative *let's* command, the final **-s** of the verb is dropped. A written accent is added to maintain the original stress of the verb.

   Sentémonos.
   Let's sit down.

   No nos sentemos.
   Let's not sit down.

   Pidámoselo.
   Let's ask him (her) for it.

   No se lo pidamos.
   Let's not ask him (her) for it.

3. The verb **ir** (**irse**) is irregular in the affirmative **nosotros** command.

   Vamos.*
   Let's go.

   BUT: No vayamos.
   Let's not go.

   Vámonos.
   Let's leave.

   BUT: No nos vayamos.
   Let's not leave.

4. An alternate way of expressing the affirmative *let's* command is to use **ir a** plus the infinitive. This form is not used for negative commands.

   Vamos a hablar con ellos.
   Let's talk with them.

   BUT: No hablemos con ellos.
   Let's not talk with them.

~~~~~

*Both **vamos** and **vayamos** can be used for the affirmative command, but **vamos** is more common.

5. Note that **a ver** (without **vamos**) is generally used to express *let's see.*

A ver. Creo que todo está listo.
Let's see. I think everything is ready.

E. Indirect commands

Indirect commands are the same as the third person (singular or plural) of the present subjunctive. They are always introduced by **que.**

Que le vaya bien.
May all go well with you.

Los niños quieren salir. Pues, que salgan ellos.
The children want to go out. Well, let them go out.

Note that object pronouns always precede both negative and affirmative indirect commands, and the subject, if expressed, generally follows the verb.

PRÁCTICA

A. Mandatos formales. Cambie Ud. estas oraciones a mandatos formales. Siga el modelo.

Modelo La señorita entra. *Señorita, entre, por favor.*
El señor no dice nada. *Señor, no diga nada, por favor.*

1. El tío espera un momento.
2. La señora no habla tanto.
3. Los jóvenes van al cine.
4. El señor se sienta cerca de la pantalla.
5. La señora no come mucho.

B. Mandatos familiares. Cambie Ud. estas oraciones a mandatos familiares. Siga el modelo.

Modelo Aurelio dice algo. *Aurelio, di algo.*
Mi amigo no le da dinero. *Amigo, no le des dinero.*

1. Laura va conmigo a la fiesta.
2. Roberto no sale temprano.
3. María hace un pastel.
4. Felipe no es tonto.
5. Elena no entra a la sala.

C. Una visita a Madrid. Los padres de Laura están visitando Madrid, y ella está diciéndoles lo que ellos deben hacer durante su estadía. Siga Ud. el modelo.

Modelo ir a un buen restaurante
Vayan a un buen restaurante.

1. probar algunos platos típicos españoles
2. no comer ni beber demasiado
3. después de comer, volver al hotel para echarse una siesta
4. comprarme unos libros de arte
5. después, ir al teatro
6. conseguir entradas para la función
7. llegar al teatro temprano
8. regresar al hotel en taxi
9. acostarse en seguida
10. divertirse durante el viaje

D. Una persona mandona (*bossy*). Con un(a) compañero(a) de clase díganse Uds. lo que Ud. y la otra persona deben hacer. Siga el modelo.

Modelo   devolver estos libros a la biblioteca

    Ud.   *Devuelve estos libros a la biblioteca.*
                                              no perder el tiempo
    Su compañero(a) de clase   *No pierdas el tiempo.*

1. no irse sin hablar con ellos
2. empezar ahora a estudiar
3. servir vino con la comida
4. no ser ridículo
5. no pagar demasiado por las entradas
6. regresar antes de las cinco
7. llegar al cine a tiempo
8. no tomar demasiada cerveza
9. no preocuparse
10. pedirles a ellos más dinero

Ahora, de le Ud. dos o tres mandatos más a su compañero(a) de clase.

E. De acuerdo o no. Con un(a) compañero(a) de clase háganse Uds. estas preguntas para decidir lo que quieren hacer hoy. Siga Ud. el modelo.

Modelo ¿Vamos a sentarnos aquí?
     Sí, sentémonos aquí. (No, no nos sentemos aquí.)

1. ¿Vamos a salir esta noche?
2. ¿Vamos a levantarnos temprano?
3. ¿Vamos a empezar a estudiar ahora?
4. ¿Vamos a pedir una taza de café?
5. ¿Vamos a comprar entradas?
6. ¿Vamos a ver una telenovela?
7. ¿Vamos a salir de la casa temprano?
8. ¿Vamos a hacerlo en seguida?
9. ¿Vamos a divertirnos un rato?
10. ¿Vamos a preguntarles si quieren ir?

F. Opiniones personales. Indique Ud. su opinión personal sobre las cosas que estas personas quieren hacer. Siga el modelo.

Modelo   Pablo quiere tomar el bus.
              ¡Que lo tome!

1. Susana quiere leer el artículo.
2. María desea comprar un libro.
3. Pedro quiere decirle el precio de las entradas.
4. Mis padres quieren conocer a mis amigos.
5. Mi tío desea hacer su trabajo.
6. Mis amigos desean traer refrescos.
7. Elena quiere bailar el tango.
8. Los jóvenes quieren ver esa película.
9. Eva quiere ir al concierto.
10. Ellos quieren quedarse en casa.

G. Mandatos. Dígale Ud. a su compañero(a) de clase cinco cosas que él/ella debe hacer. Su compañero(a) de clase va a indicar si él/ella quiere hacerlas o si hay otras cosas que él/ella prefiere hacer. Use Ud. la imaginación con limitación, por supuesto.

Modelo   Ud.   Come estos gusanos.
              Su compañero(a) de clase   *No quiero comerlos.*
                                          Prefiero comer una tortilla.

H. Consejos. Pregúntele Ud. a un(a) compañero(a) de clase si Ud. debe hacer las cosas siguientes. Su compañero(a) de clase le va a contestar con un mandato negativo o afirmativo. Cambie Ud. los objetos directos a pronombres. Siga el modelo.

Modelo   ¿Hago el trabajo?
              Sí, hazlo. (No, no lo hagas.)

1. ¿Pongo mis libros en tu mesa?
2. ¿Te digo la verdad?
3. ¿Traigo mi coche a la universidad mañana?
4. ¿Te explico la lección?
5. ¿Empiezo a cantar una canción?
6. ¿Te abrazo?

RELATIVE PRONOUNS

A. Uses of que*

1. The most commonly used relative pronoun is **que** (*that, which, who*). It can refer to persons, places, or things, and is never omitted in Spanish.

   Manuel es el muchacho que trabaja en esa tienda.
   Manuel is the boy who works in that store.

   La película que vieron anoche es francesa.
   The movie (that) they saw last night is French.

   Cuernavaca es una ciudad que está cerca de la capital.
   Cuernavaca is a city (that is) near the capital.

2. After most prepositions of one syllable such as **a, con, de,** and **en,** the relative pronoun **que** is only used to refer to things.

   Las películas de que hablan son de España.
   The movies they are talking about are from Spain.

   El dinero con que compró el coche era de su madre.
   The money he bought the car with was his mother's.

B. Uses of quien(es)

1. **Quien(es)** (*who, whom*) refers only to people. It is most commonly used after prepositions of one syllable (**a, con, de**) or to introduce a clause that is set off by commas.

   La señora con quien están hablando es traductora.
   The woman they are talking to is a translator.

   Aquel hombre, quien vino a mi casa ayer, es el presidente.
   That man, who came to my house yesterday, is the president.

2. **Quien(es)** is also used to mean *he who, those who, the ones who,* and so forth.

   Quien estudia, aprende.
   He who studies, learns.

~~~~~~

*In English, an infinitive can directly follow and modify a noun or pronoun; in Spanish, this construction can be expressed by **que** + infinitive.

Hay mucho que leer.
There is a lot to read.

Quienes comen mucho, engordan.
Those who eat a lot get fat.

3. **Que** is preferred to **quien** as a direct object. It does not require the personal **a.**

    El hombre que (a quien) vi es su tío.
    The man (whom) I saw is his uncle.

C. Uses of el cual and el que

El que (**la que, los que, las que**) and **el cual** (**la cual, los cuales, las cuales**) are used instead of **que** or **quien** in the following situations:

1. For clarification and emphasis when there is more than one person or thing mentioned in the antecedent.

    La amiga de Carlos, la cual (la que) vive en Nueva York, va a México.
    Carlos's friend, who lives in New York, is going to Mexico.

    El tío de María, el cual (el que) es muy viejo, va al cine con ella.
    María's uncle, who is very old, is going to the movies with her.

2. After the prepositions **por** and **sin** and after prepositions of two or more syllables.

    Se me olvidó la llave, sin la cual (la que) no pude entrar.
    I forgot the key, without which I couldn't get in.

    Vieron a sus amigas, detrás de las cuales (las que) había dos butacas juntas.
    They saw their friends, behind whom there were two seats together.

3. In addition, **el que** (**la que, los que, las que**) is used to translate *the one who, he who, those who, the ones who.* (**El cual** is not used in this construction.)

    El que estudia, tiene éxito.
    He who studies will be successful.

    Esos actores y los que están en esta telenovela son muy populares.
    Those actors and the ones who are in this soap opera are very popular.

D. Uses of lo cual and lo que

1. **Lo cual** and **lo que** are neuter forms; both are used to express *which* when the antecedent referred to is not a specific noun but rather a statement, a situation, or an idea.

Felipe dijo que no vendría, lo cual nos sorprendió.
Felipe said he wouldn't come, which surprised us.

Vi una sombra en la pared, lo que me asustó.
I saw a shadow on the wall, which frightened me.

2. In addition, **lo que** (but not **lo cual**) means *what* when the antecedent is not stated.

Lo que dijo Juan no les parecía posible.
What Juan said didn't seem possible to them.

No sé lo que quieres.
I don't know what you want.

E. Use of cuyo (-a, -os, -as)

Cuyo (*whose,* * *of whom, of which*) is used before a noun and agrees with it in gender and number.

La chica cuya madre es profesora se llama Esmeralda.
The girl whose mother is a professor is named Esmeralda.

Ese árbol, cuyas hojas son pequeñas, es un roble.
That tree, the leaves of which are small, is an oak.

PRÁCTICA

A. **Los pronombres relativos.** Haga Ud. los cambios necesarios en estas oraciones, según las palabras entre paréntesis.

1. Es la *esposa* de quien hablo. (tío / mujeres / esposos / profesores)
2. Esa es la *película* cuyo nombre no recuerdo. (telenovelas / dibujos animados / noticiero / cine)
3. Esos *señores*, con quienes hablamos, son de la Argentina. (señorita / profesora / muchachas / hombres)

B. **Observaciones generales.** Complete Ud. estas oraciones con la forma correcta de un pronombre relativo.

*In a question, *whose* is ¿de quién(es)?: ¿De quién es este boleto?

1. La película _____ dan en el Cine Colorado es muy buena.
2. _____ hablan mucho, poco aprenden.
3. Allí está el restaurante detrás de _____ vive Carmen.
4. La mujer con _____ hablan es abogada.
5. El cine al _____ entran está muy oscuro.
6. Ese hombre, _____ está hablando ahora con Paco, es el tío de Mirabel.
7. Jacinto siempre hace _____ ella quiere.
8. El chico _____ novia quiere ir al partido de jai alai se llama Francisco.
9. La telenovela _____ a ella le gusta se llama «Simplemente María».
10. El hombre a _____ conocí anoche es el primo de Fernando.

C. Los pronombres relativos. Complete Ud. estas oraciones con **que, quien(es), el que, lo que** o **lo cual.**

1. «Simplemente María» es la telenovela _____ me gusta más.
2. El tío de Carlos, _____ vive en su casa, irá a México.
3. Ésas son las amigas de _____ te hablé.
4. Él estudió toda la noche, _____ me sorprendió.
5. Quiero que sepas _____ está ocurriendo.

D. Una narrativa breve. Exprese Ud. esta narrativa sobre una noche en el cine.

1. Concha and Carlos are the young people who are going to the movies tonight.
2. Her cousin said that he and his girlfriend wanted to go too, which seemed strange to them.
3. The girl that he is going out with is the daughter of the woman whose family lives in Cuernavaca.
4. His girlfriend lives in a large house in front of which is a beautiful park.
5. She talks a lot, but what she says is interesting.
6. Concha's cousin is nice, but what bothers Carlos is that he never has any money.
7. Carlos's brother, who is very intelligent, wanted to go to the show too.
8. That girl, whose eyes are large and green, is his girlfriend.
9. They decided not to go with them because she had a lot of homework to do.
10. Perhaps Carlos's uncle, (the one) who just arrived from Colombia, will go with them.
11. The motion picture theater that they are talking about isn't far from here.
12. After seeing the movie, they said that they liked it, which was a lie.

E. Una entrevista. Hágale Ud. cinco preguntas a su compañero(a) de clase, usando un pronombre relativo en cada una de las preguntas de la lista abajo.

cuyo(a)   quien   que   el (la) que   lo que

REPASO

I. Su niñez. Viva Ud. otra vez su niñez haciendo el papel de un niño(a) que les pide permiso a sus padres para hacer varias cosas. Su compañero(a) de clase va a hacer el papel de uno de los padres. Haga Ud. la pregunta, y su compañero(a) de clase le va a contestar con una respuesta negativa o afirmativa. La madre/el padre debe usar pronombres en las respuestas. Siga Ud. el modelo.

Modelo   —¿Puedo comer este helado?
              —*No, no lo comas.*
              —*Sí, cómelo.*

1. ¿Puedo mirar la televisión?
2. ¿Puedo ir al cine esta noche?
3. ¿Puedo salir con mis amigos?
4. ¿Puedo leer el periódico?
5. ¿Puedo probar los dulces?
6. ¿Puedo preparar la cena?
7. ¿Puedo hacer una fiesta?
8. ¿Puedo vender mis discos?
9. ¿Puedo invitar a mi amigo a jugar conmigo?
10. ¿Puedo llamar a los abuelos?

II. Consejos. Ud. está dándole consejos a un(a) amigo(a) sobre como él/ella debe comportarse en varias situaciones. Haga Ud. esto con mandatos familiares. Siga el modelo.

Modelo   Si quieres tener más dinero,...
              Si quieres tener más dinero, busca un buen trabajo.
                              -o-
              Si quieres tener más dinero, no gastes tanto.

1. Si quieres conocer a una persona rica,...
2. Si quieres sacar una buena nota en esta clase,...
3. Si quieres ver esa película,...
4. Si quieres hacer la tarea,...
5. Si quieres una buena comida mexicana,...
6. Si quieres comprar un coche nuevo,...

III. Mandatos del (de la) profesor(a). Haga Ud. una lista de cinco mandatos que su profesor(a) da en la clase casi todos los días. Léale su lista a la clase. Sus compañeros de clase van a compartir sus listas también. ¿Cuáles son los mandatos que el (la) profesor(a) suele dar con más frecuencia?

IV. A escoger. Escoja Ud. el pronombre relativo correcto de las formas entre paréntesis.

1. Ellos salieron de casa temprano, (quien, lo cual) le molestó a la madre.
2. La señorita de (quien, que) hablan es su hermana.
3. (Lo que, El que) ellos hacen no me importa.
4. La telenovela, (quienes, cuyo) argumento es bastante sencillo, es su programa favorito.
5. Ella vive en aquella casa detrás de (que, la cual) hay un parque pequeño.
6. El padre de Victoria, (que, el cual) vive en España, está aquí de visita.
7. Les gustó la película (que, la que) vieron anoche.
8. Estas chicas y (quienes, las que) están allí son sus compañeras de clase.
9. La casa en (la cual, que) vive ella es muy grande.

V. Omitiendo la repetición. Junte Ud. las oraciones siguientes, omitiendo las repeticiones que no son necesarias. Ponga una preposición delante del pronombre relativo cuando sea necesario. Siga el modelo.

Modelo   Ése es el actor español. Ellos hablan mucho de él.
Ése es el actor español de quien ellos hablan mucho.

1. Ésta es mi amiga chilena. Escribí una carta a mi amiga chilena.
2. Vamos a la casa de mis primos. El Teatro Colorado está cerca de la casa de mis primos.
3. Vimos una película sobre unos amantes. La película nos gustó mucho.
4. Su tío empezó a gritar. Esto les asustó mucho.
5. Concha tiene una chaqueta. La chaqueta está en la sala.

VI. Formando oraciones. Haga Ud. una oración completa usando las palabras en el orden en que están escritas. Haga otros cambios o adiciones si son necesarios.

1. Tal vez /ellos / venir / también / pero / yo / dudar
2. Ojalá / él / salir / pronto
3. Quizás / estudiante / poder / terminar / lección / ahora
4. Venir / Ud. / pronto / por favor
5. Acaso / ella / saber / respuesta / pero / no / ser / probable

VII. Mandatos. Usando mandatos familiares, dígale Ud. a un(a) compañero(a) hacer las cosas siguientes. Su compañero(a) de clase no hará nada a menos que el mandato sea correcto.

1.   open his or her book
2.   take out a piece of paper
3.   write a complete sentence with **tal vez**
4.   read the sentence aloud to you
5.   put the paper in the book
6.   close the book

VIII. Este fin de semana. Relátele a su compañero(a) de clase cinco cosas que tal vez Ud. vaya a hacer este fin de semana. Luego, su compañero(a) de clase va a hacer lo mismo. Siga el modelo.

Modelo   Ud.   *Quizás mi amigo(a) y yo vayamos al cine.*

   Su compañero(a) de clase   *Tal vez yo vaya a la biblioteca a estudiar.*

INTERCAMBIOS

EL ARTE DE CONVERSAR

Once you have initiated a conversation it is essential that you learn some techniques that will enable you to keep the conversation going. As you participate in conversations, do not let concern for grammatical accuracy or correct pronunciation keep you from speaking. Say what you want to say the best way you know how.

Some techniques for maintaining a conversation:

1.   **Cognates:** Use as many cognates as you can to express yourself. [**Me gusta la** *clase* **de** *historia.* **Quiero ser** *profesor(a)*]. Beware of false cognates, however, as they can cause misunderstanding and even embarrassment. For example, the Spanish word **éxito** may look like the English word *exit*, but it means *success.* Likewise, the Spanish word **colegio** resembles the English word *college*, but it means *high school.*

2.   **Paraphrase:** If you do not know the exact word, express the idea in another way. For example, if you forget the word for *shoes* (**zapatos**), you can say, **las cosas que se llevan en los pies.**

3. **Synonyms:** If the listener has difficulty understanding what you are saying, clarify your meaning by using another word (synonym) that has the same or similar meaning to the first word that you used. If you want to buy a ballpoint pen (**bolígrafo**), but the person doesn't understand that word, then you could say, **Quiero comprar una pluma.**

4. **Repetition:** If you don't understand the person who is speaking, ask him/her to repeat what was said more slowly.

5. **Gestures:** When all else fails you may be able to express some of your ideas by using gestures. If you want to say **Ramón toca el violín,** but cannot remember the words for *play* and *violin*, then you can act out someone playing a violin.

CONVERSACIÓN CONTROLADA

¿Conoces a alguien...? Una persona ha decidido utilizar los servicios de una agencia «Citas por computadora». Con un(a) compañero(a) de clase, prepare Ud. un diálogo según las siguientes indicaciones.

EL (LA) CLIENTE	EL (LA) EMPLEADO(A)
Says that he/she needs the help of the computer in order to find a girl(boy) friend. Then he/she asks how the service functions (*funcionar*).	Tells the person to sit down, and then explains that their computer looks for people who have a lot in common (*en común*). Then he/she says that they offer the list of names to the client, but that the client has the responsibility of making contact. Proceed to ask what his/her favorite activities are.
Says that his/her favorite activities are (include your favorite activities).	Asks how the client would describe his/her personality.
Says that he/she is a happy person and usually optimistic.	Asks if he/she has a good sense of humor (*sentido del humor*).
Answers that he/she thinks so.	Asks what kind of person he/she likes to date.
Answers that he/she likes a person who is (include characteristics).	Says that perhaps they can help him/her. Says they will put the information in the computer to see what names they can find.

SITUACIONES

Con un(a) compañero(a) de clase, prepare Ud. un diálogo que corresponda a una de las siguientes situaciones.

Una cita para ir al cine. Dos novios discuten la posibilidad de ir al cine. El novio quiere ver la película *Asesinos Por Naturaleza*, pero la novia no quiere verla. La novia tiene que explicar las razones por las cuales no quiere ver esa película.

El movimiento feminista. Unos novios discuten los cambios provocados por el movimiento feminista. El novio menciona varios cambios que le parecen malos. La novia dice que él no tiene razón, y le presenta una lista de otros cambios que las mujeres quieren realizar para tener igualdad entre los sexos.

A ESCUCHAR

Escuche Ud. a continuación la siguiente situación y el diálogo. Luego haga los ejercicios relacionados con lo que ha escuchado y aprendido.

La joven profesional. Maruca y su marido Ramiro hablan, en la sobremesa de un domingo, sobre su hija Gloria, la cual trabaja desde hace cuatro años con una firma especializada en las últimas tecnologías. La acaban de ascender a jefa de programadores.

A. Información

¿Son verdaderas o falsas las siguientes oraciones?

1. La mamá espera que Gloria viaje a Tokio.
2. Ramiro está muy orgulloso de su hija.
3. La mamá es una mujer muy moderna.
4. Según el papá, Gloria y el chico que estudia medicina quizás sean novios.
5. Gloria trabaja en una agencia de viajes.

B. Conversación

A hacer teatro: Con tres compañeros, representen los papeles de una mamá liberada/conservadora, de un papá conservador/moderno y de una hija que no tiene prisa en casarse, y para quien lo importante, por ahora, es la carrera.

A CONVERSAR

A. Discusión: los hombres y las mujeres

Indique Ud. sus preferencias entre las posibilidades indicadas. Después, compare sus opiniones con las de sus compañeros de clase.

1. ¿Qué sería lo peor que su hijo(a) podría hacer?

   a. casarse con alguien de otra raza o religión
   b. casarse a los diecisiete años
   c. quedarse soltero(a)

2. Su esposa(o) tiene un(a) buen(a) amigo(a) a quien ha conocido desde la juventud. ¿Qué prefiere que haga él/ella?

   a. que nunca vea a esa persona
   b. que vea a esa persona sólo cuando Ud. esté presente
   c. que vea a esa persona cuando y donde quiera

3. ¿Qué clase de esposo(a) le gustaría?

   a. el (la) que siempre quiere mandar
   b. el (la) que se dedica totalmente a una cosa —o a la familia o al trabajo fuera de casa
   c. el (la) que se deja dominar

4. ¿Qué es lo que le importa a Ud. más en un hombre o en una mujer?

   a. su apariencia física
   b. su capacidad de llevarse bien con la gente
   c. su inteligencia

5. ¿Qué deben hacer los ancianos en nuestra sociedad?

   a. vivir con sus hijos hasta morirse
   b. vivir en pueblos construidos especialmente para ellos
   c. vivir solos en su propia casa e ir a un sanatorio para ancianos si se enferman

6. ¿Cuál es el mejor modo de asegurar los derechos de la mujer en nuestra sociedad?

   a. la ley
   b. la educación
   c. esperar a que se acepte a la mujer como igual al hombre

Esta pareja joven es de Barcelona, España. ¿Cuál es la relación entre ellos? ¿Dónde están? ¿Qué hacen?

7. ¿Qué opina Ud. de la posición actual de la mujer en las profesiones?

    a. Todavía no es igual al hombre.
    b. Ya es esencialmente igual al hombre.
    c. Nunca ha habido y no hay grandes diferencias entre los hombres y las mujeres al nivel profesional.

8. ¿Cuál debe ser la actitud del gobierno hacia el uso de los medios artificiales para controlar la natalidad?

    a. Debe fomentar su uso por medio de la educación.
    b. No debe hacer nada.
    c. Debe requerir su uso.

B. Ejercicio de comprensión

Ud. va a escuchar un comentario breve sobre el hombre y la mujer en el mundo hispánico. Después del comentario va a escuchar tres oraciones. Indique Ud. si

la oración es verdadera (V) o falsa (F), trazando un círculo alrededor de la letra
que corresponde a la respuesta correcta.

1. V   F   2. V   F   3. V   F

C. Temas de conversación o de composición

1. ¿Qué opina Ud. del movimiento feminista? ¿Cree Ud. que debe haber
    un movimiento de liberación para los hombres?
2. Si una mujer fuera candidata para la presidencia, ¿votaría Ud. por ella?
    Si tuviera que operarse, ¿le importaría que el cirujano fuera mujer?
3. ¿Qué opina Ud. del matrimonio? ¿Qué importancia tiene en la socie-
    dad actual? ¿Será importante en la sociedad futura?

D. Descripción y expansión

Cuando se hace un viaje o se busca un lugar específico, es importante saber
pedir y entender direcciones. Se presenta aquí una lista de expresiones útiles
para pedir direcciones, y otra lista de expresiones para darlas. Estudie Ud. las
dos listas antes de empezar las actividades.

Para pedir direcciones:

Buenos días, señor (señora, señorita)...

¿Hay un hospital (una universidad, un banco, etcétera) cerca de aquí?
¿Dónde está el ayuntamiento (la Estación del Norte, etcétera)?
¿Podría decirme, por favor, cómo llegar a...?

Busco el Almacén Torres...

¿Por dónde se va para llegar allí?
¿Cuál es la dirección de...?
¿Sabe Ud. dónde queda...?

Para dar direcciones:

Siga (por la calle..., adelante, derecho hasta llegar a...)
Camine (dos cuadras hasta llegar a...)
Doble (a la izquierda, a la derecha) en la calle (en la avenida)...
Cruce la calle y...

Ahora Ud. está (en el centro, enfrente de la catedral, al lado de la plaza,
etcétera).

1. Refiriéndose al mapa en la página 158, su profesor(a) les dará a Uds.
    unas direcciones. Trate Ud. de seguirlas.
2. Con otro(a) estudiante haga Ud. la siguiente actividad. Ud. acaba de
    llegar por tren a una ciudad hispana y quiere saber cómo llegar a los

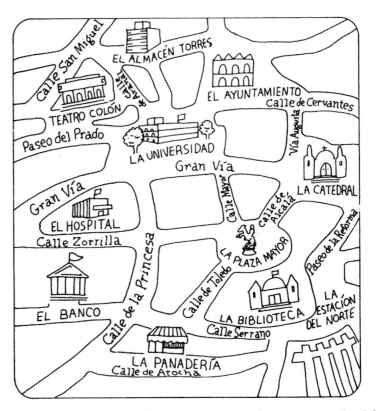

siguientes lugares. Pida direcciones usando una expresión diferente cada vez. El (la) otro(a) estudiante hace el papel de residente de la ciudad y le da la información necesaria. Use Ud. el mapa. Ud. está en la Estación del Norte.

1. la catedral
2. el banco
3. la universidad
4. la Plaza Mayor
5. la biblioteca
6. el hospital
7. el Teatro Colón
8. el ayuntamiento
9. una panadería

3. Después de recibir las direcciones, explíquele al (a la) otro(a) estudiante la razón por la cual Ud. necesita encontrar ese lugar.

Modelo *Tengo que ir al banco para cobrar* (cash) *un cheque.*

MATERIALES AUTÉNTICOS

Como «Simplemente María» mencionada en el diálogo de esta unidad, las telenovelas son muy populares en todas partes del mundo hispánico especialmen-

En la telenovela *Capricho*

HUMBERTO ZURITA Y VICTORIA RUFFO ¡JUNTOS POR VEZ PRIMERA!

Por Mireya Mejía Ceballos
Fotos: Víctor Montiel

Capricho es una nueva historia de amor que protagonizan Victoria Ruffo y Humberto Zurita, quienes están acompañados de un gran elenco compuesto por actores de gran prestigio y por nuevos valores que están en la búsqueda del camino del éxito.

Para que se familiaricen con los personajes de esta trama original de Cuauhtémoc Blanco les presentamos su psicología.

* Nuevas generaciones de actores y estrellas de la talla de María Teresa Rivas y Luis Aguilar forman el elenco de la nueva producción de Carlos Sotomayor.

**CRISTINA ARANDA
(Victoria Ruffo)**

Es originaria de la ciudad de Aguascalientes y tiene una gran facilidad para ganarse a la gente; sin embargo, la única que muestra antipatía por la muchacha es Eugenia, su madre, quien no pierde la oportunidad de herirla. Pero Cristina confía en ganarse el afecto materno e incluso ve en ella un ejemplo de fortaleza que la motiva a seguir sus estudios de administración de empresas; sus grandes confidentes son Isabel, su abuela; León, su tío y por supuesto su padre, Antonio.

**DANIEL IVAN
(Humberto Zurita)**

Daniel es un arquitecto de 27 años interesado en poner en práctica sus conocimientos por medio de un proyecto para construir un centro comercial en Aguascalientes. Este interés es el que lo lleva a relacionarse con León Aranda, quien le presenta a Cristina, ignorante de que nacerá una fuerte atracción entre ellos.

te en México. Se incluye aquí un artículo de la revista *TV y Novelas*, publicada en México. Lea Ud. el artículo y conteste las preguntas que siguen.

1. ¿Cómo se llama la telenovela?
2. ¿Cuál es el tema de esta telenovela? ¿el crimen? ¿la aventura? ¿el amor?
3. ¿Es una telenovela nueva o vieja?
4. ¿Quiénes son los dos protagonistas principales?

5. ¿Quiénes tienen gran prestigio?
6. ¿Quiénes son los autores o creadores de la obra?
7. ¿Quién es el director?
8. ¿Cuál es el propósito *(purpose)* del artículo?
9. ¿Cómo es Cristina Aranda? ¿Cómo es su madre? ¿Qué le representa Eugenia a Cristina? ¿Qué quiere ser Cristina?
10. ¿Quién es Daniel Iván?
11. ¿Qué le interesa a Daniel?
12. ¿Cómo conoció Daniel a Cristina?
13. ¿Qué pasa entre los dos?
14. ¿Dónde sucede la acción de la telenovela?
15. ¿A Ud. le gustan las telenovelas? ¿Por qué? ¿Tiene una telenovela favorita? ¿Cuál es? Descríbala.

Unidad 6

Costumbres y creencias

¿Qué revela este cementerio en Tepoztlán, México, sobre la actitud hispánica hacia la muerte? Es similar a un cementerio de los Estados Unidos? Explique.

✝

El Lic. D. MARIO CABRERA MONTALVO[1]

Descansó en la Paz del Señor

Su esposa Elena Ramos de Cabrera, sus hijos Marta, Begoña, Sonia, Abel, Rosalinda, Blanca, Rodolfo, Cristina y Timoteo Cabrera Ramos agradecerán a sus amigos la asistencia a las exequias que se verificarán el día 6 de junio a las trece horas en la Iglesia de Nuestra Señora de Guadalupe.

Velación:[2] En casa de la viuda, Avenida Bolívar, 135.

se verificarán will take place

CÉSAR — Señora, deseo que Ud. acepte la expresión de mi más profundo pésame. Lamento sinceramente su pérdida.

pésame (m) condolence

ELENA — Muchas gracias, César; es un consuelo tremendo tener amigos como Ud. en estas horas de aflicción.

MANUEL — Señora, la acompaño en sus sentimientos. Don Mario fue un amigo de verdad. Lamento mucho que hayamos perdido un hombre tan ilustre. Pero ya sabe Ud.: «La muerte a nadie perdona».[3]

ELENA — Muchas gracias, Manuel. El pobre Mario, que en paz descanse,[4] siempre le consideró a Ud. un joven muy prometedor.

prometedor promising

CÉSAR — (*Alejándose de la señora viuda.*) Oye, Manuel, ¿quieres que tomemos una copa?

MANUEL — ¡Bien que la necesito! ¿Dónde está el pobre de don Mario?

¡Bien que la necesito! I really need it!

CÉSAR — Creo que lo tienen en la sala. Será la primera vez que se siente a gusto en esa sala —doña Elena nunca lo dejaba entrar... ¡En mi vida he visto tanta comida! Sírvete de estos taquitos —están sabrosísimos.

taquitos snacks

25 MANUEL   Don Mario siempre ofrecía buena comida. Pero se estará quejando del gasto, como siempre. ¿Te lleno el vaso?

    CÉSAR   Sí, gracias. Mario era medio tacaño, ¿verdad?

30 MANUEL   ¡Sí que lo era! Ahorraba los centavitos como si fueran de oro. Apenas el viernes pasado se resistía a prestarme diez pesos alegando no tenerlos. ¡Y luego pidió que firmara un pagaré!

35   CÉSAR   Viejo bribón. Para lo que le ha valido. Dejarlo todo para la viuda y para los hijos haraganes.

  MANUEL   Ahí está Mario para decirte lo corta que es esta vida.

40   CÉSAR   De acuerdo. Oye, pasemos a ver al difunto.

  MANUEL   ¡Mira! ¿Es posible que Mario vista su traje nuevo? ¡Nunca lo usaba en vida!

    CÉSAR   Decía que esperaba una ocasión «trascen-
45   dental». Bueno, ya hemos cumplido con la viuda. Vamos a despedirnos.

  MANUEL   (*A la señora.*) Le repito, señora, mis profundos sentimientos. Voy a rezar por el eterno descanso del alma de don Mario.

50   ELENA   Muchas gracias, Manuel. Es Ud. un buen amigo.

  MANUEL   Será un consuelo, señora, saber que deja a tantos amigos. Me hubiera gustado despedirme de él en vida, pero el Señor no quiso
55   permitirlo.

  ELENA   Se hizo la voluntad de Dios. Con saber eso me consuelo. Les agradezco mucho que Uds. hayan podido venir. Buenas noches.

alegando   *claiming*
pagaré   *promissory note*
bribón (*m*)   *rascal* /
  Para... valido.   *A lot of good it did him.* /
  haraganes   *lazy, good-for-nothing*

Notas culturales

[1]**El Lic. D. Mario Cabrera Montalvo:** Este es un ejemplo de las «esquelas de difunto» que aparecen en los periódicos hispánicos. La familia las paga, y su tamaño refleja la posición económica del difunto. **Lic. D.** es la abreviatura de **Licenciado don.**

[2]**velación:** La costumbre de velar al difunto es casi universal en la sociedad hispánica. El velorio tiene sus rasgos de fiesta: se sirven comidas y bebidas y no se considera una falta de respeto divertirse.

[3]«**La muerte a nadie perdona**»: Es un refrán popular en español. Los refranes se usan más en la cultura hispánica que en la anglosajona, especialmente en las ocasiones solemnes.

[4]**(que) en paz descanse:** Es muy común incluir esta frase u otra semejante cuando uno menciona el nombre de un difunto.

VOCABULARIO ACTIVO

Estudie estas palabras.

Verbos

agradecer   *to be grateful*
ahorrar   *to save (money)*
firmar   *to sign*
rezar   *to pray*
velar   *to hold a wake over*

Sustantivos

la aflicción   *grief*
el alma*   *soul, spirit*
el, la difunto, -a   *deceased person*
las exequias   *funeral rites*
el gasto   *expense*
el rasgo   *characteristic*
el refrán   *saying, proverb*
la velación   *vigil, watch, wake*
el velorio   *wake*
el, la viudo, -a   *widower, widow*
la voluntad   *will*

Adjetivos

sabrosísimo, -a   *really delicious*

Otras expresiones

a gusto   *at ease*
cumplir con   *to fulfill one's obligation to*
de verdad   *true, real*
en mi vida   *never in my life*
(que) en paz descanse   *(may he) rest in peace*
esquela de difunto   *obituary notice*
lo corto, -a   *how short*
medio tacaño   *somewhat stingy or miserly*
tomar una copa   *to have a drink*

COMPRENSIÓN

1. ¿Por qué van Manuel y César a casa de doña Elena?   2. ¿Qué significa «la muerte a nadie perdona»?   3. ¿Dónde está el cuerpo de don Mario?

*Alma is feminine, but it takes the definite article **el** when used in the singular.

4. ¿Qué toman César y Manuel?   5. ¿Gastaba mucho dinero don Mario?
6. ¿Cómo son los hijos de don Mario?   7. ¿Qué viste el difunto? ¿Por qué se
sorprende Manuel?   8. ¿Qué hacen César y Manuel después de ver al difunto?
9. ¿César y Manuel en realidad eran buenos amigos de Mario? ¿Por qué?

OPINIONES

1. ¿Ha asistido Ud. alguna vez a un velorio? Descríbalo.   2. ¿Cree Ud. que un
velorio debe ser solemne? Explique.   3. ¿Cree Ud. que es una buena o mala
costumbre tener al difunto en casa durante el velorio? ¿Por qué?   4. En su
opinión, ¿debe asistir a las exequias solamente la familia del difunto? ¿Por
qué?   5. ¿Piensa Ud. que la muerte es un aspecto de la vida mejor aceptado
en el mundo hispánico? ¿Cómo es en los Estados Unidos?   6. ¿Cree Ud. que
hay otra vida después de la muerte? Explique.   7. ¿Qué piensa Ud. de las exequias lujosas y costosas?   8. ¿Piensa Ud. que a veces las exequias en los
Estados Unidos son más paganas que religiosas? ¿Por qué?

ESTRUCTURA

THE IMPERFECT SUBJUNCTIVE

1. The imperfect (past) subjunctive is formed by dropping the **-ron** of the
    third person plural preterite indicative and adding one of the following sets
    of endings: **-ra, -ras, -ra, -ramos, -rais, -ran** or **-se, -ses, -se, -semos,
    -seis, -sen.** The same endings are used for all three conjugations.

Preterite	Imperfect Subjunctive
hablaron	**hablara—hablase**
comieron	**comiera—comiese**
vivieron	**viviera—viviese**

2. The two sets of endings are interchangeable in most cases; however, the
    -ra endings are more common in Latin America and will be used in
    this text.

    hablar

hablara, hablase	habláramos, hablásemos
hablaras, hablases	hablarais, hablaseis
hablara, hablase	hablaran, hablasen

comer

comiera, comiese   comiéramos, comiésemos
comieras, comieses   comierais, comieseis
comiera, comiese   comieran, comiesen

vivir

viviera, viviese   viviéramos, viviésemos
vivieras, vivieses   vivierais, vivieseis
viviera, viviese   vivieran, viviesen

Note: All verbs—regular, irregular, stem-changing, and spelling-changing—follow the same pattern of conjugation in the imperfect subjunctive.

Infinitive	Third Person Plural Preterite	Imperfect Subjunctive
decir	dijeron	dijera (-se)
ser	fueron	fuera (-se)
hacer	hicieron	hiciera (-se)
poner	pusieron	pusiera (-se)
poder	pudieron	pudiera (-se)
haber	hubieron	hubiera (-se)
leer	leyeron	leyera (-se)
construir	construyeron	construyera (-se)
dormir	durmieron	durmiera (-se)
pedir	pidieron	pidiera (-se)
creer	creyeron	creyera (-se)

THE PRESENT PERFECT AND PAST PERFECT SUBJUNCTIVE

A. The present perfect subjunctive

The present perfect subjunctive is formed with the present subjunctive of the auxiliary verb **haber** and a past participle.

haya
hayas
haya   hablado
hayamos   comido
hayáis
hayan   vivido

B. The past perfect subjunctive

The past perfect subjunctive is formed with the imperfect subjunctive of **haber** and a past participle.

hubiera (-se)
hubieras (-ses)
hubiera (-se)
hubiéramos (-semos)
hubierais (-seis)
hubieran (-sen)

} pagado

bebido

salido

Note: **¡Ojalá!** + present or present perfect subjunctive = *I hope.*
      ¡Ojalá! + imperfect or past perfect subjunctive = *I wish.*

PRÁCTICA

A. Una fiesta. La familia Gómez está planeando una fiesta de la Nochevieja. La Sra. Gómez está exclamando nerviosamente que espera que todo vaya bien. Después de leer sobre sus inquietudes, cuente Ud. la situación otra vez, usando los nombres entre paréntesis.

1. ¡Ojalá que tu padre me ayudara con los planes! (María, Uds., tú)
2. ¡Ojalá que todos hayan recibido las invitaciones! (Pepe, tú, Luisa y yo)
3. ¡Ojalá que todos pudieran venir! (Juan y él, tú, nosotros)
4. ¡Ojalá que hubiéramos planeado la fiesta más temprano! (Julia, mis parientes, yo)
5. ¡Ojalá que Rosa haya comprado las uvas para la celebración de las doce uvas de la felicidad!* (Carlos y Alicia, Ester, tú)

B. Su cumpleaños. Ud. va a celebrar su cumpleaños. Hable Ud. de algunas de las cosas que Ud. quiere hacer. Luego, compare Ud. sus pensamientos con los de algunos de sus compañeros de clase.

1. Tal vez mi familia _____.
2. ¡Ojalá que mis amigos _____!
3. Quizás mi madre _____.
4. ¡Ojalá que las invitaciones _____!
5. Quizás la fiesta _____.

C. Su futuro. Un(a) amigo(a) está diciéndole cosas que le pasarán a Ud. en el futuro. Ud. va a responder a cada idea, diciendo que no tiene tanta

---

*Nota cultural: En la Nochevieja en España se celebra el Año Nuevo comiendo las «doce uvas de la felicidad». Cuando el reloj empieza a dar las doce de la medianoche se come una uva hasta que se hayan comido todas las doce uvas. Los que pueden comer todas las uvas antes de que el reloj haya terminado de dar las doce, van a tener doce meses de buena suerte durante el nuevo año.

confianza como él/ella en lo que Ud. está oyendo. Use Ud. las expresiones **ojalá, tal vez** o **quizás.**

Modelo   Estudiante 1   Recibirás buenas notas en todas tus clases este semestre.

Ud.   *Tal vez reciba buenas notas en todas mis clases este semestre.*

1. Te graduarás con honores al fin del semestre.
2. Encontrarás un buen trabajo.
3. Te casarás con un(a) hombre/mujer rico(a) e inteligente.
4. Vivirás en una casa grande y moderna cerca de la playa.
5. Tendrás una familia grande de doce hijos.
6. Llegarás a ser una persona famosa y poderosa.

THE SUBJUNCTIVE IN NOUN CLAUSES

A. Verbs requiring the subjunctive

1. The subjunctive is frequently used in dependent noun clauses in Spanish. A dependent noun clause is one that functions as the subject or object of a verb. Such clauses in Spanish are always introduced by **que,** but in English, *that* is often omitted or an infinitive is used in place of the noun clause.

   Es dudoso que él sea rico.
   It is doubtful that he is rich. («**Que él sea rico**» is a noun clause that functions as the subject of the verb «**es**».)

   Esperamos que ellos vengan.
   We hope (that) they will come. («**Que ellos vengan**» is a noun clause that functions as the object of the verb «**esperamos**».)

2. The subjunctive is generally used in a dependent noun clause when the verb in the main clause of the sentence expresses such things as advising, wishing, desiring, commanding, requesting, doubt, denial, disbelief, emotion, and the like, and when there is a *change of subject* in the dependent clause. If there is no change of subject, the infinitive follows these verbs.

   Su mamá quiere que él estudie más.
   His mother wants him to study more. (change of subject from "his mother" in the main clause to "he" in the dependent clause)

   Él quiere estudiar más.
   He wants to study more. (no change of subject)

3. Other examples of verbs requiring the subjunctive:

ADVICE: Le aconsejo que asista al velorio.
I advise him to attend the wake.

COMMAND: Me mandó que viniera con él.
He ordered me to come with him.

DESIRE: Quieren que recemos por él.
They want us to pray for him.

WISH: Deseaba que Ud. aceptara la expresión de mi más profundo pésame.
I wanted you to accept the expression of my deepest sympathy.

HOPE: Esperaba que Ud. no vacilara en decírmelo.
I hoped that you would not hesitate to tell me.

INSISTENCE: Insisten en que tomemos una copa.
They insist we have a drink.

EMOTION: Lamento mucho que hayamos perdido un hombre tan ilustre.
I very much regret that we have lost such an illustrious man.

Me alegro de que Uds. hayan venido.
I am glad that you have come.

PREFERENCE: La familia prefiere que sus amigos vengan a las cuatro.
The family prefers that their friends come at four.

REQUEST: Ella le pidió que firmara el cheque.
She asked him to sign the check.

DOUBT: Dudo que Paco haya ahorrado su dinero.
I doubt that Paco has saved his money.

DENIAL: Manuel negó que don Mario fuera un hombre generoso.
Manuel denied that Don Mario was a generous man.

DISBELIEF: No creía que ella se hubiera atrevido a venir.
I didn't believe that she would have dared to come.

4. Verbs of communication (**decir, escribir,** etc.) require the subjunctive when the communication takes the form of an indirect command. When the verb of communication merely gives information, the indicative is used.

Te digo que ganes más dinero.
I'm telling you to earn more money. (command)

Te digo que Juan gana más dinero.
I'm telling you that Juan earns more money. (information)

Nos escribe que vengamos al velorio de don Mario.
He writes us to come to Don Mario's wake. (command)

Nos escribe que fue al velorio de don Mario.
He writes us that he went to Don Mario's wake. (information)

B. *Infinitive instead of dependent noun clause*

1. After certain verbs of ordering, forcing, permitting, and preventing, the infinitive is more common than a dependent noun clause. In this construction, an indirect object pronoun is used. Verbs that can take an infinitive include **mandar, ordenar, obligar a, prohibir, impedir, permitir, hacer, dejar, aconsejar.** (The infinitive is especially frequent after **dejar, hacer, mandar,** and **permitir.**)

    Note the following examples.

    Le aconsejo asistir al velorio de don Mario.
    I advise him to attend Don Mario's wake.

    Me mandó aprender los refranes.
    He ordered me to learn the proverbs.

    Nos permiten entrar a la casa.
    They permit us to enter the house.

2. If the subject of the dependent verb is a noun, then the subjunctive is often used.

    Ella no permite que don Mario entre en la sala.
    She doesn't permit Don Mario to enter the living room.

C. *Subjunctive or indicative with certain verbs*

1. The verbs **creer** and **pensar** are normally followed by the indicative in affirmative sentences.

    Creo que él vendrá.
    I believe that he will come.

    Él piensa que lo tienen en la biblioteca.
    He thinks that they have it in the library.

2. When **creer** and **pensar** are used in interrogative or negative sentences expressing doubt, they require the subjunctive. If doubt is not implied, then the indicative may be used.

    No creo que él le haya dejado nada.
    I don't believe that he has left her anything.

    ¿Piensas que tu primo venga?
    Do you think that your cousin may come?

SEQUENCE OF TENSES

As you saw in the preceding examples, the use of either the present or the imperfect subjunctive in the dependent clause is usually determined by the tense of the verb in the main clause.

1. If the verb in the main clause is in the present, present perfect, or future tense, or is a command, the present or present perfect subjunctive is regularly used in the dependent clause.

Main Clause—Indicative	Dependent Clause—Subjunctive
present	
present progressive	
present perfect	present subjunctive
future	
future perfect	present perfect subjunctive
command	

2. If one of the past tenses or the conditional is used in the main clause, either the imperfect or the past perfect subjunctive regularly follows in the dependent clause.

Main Clause—Indicative	Dependent Clause—Subjunctive
imperfect	
preterite	
past progressive	imperfect subjunctive
pluperfect	
conditional	past perfect subjunctive
conditional perfect	

PRÁCTICA

A. El Día del Santo* de José. Lea Ud. esta narrativa breve sobre el día de San José. Luego, cuéntela Ud. otra vez siguiendo el modelo.

---

*Nota cultural: La mayor parte de la gente del mundo hispánico es católica y sigue las costumbres y las creencias de la Iglesia. Cada día del calendario de la Iglesia católica lleva el nombre de un santo. En algunos países, los niños pueden recibir el nombre del santo que comparte el mismo día. Por ejemplo, un chico que nace el día de San José se llama José, y una chica que nace el día de Santa Teresa se llama Teresa. Naturalmente, un chico que nace el día de Santa Teresa no es llamado Teresa por sus padres. La familia escoge otro día que lleve el nombre de un santo masculino. Como consecuencia de esta costumbre, el chico puede celebrar su cumpleaños dos veces al año: una vez en la fecha de su nacimiento y otra vez en el día de su santo.

Modelo Quiere tener una fiesta. (que ellos)
Quiere que ellos tengan una fiesta.

1. José quería celebrar su día especial. (que nosotros)
2. Se alegraban de dar una fiesta. (que su novia)
3. Querían traerle muchos regalos. (que los invitados)
4. Ella esperaba asistir a la fiesta. (que yo)
5. Laura insistía en ir también. (que tú)
6. Ahora temo tener una fiesta para mi día del santo. (que mis amigos)
7. No quiero invitar a tanta gente a mi casa. (que Ud.)
8. Prefiero quedarme en casa. (que todos)

B. Un velorio. El Licenciado D. Mario Cabrera se murió. Había un velorio en su casa. Ud. asistió al velorio. Describa lo que tuvo lugar el día del velorio, y lo que pasa ahora.

1. La viuda esperaba que la gente (llegar) _____ a tiempo.
2. Sentían que don Mario no le (haber) _____ dejado mucho dinero a su esposa.
3. Al principio la gente temía que doña Elena no (querer) _____ velarlo.
4. Sus amigos negaban que él (ser) _____ medio tacaño.
5. César insistió en que Manuel le (expresar) _____ sus sentimientos a la viuda.
6. Alicia prefería que los niños no (mirar) _____ el cuerpo del difunto que estaba en la sala, como de costumbre.

El día después del velorio (hoy)

1. Todos creen que doña Elena (ser) _____ una mujer muy valiente.
2. El cura insiste en que ella (ir) _____ a vivir con su familia.
3. Su familia y yo dudamos que ella (tener) _____ mucho dinero.
4. Manuel quiere (mandar) _____ una copia de la esquela de difunto a su madre.
5. La viuda desea (hacer) _____ un viaje a Segovia con su prima.
6. La gente cree que doña Elena (poder) _____ sobrevivir la pérdida de su esposo.

C. Consejos. La gente siempre está pidiéndole a Ud. consejos. Deles Ud. sus consejos a las personas siguientes. Sea Ud. original.

Modelo Carlos quiere ver una película buena.
Le aconsejo a Carlos que vea una película española.

1. Manuel quiere mandarle algo a la viuda.
2. Susana quiere probar la comida mexicana.

3. Roberto quiere mirar una buena telenovela.
4. Mis padres quieren visitar un país hispánico.
5. Uds. quieren leer una novela interesante.
6. Tú quieres hacer algo divertido esta noche.
7. Mis amigos quieren estudiar una lengua extranjera.
8. Rosario quiere salir temprano para llegar a las nueve.

D. **Los pensamientos de los padres.** Sus padres tienen ciertas ideas y senti-mientos acerca de su familia y la vida en general. Exprese Ud. estas ideas según el modelo.

Modelo nos alegramos de / nuestros hijos viven aquí
Nos alegramos de que nuestros hijos vivan aquí.

A	B
nos alegramos de	no hay otra guerra mundial
esperamos	nuestros hijos asisten a una universidad
mandamos	no podemos ayudar más a nuestros hijos
queremos	nuestros hijos no se casan antes de graduarse
sentimos	nuestra hija es médico
preferimos	nuestros hijos no fuman
	nuestra familia está de buena salud

E. **Los días festivos.** Escogiendo de los verbos abajo, indique Ud. lo que Ud. piensa que pasará en cada uno de los días festivos. Luego, compare sus res-puestas con las de un(a) compañero(a) de clase.

Modelo esperar / el día de los Reyes Magos
Espero que los Reyes Magos me traigan un coche nuevo.

A	B
esperar	la Navidad
sentir	la Nochebuena
creer	el Año Nuevo
temer	la Nochevieja
dudar	el día de San Valentín
preferir	el día de Independencia
querer	
insistir en	

THE SUBJUNCTIVE AFTER IMPERSONAL EXPRESSIONS

1. The subjunctive is regularly used after the following impersonal expres-sions when the dependent verb has an expressed subject. When there is no expressed subject, the infinitive is used instead.

Es necesario que (ellos) estudien.
It is necessary for them to study.

BUT

Es necesario estudiar.
It is necessary to study.

es posible *it is possible*	más vale *it is better*
es necesario *it is necessary*	es preferible *it is preferable*
es preciso *it is necessary*	es urgente *it is urgent*
es importante *it is important*	es sorprendente *it is surprising*
es bueno *it is good*	conviene *it is advisable*
es justo *it is just (right)*	importa *it matters, it is important*
es natural *it is natural*	es raro *it is odd*
es triste *it is sad*	es extraño *it is strange*
es fácil* *it is likely*	es dudoso *it is doubtful*
es difícil *it is unlikely*	es mejor *it is better*
es probable *it is probable*	es de esperar *it is to be hoped /*
es lamentable *it is lamentable*	*expected*
es imposible *it is impossible*	es ridículo *it is ridiculous*
es (una) lástima *it is a pity*	

2. The following impersonal expressions do not require the subjunctive unless they are used in a negative sentence.

es cierto   *it is true*
es evidente   *it is evident*
es claro   *it is clear*
es verdad   *it is true*
es seguro   *it is certain*

¿Es cierto que ellos son ricos?
Is it true that they are rich?

No es cierto que ellos sean ricos.
It is not true that they are rich.

Es evidente que él es muy fuerte.
It's evident that he is very strong.

---

*Note that **Es fácil (difícil) que lo haga** means *It is likely (unlikely) that he will do it. It is easy (difficult) for him to do it* is usually translated **Le es fácil (difícil) hacerlo.**

PRÁCTICA

A. La muerte. Algunos amigos de Mario Cabrera Montalvo están hablando de su muerte. Lea Ud. lo que cada una de las personas dice, y luego diga Ud. otra vez sus comentarios, siguiendo el modelo.

Modelo   Es necesario tener un velorio. (que la familia)
   Es necesario que la familia tenga un velorio.

1. Es importante asistir a las exequias. (que nosotros)
2. Es preciso rezar por el alma del difunto. (que ellos)
3. Es una lástima tener tanta angustia. (que su esposa)
4. Es bueno firmar esta tarjeta de pésame. (que tú)
5. Es difícil ayudarle a la viuda. (que yo)

B. El amor. Una pareja joven de México está planeando casarse. Describa Ud. esta situación completando las oraciones siguientes con la forma correcta del verbo entre paréntesis.

1. Es evidente que los jóvenes (estar) enamorados.
2. No es cierto que el novio (querer) casarse pronto.
3. Es importante que la mujer (empezar) a hacer planes para la boda.
4. Es necesario que (haber) dos ceremonias, una civil y la otra de la iglesia.
5. Es dudoso que los padres de la novia (pagar) todos los gastos de la boda.
6. Es urgente que el novio (encontrar) un buen trabajo pronto.
7. Es preciso que los novios (ahorrar) bastante dinero antes de casarse.
8. Es obvio que los novios (agradecer) mucho la ayuda de sus familias para arreglar la boda.

C. Opiniones. Pídale Ud. a un(a) compañero(a) de clase que exprese sus opiniones sobre varios tópicos, contestándole sus preguntas. Luego él/ella va a hacerle a Ud. las mismas preguntas.

Modelo   —¿Es importante que toda la gente ahorre dinero? ¿Por qué?
   —*Sí, es importante en caso de que haya una emergencia.*

1. ¿Era dudoso que Ud. pudiera asistir a la universidad? ¿Por qué?
2. ¿Es necesario que Ud. estudie todas las noches? ¿Por qué?
3. ¿Es cierto que Ud. va a tener mucho éxito en esta clase? ¿Por qué?
4. ¿Es probable que Ud. vaya a ser un médico después de graduarse? ¿Por qué?
5. ¿Es verdad que Ud. va a hacer muchos viajes a Europa en el futuro? ¿Por qué?

6. ¿Es importante que Ud. se case inmediatamente después de terminar sus estudios aquí en la universidad? ¿Por qué?

D. Planes para el futuro. Varias personas planean hacer las cosas siguientes. Para realizar sus planes indique Ud. si será necesario hacer las actividades entre paréntesis o no.

Modelo   María quiere visitar Madrid. (ir a España)
Es necesario que María vaya a España.

1. César quiere asistir a la velación de don Mario. (ir a la casa de doña Elena / darle su sentido pésame / probar la comida / ver al difunto)
2. Juan quiere trabajar para una compañía internacional. (aprender lenguas extranjeras / seguir un curso de negocios / viajar a muchos países / entender varias culturas)
3. Quiero hacer un viaje a la América del Sur. (ir a una agencia de viajes / conseguir un pasaporte / comprar cheques de viajero / hacer mis maletas / viajar por avión)

E. Hoy y ayer. Con un(a) compañero(a) de clase díganse cinco cosas que Uds. tenían que hacer ayer antes de venir a clase, y cinco cosas que es importante hacer hoy.

Modelo   *Ayer era necesario que yo estudiara la lección antes de venir a clase.*

Hoy es importante que yo compre unos libros para mis clases.

AFFIRMATIVE AND NEGATIVE EXPRESSIONS

A. Forms

Negative Expressions		Affirmative Counterparts	
nada	*nothing, not anything*	algo	*something, anything*
nadie	*no one, nobody, not anybody*	alguien	*someone, somebody, anyone, anybody*
ninguno	*no, no one, none, not any (anyone)*	alguno	*some(one), any, (pl.) some*
		siempre	*always*
nunca	*never, not ever*	algún día	*someday*
jamás		alguna vez	*sometime, ever*
tampoco	*neither, not either*	también	*also*
ni... ni	*neither. . . nor*	o... o	*either . . . or*

B. Uses

1. Simple negation is achieved in Spanish by placing the word **no** directly before the verb or verb phrase.

   No voy a la biblioteca esta tarde.
   Pedro **no** ha empezado la tarea.

2. If one of the negative words listed above follows a verb, then **no** (or another negative word) must precede the verb; the result in Spanish is a double negative. However, if the negative word precedes the verb, the **no** is omitted.

No tengo nada.	BUT: Nada tengo.
I have nothing.	*(I don't have anything.)*
No voy nunca a la iglesia.	BUT: Nunca voy a la iglesia.
I never go to church.	*(I don't ever go to church.)*

   Nunca dice nada.
   He never says anything.

3. The personal **a** is required with **alguien, nadie, alguno,** and **ninguno** when these forms are used as objects of a verb.

   ¿Conoces a alguien en Nueva York? No, no conozco a nadie.
   Do you know anyone in New York? No, I don't know anyone.

   ¿Viste a alguno de tus amigos? No, no vi a ninguno.
   Did you see any of your friends? No, I didn't see any(one).

4. **Ninguno** and **alguno** drop their final **-o** before masculine singular nouns to become **ningún** and **algún,** respectively.

   Algún día voy a comprar una casa de campo.
   Someday I am going to buy a country house.

5. **Alguno(-a)** may be used in the singular or the plural, but **ninguno(-a)** is almost always used in the singular.

   ¿Conoces a algunos de los músicos de la orquesta?
   Do you know some of the musicians in the orchestra?

   No hay ningún libro en esa mesa.
   There are no books on that table.

6. **Nunca** and **jamás** both mean *never.* In a question, however, **jamás** means *ever* and anticipates a negative answer. To express *ever* when either an affirmative or a negative answer is possible, **alguna vez** is used.

Jamás voy al cine.
I never go to the movies.

¿Has oído jamás tal mentira?
Have you ever heard such a lie?

¿Has estado alguna vez en Europa?
Have you ever been in Europe?

7. **Algo** and **nada** may also be used as adverbs.

Esta máquina de escribir fue algo cara.
This typewriter was somewhat expensive.

Este coche no es nada barato.
This car is not at all cheap.

PRÁCTICA

A. **Las palabras negativas.** Cambie Ud. las oraciones a la forma negativa.
Siga el modelo.

Modelo   Tengo algo en el bolsillo.
   No tengo nada en el bolsillo.

1. Hay alguien aquí.
2. Algunos de los invitados tomaron una copa.
3. Siempre vamos al cine con nuestros padres.
4. Elena va al velorio también.
5. Vamos a la iglesia o a su casa.
6. Van a comprarle algo a la viuda.
7. Hay algunos vecinos en la sala.
8. ¿Conoces a alguien en esa clase?
9. Algún día aprenderé los verbos irregulares.
10. ¿Hicieron algo esos haraganes?

B. **Los días festivos.** Ud. está hablando con un(a) amigo(a) de los días festivos. Complete Ud. las oraciones con expresiones afirmativas o negativas.

Modelo   —¿Piensas que *alguien* va a darte muchos regalos para tu
      cumpleaños?
   —No, no hay *nadie* que vaya a darme regalos.

1. —¿Conoces bien _____ de las costumbres religiosas del
   mundo hispano?
   —No, no conozco _____ de esas costumbres.

2. —¿Conoce a _____ que haya estado en México durante la
Navidad?
—No, no conozco a _____ que haya estado allí durante aque-
lla temporada.

3. —¿ _____ mandas tarjetas de Navidad escritas en español?
—No, _____ mando tales tarjetas.

4. —¿Hace _____ muy especial durante la Nochevieja?
—No, no hago _____ especial.

C. **Vamos al centro.** Su compañero(a) de clase piensa ir al centro. Pregúntele
Ud. si él/ella planea hacer las cosas siguientes. Su compañero(a) de clase
contesta todas sus preguntas de una manera negativa. Siga el modelo.

Modelo   ir con alguien al cine
    Ud.   *¿Vas con alguien al cine?*
    Su compañero(a)   *No, no voy con nadie porque prefiero ver la
                        película solo(a).*

1. siempre comer en el centro
2. ir al cine o a la librería
3. tomar una copa con alguien
4. buscar algunas revistas en la librería
5. comprar algo en el supermercado
6. pasar por la biblioteca también para estudiar

REPASO

I. **Transformación.** Haga Ud. oraciones nuevas, usando las palabras entre
paréntesis.

Modelo Espero salir temprano. (que ellos)
    Espero que ellos salgan temprano.

1. Él insiste en ir a la iglesia. (que ellos)
2. Ella prefería hacer el viaje en avión. (que nosotros)
3. Queríamos ir a misa esta semana. (que tú)
4. Desean probar los taquitos. (que Tomás)
5. Esperamos llegar a una decisión pronto. (que el jefe)
6. Temo tener mala suerte. (que él)
7. Nos alegramos de poder asistir a la fiesta. (que tú)
8. Yo sentía mucho salir tan temprano. (que ellos)

II. **Una conversación.** Hágale Ud. las preguntas siguientes a un(a) compañe-
ro(a) de clase. Luego, él / ella debe explicar su respuesta.

Modelo   Ud.   ¿Temes que el profesor nos dé un examen
                                    hoy?

Su compañero(a)   *Sí, temo que el profesor nos dé un examen
                    hoy.*

Ud.   *¿Por qué?*

Su compañero(a)   *Porque no he estudiado mucho.*

1. ¿Crees que el profesor (la profesora) sea muy exigente?
2. ¿Prefieres que vayamos a la cafetería después de la clase?
3. ¿Esperas que asistamos a un concierto esta noche?
4. ¿Quieres que yo compre los boletos?
5. ¿Deseas que nuestros compañeros vayan con nosotros?
6. ¿Dudas que yo pueda entender la música contemporánea?

III. Sus opiniones. Exprese Ud. sus opiniones sobre las ideas siguientes,
poniendo una expresión impersonal delante de cada una de las oraciones.
Use una tantas expresiones impersonales como sea posible.

Modelo   Nosotros somos muy inteligentes.
             Es evidente que nosotros somos muy inteligentes.

1. Hay un examen hoy.
2. El profesor de esta clase es
    muy simpático.
3. Todos nosotros somos ricos.
4. Las vacaciones no empiezan hoy.
5. Todos los estudiantes reciben
    buenas notas.
6. Voy a graduarme mañana.

IV. Una entrevista negativa. Hágale Ud. estas preguntas a un(a) compañe-
ro(a) de clase. Él/ella tiene que contestar de una manera negativa.

1. ¿Tienes algo para mí?
2. ¿Hablas con alguien por teléfono todas las noches?
3. ¿Siempre vistes algún traje nuevo?
4. ¿Asistes siempre a misa?
5. ¿Vas a ir algún día a Cuba?
6. ¿Quieres ir a la biblioteca o al velorio?
7. ¿Vas a las exequias de don Mario?

V. Un conflicto de ideas. Con un(a) compañero(a) de clase hagan Uds. los
papeles de un(a) joven y su madre. Ella/él quiere ciertas cosas pero la
madre nunca está de acuerdo.

Modelo   comprar mucha ropa nueva
        Hijo/Hija   *Quiero comprar mucha ropa nueva.*
        Madre   *No permito que compres mucha ropa nueva.*
                          -o-
                    No quiero que compres mucha ropa nueva.
                          -o-
                    Prohibo que compres mucha ropa nueva.

1. trabajar en un bar
2. salir todas las noches
3. ser político(a)
4. tener su propio apartamento
5. comprar un coche nuevo
6. prestarles dinero a sus amigos
7. viajar alrededor del mundo
8. mudarse a México

VI. El futuro. Exprese Ud. sus deseos y preocupaciones en cuanto al futuro del mundo, completando las oraciones siguientes con sus propias ideas. Sea original.

1. Espero que las potencias mundiales (*world powers*) _____ .
2. Espero que los científicos _____ .
3. Quiero que mi familia _____ .
4. Deseo que mis amigos _____ .
5. Es importante que las escuelas _____ .
6. Dudo que el presidente _____ .
7. Es probable que yo _____ .
8. Es necesario que la gente _____ .
9. Es evidente que una buena educación _____ .
10. Es posible que los astronautas _____ .

INTERCAMBIOS

EL ARTE DE CONVERSAR

To keep a conversation moving, it is necessary to react to what is being said. You may indicate that you are following the conversation by using exclamations, asking for clarification of certain points, agreeing or disagreeing with certain points, or by reacting with certain expressions that show that you are simply paying attention.

Paying Attention:

Ah, sí.	*Oh, yes.*
¿Ah?	*Ah?*
¿De veras?	*Really?*
Comprendo bien, pero...	*I understand well, but . . .*
No sabía eso.	*I didn't know that.*
Y luego, ¿qué pasó?	*And then what happened?*
Y, ¿qué más?	*And, what else?*
Tiene(s) razón, pero...	*You're right, but . . .*

Asking for Clarification:

Repita(e), por favor.	*Repeat that, please.*
¿Quiere(s) decir que... ?	*Do you mean that . . . ?*
No sé si comprendo bien.	*I don't know if I understand well.*
¿Qué dijo Ud. (dijiste)?	*What did you say?*
¿Está(s) diciendo que...?	*Are you saying that . . . ?*
¿Qué quiere(s) decir?	*What do you mean?*

Exclamations:

¡No me diga(s)!	*You don't say!*
¡Qué cosa!	*The idea!*
¡Qué interesante!	*How interesting!*
¡Qué ridículo!	*How ridiculous!*

Expressing Agreement and Disagreement:

Sí, tiene(s) razón.	*Yes, you're right.*
Estoy de acuerdo.	*I agree.*
Sí, es verdad.	*Yes, it's true.*
No, no tiene(s) razón.	*No, you're wrong.*
No estoy de acuerdo.	*I disagree.*
No, no es verdad.	*No, it's not true.*

CONVERSACIÓN CONTROLADA

Con un(a) compañero(a) de clase, prepare Ud. un diálogo, según las siguientes indicaciones.

El día de los Reyes Magos. Ud. está pasando el año escolar estudiando en Madrid. Vive con una familia madrileña. Es el seis de enero, y Ud. y los miembros de la familia van a asistir a una fiesta en la casa de unos tíos. Ud. no entiende la importancia de este día y le pide a la madre que le explique a Ud. el significado del día de los Reyes Magos.

LA MADRE	UD.
Are you ready to go to our uncle and aunt's house?	Yes, but why is everyone in a hurry? What is so special about today?
Today is the day of the Wise Men, and it is our custom to give gifts to our friends and family on this day.	You don't give gifts at Christmas?
No, because Christmas is primarily a day for religious activities. I hope my aunt makes a *Rosca de Reyes* (Torte of the Kings) today.	What is a *Rosca de Reyes?*
It is a special cake (*torta*) that is made on the Day of the Kings. The person that makes it puts a porcelain doll (*muñeca de porcelana*) in the cake. The doll represents the Christ child (*niño Jesús*).	Why do they do that? In our country we prefer that no one puts anything like that in our food.
It's an old custom that we have. It is necessary for the one who finds the doll in their piece (*pedazo*) of cake to give a party for everyone during the next month.	I like this custom. Let's go. It's important that we arrive early. I want to eat a piece of that cake.
Perhaps you'll find the doll. Then we can have a party at our house.	Great! I am happy that Spain has customs like this because I like parties!

SITUACIONES

Con un(a) compañero(a) de clase, prepare Ud. un diálogo que corresponda a una de las siguientes situaciones.

El día los difuntos.* Dos jóvenes van a una pastelería para comprar dulces y panes en forma de calaveras, y esqueletos para sus amigos. Tienen que decidir

~~~~~~

*Nota cultural: Se celebra este día el dos de noviembre en algunos países latinoamericanos. En México se llama el «día de los Muertos». Durante ese día se recuerda a los muertos o la muerte como fenómeno. En algunos sitios, como en México, se hacen dulces y panes en forma de calaveras y esqueletos, y en los pequeños pueblos hispánicos la gente pasa el día en el cementerio, donde limpian alrededor de los sepulcros y ponen flores frescas en la tumba de los familiares.

la cantidad que tienen que comprar y los nombres de sus amigos los cuales quieren que el pastelero (*pastry chef*) ponga en cada calavera y esqueleto. El precio es importante también porque Uds. no tienen mucho dinero.

Las Posadas.* Es la Navidad y su familia quiere que Ud. participe en las posadas. Ud. no quiere participar. Su padre trata de convencerlo(la) que es importante que sea una parte de la procesión. Ud. trata de explicarle las razones por las cuales no quiere ir.

A ESCUCHAR

Escuche Ud. a continuación la siguiente situación y el diálogo. Luego haga los ejercicios relacionados con lo que ha escuchado y aprendido.

Costumbres. Un grupo de estudiantes de las Canarias sale de clase después de acabarse las vacaciones de carnaval, llamadas también vacaciones de primavera. Todos están agotados por haber pasado varias noches de fiestas, aunque se divirtieron muchísimo.

A. Información

Conteste las siguientes preguntas.

1. ¿Qué fiestas acaban de tener?
2. En Cuaresma, ¿en qué días hay que hacer ayuno y abstinencia?
3. ¿Por qué están agotados todos?
4. ¿Ayuna la familia de Paquita?
5. ¿Qué profesor les es antipático a los estudiantes?

B. Conversación

Con un grupo de compañeros de la clase, charlen sobre las fiestas y costumbres del estado de donde provienen. ¿Son fiestas ancestrales o relativamente modernas? ¿De origen histórico o religioso? ¿Hay tradiciones especiales en la universidad que ellos conserven?

---

*Nota cultural: La celebración de «las posadas» empieza el diez y seis de diciembre y termina en la Nochebuena. Se llaman posadas porque conmemoran el viaje de María y José a Belén y su búsqueda para un sitio donde pasar la noche. Casi todas las personas de un barrio participan en esta celebración.

A CONVERSAR

A. Discusión: La muerte

1. **El epitafio.** Aunque en nuestra cultura preferimos no pensar en la muerte, la contemplación de la muerte puede darnos una nueva actitud hacia la vida. Nuestros antepasados lo entendieron así, e hicieron grabar en sus losas unos epitafios que resumieron sus vidas. Algunos ejemplos:

   Aquí yace Harry Miller entre sus esposas Elinore y Sarah.
   Pidió que lo inclinaran un poco hacia Sarah.

   Eric Langley: Él sí se lo llevó todo consigo.

   William Barnes: Padre generoso y leal.

   Nancy Smith: A veces amaba, a veces lloraba.

   a. ¿Qué quiere Ud. que le graben en su losa?
   b. ¿Podría Ud. escribir un epitafio que resumiera toda su vida en pocas palabras?

2. **El obituario.** Los obituarios también pueden ayudarnos a ver más claramente nuestras vidas. Completando las frases siguientes, escriba su obituario. Después, léaselo a la clase.

   Falleció ayer _____ a la edad de _____.
   La causa de su muerte fue _____.
   Le sobrevive(n) _____.
   Estudiaba para ser _____.
   Sus amigos se acordarán de él (ella) por _____.
   Su muerte inesperada no le permitió _____.
   Su familia indica que en vez de mandar flores se puede _____.

B. Ejercicio de comprensión

Ud. va a escuchar un comentario sobre el concepto de la muerte en el mundo hispánico. Después del comentario va a escuchar varias oraciones. Indique si la oración es verdadera (V) o falsa (F), trazando un círculo alrededor de la letra que corresponde a la respuesta correcta.

   1. V F   3. V F

   2. V F   4. V F

Se celebra el «Día de los muertos» el dos de noviembre en México. En este día todas los familias se reúnen para mostrar su respeto y amor para los difuntos. Describa esta foto. ¿Qué le parece esta tradición?

C. Temas de conversación o de composición

1. ¿Cuál es su actitud hacia la muerte? ¿Tiene Ud. miedo de morirse? ¿Le gusta asistir a los velorios? ¿Deben ser costosos los entierros?

2. En muchas culturas, incluyendo la hispánica, la muerte es un hecho que se acepta de una manera bastante realista. En la nuestra tratamos de esconder o de no confrontar el hecho de la muerte. ¿Cómo evitamos la realidad de la muerte?

3. Los sicólogos dicen que el que sabe que va a morirse dentro de poco tiempo pasa por un proceso que empieza con la ira y la negación y termina con la aceptación de la muerte. ¿Cómo reaccionaría Ud. ante tales noticias? ¿Qué cosas quisiera hacer antes de morirse?

4. Actualmente es posible mantener viva a una persona mediante procedimientos artificiales, inclusive el uso de máquinas. Si una persona ha sufrido un daño cerebral y se ve reducida permanentemente al nivel de un vegetal, ¿se debe mantenerla viva artificialmente? ¿Cuándo deja de vivir una persona?

D. Descripción y expansión

Hay algunas personas que tienen creencias y supersticiones que influyen en su manera de vivir. Haga Ud. las siguientes actividades que tratan sobre este tema. ¿Es Ud. una persona supersticiosa?

1. Indique Ud. el número del dibujo que corresponde a cada una de las creencias siguientes.

_____ romper un espejo

_____ mirar la luna llena
sobre el hombro izquierdo

_____ un gato negro

_____ derramar sal

_____ una herradura (*horseshoe*)

_____ una pata de conejo

_____ caminar debajo de una
escalera

_____ el número trece

_____ encontrar un trébol de
cuatro hojas

_____ el número siete

_____ trece personas sentadas
alrededor de una mesa

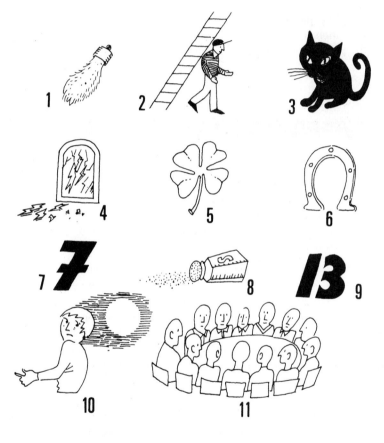

2. Conteste las preguntas siguientes.

a. ¿Cuáles de estas creencias traen mala suerte?

b. ¿Cuáles de estas creencias traen buena suerte?

c. ¿Cree Ud. en algunas de estas supersticiones? ¿Cuáles? ¿Por qué?

d. ¿Conoce Ud. a personas que crean en algunas de estas supersticiones?
¿Quiénes son? ¿En cuáles de estas supersticiones creen?

e. ¿Conoce Ud. otras supersticiones que no estén en la lista? Explique
una.

3. Indique Ud. su actitud hacia cada una de las supersticiones indicadas por los dibujos, completando las frases siguientes.

Modelo Es dudoso *que un gato negro traiga mala suerte.*

Es mejor... No creo...
Es importante... No quiero...
Más vale una persona... Es probable...

4. Opiniones

a. ¿Por qué creen las personas en supersticiones? ¿Cuál es el origen de muchas supersticiones?
b. ¿Hay mucha superstición en la religión? Explíquese.

MATERIALES AUTÉNTICOS

La rosca de Reyes. Como parte de la celebración del «día de los Reyes Magos» en algunos países hispánicos, las pastelerías hacen una torta especial. Lea este anuncio que apareció en el diario *EXCELSIOR,* de la Ciudad de México, y conteste las preguntas.

1. ¿Cómo se llama la pastelería? En su opinión, ¿por qué tiene este nombre?
2. ¿Qué se vende en esta pastelería?
3. Según el anuncio, ¿cómo son las roscas que se hacen allí?
4. ¿Qué se vende con la rosca? ¿Es necesario comprarla?
5. ¿Dónde está la pastelería?
6. ¿Es posible estacionarse cerca de la pastelería? ¿Por qué?
7. ¿Qué le parece a Ud. la costumbre del «día de los Reyes Magos» y la de la «rosca de reyes»? Explique.

EXQUISITAS
ROSCA DE REYES
CON O SIN CREMA BATIDA
PASTELERIA SUIZA
PARQUE ESPAÑA Nº 7, ENTRE OAXACA Y COZUMEL
TELS. 211-09-51 Y 211-09-04
CON ESTACIONAMIENTO PROPIO 107 TOT

Aspectos económicos de Hispanoamérica

Esta pareja vieja de Tepotzlán, México, está preparando el maíz. En su opinión, ¿cómo es su vida? Explique.

*(Una choza campesina. Pedro llega cansado
después de un día de trabajo en su parcela
de tierra.)*

PEDRO   Hola, Teresa, ¿qué hay de comer? Vengo
muerto de hambre.

TERESA   ¡Ay! Has llegado temprano —déjame calentar los frijoles. Primero voy a acostar a

5   Panchito. Duérmete, mi niño. Que sueñes
con los angelitos. Así es.

PEDRO   Se me partió el machete hoy. ¡Qué diablos!   se me partió *broke, split*
No hay un día que no traiga mala suerte.
No sé cómo he de ganarme el pan traba-

10   jando esta tierra seca.

TERESA   Pedro, tengo una noticia. Fui a ver a la
Mamá Teófila[1] y me dice que estoy
embarazada.

PEDRO   ¡Qué bueno! ¡Qué feliz me haces! Pero...

15   otra boca, ¿qué hacemos?

TERESA   Dios dirá, Pedro. Quizás pueda coser ajeno.   coser ajeno *to take in*
La señora Cruz busca a alguien que le haga   *sewing*
unos vestidos para el verano.

PEDRO   Prohibo que trabajes, mujer. Estaba pen-

20   sando una cosa, ¿sabes? ¿Por qué no nos
mudamos a la capital?[2] Allí puedo buscar
un trabajo que pague bien.

TERESA   Pero, Pedro, ¿qué hacemos con la casa? ¿Y
si no encuentras algo? Me siento más segu-

25   ra aquí; al menos tenemos techo —pobre
tal vez, pero seguro.

PEDRO   ¿No quieres que tus hijos tengan más oportunidades que nosotros? Aquí no hay nada
que valga la pena... Y será mejor para ti

30   también. No tendrás que depender más de
la Mamá Teófila. Debes tener un médico
que sepa lo que hace, un hospital que tenga
facilidades modernas. Además, podríamos
divertirnos un poco. Dicen que hay cines en

35   la ciudad que dan películas todas las
noches en vez de una película por semana
como el de aquí.

TERESA   ¿Y es cierto que hay lugares donde se
puede bailar todas las noches? ¿Y que hay

40   parques bellos y camiones que te llevan
dondequiera?

PEDRO	Sí, Teresa, todo eso y mucho más. Podremos comprarnos un televisor. No tendremos que ir a verlo a la cantina como aquí.	
45		
TERESA	Pero, ¿dónde viviremos?	
PEDRO	Hay un barrio llamado San Blas. Allí viven los Otero y los Palma que fueron a la capital el año pasado. Hay escuelas buenas para Panchito y para el niño que esperamos. Quiero que asistan a buenas escuelas que les den mejores posibilidades.	
50		
TERESA	Yo también, yo también, Pedro. Y tú, ¿qué harás? No quiero que sufras por falta de trabajo.	
55		
PEDRO	Con todos los automóviles que hay en la ciudad, siempre habrá necesidad de alguien que sepa de mecánica. Habrá un taller que necesite otro trabajador.	mecánica *mechanics*
60 TERESA	Pero, Pedro, ¿qué hacemos si...	
PEDRO	No te preocupes, mi amor, todo saldrá bien. Quiero que mi familia tenga de todo, ¿entiendes? De todo lo bueno de la vida.	

Notas culturales

[1]**la Mamá Teófila:** En las regiones rurales de Hispanoamérica, todavía es común utilizar los servicios de una partera (*midwife*). Esto se debe a la tradición y, por otra parte, al hecho de que no hay médicos en todos los pueblos.

[2]**¿Por qué no nos mudamos a la capital?:** Las ideas que expresa Pedro sobre las ventajas de la vida urbana son bastante generalizadas en las zonas rurales y han causado una migración constante hacia las grandes ciudades. Desgraciadamente, uno de los resultados más frecuentes ha sido la creación de barrios de miseria alrededor de las mismas ciudades. Otro es la desilusión y amargura (*bitterness*) de la gente en esta situación.

VOCABULARIO ACTIVO

Estudie estas palabras.

Verbos

calentar (ie)   *to heat*
mudarse   *to move (residence)*
soñar (ue) (con)   *to dream (about)*

Sustantivos

el barrio   *neighborhood, district*
el camión   *bus (slang)**
el, la campesino, -a   *peasant*
la cantina   *bar*
la choza   *hut, shack*
el frijol   *bean*
el taller   *shop, workshop*
el techo   *roof*
el televisor   *television set*

la ventaja   *advantage*
el vestido   *dress*

Adjetivos

ajeno, -a   *belonging to another*
embarazada   *pregnant*
seco, -a   *dry*

Otras expresiones

dondequiera   *anywhere*
ganarse el pan   *to earn a living*
haber de   *to be supposed to*
que sueñes con los angelitos   *sweet dreams*

COMPRENSIÓN

1. ¿Por qué llega Pedro a casa temprano?   2. ¿Qué es lo que tienen para comer?   3. ¿Cuál es la noticia que Teresa le da a Pedro?   4. ¿Qué piensa hacer ella?   5. ¿Cuál es la idea de Pedro?   6. ¿Por qué se siente Teresa más segura en el campo?   7. Según Pedro, ¿qué diversiones hay en las ciudades? ¿y según Teresa?   8. ¿Qué trabajo va a buscar Pedro?   9. En cuanto a su familia, ¿qué quiere Pedro?   10. En las circunstancias de Pedro y Teresa, ¿iría Ud. a la ciudad?

OPINIONES

1. ¿Cuáles son las ventajas de vivir en la ciudad? ¿Las desventajas?   2. ¿Cuáles son las ventajas de vivir en el campo? ¿Las desventajas?   3. Dónde prefiere Ud. vivir, ¿en la ciudad o en el campo? ¿Por qué?   4. En su opinión, ¿qué

---

*Esta palabra quiere decir *bus* en México, aunque quiere decir *truck* en los otros países de Latinoamérica y en España, donde **autobús** quiere decir *bus*.

causa la pobreza en la sociedad?   5. ¿Piensa Ud. que es posible eliminar la pobreza? Explique.   6. ¿Cree Ud. que es la responsabilidad del gobierno ayudar a los pobres? ¿Por qué?   7. Según Ud., ¿es posible que un pobre sea feliz? Explique.   8. ¿Prefiere Ud. ser una persona pobre y contenta, o rica y descontenta? ¿Por qué?

ESTRUCTURA

THE SUBJUNCTIVE IN ADJECTIVE CLAUSES

1. An adjective clause modifies a noun or pronoun (referred to as the antecedent) in the main clause of the sentence. Adjective clauses are always introduced by **que.**

    Vive en una casa **grande.** (simple adjective modifying **casa**)
    Vive en una casa **de ladrillo.** (adjective phrase modifying **casa**)
    Quiere vivir en una casa **que tenga muchos cuartos.** (adjective clause
       modifying **casa**)

2. If the adjective clause modifies an indefinite or negative antecedent, the subjunctive is used in the adjective clause. If the antecedent being described is something or someone certain or definite, the indicative is used.

    Aquí no hay nada que valga la pena. (negative antecedent)
    There is nothing here that is worthwhile.

    Debes tener un médico que sepa lo que hace. (indefinite antecedent)
    You ought to have a doctor who knows what he is doing.

    Buscaba un hospital que tuviera facilidades modernas. (indefinite
       antecedent)
    He was looking for a hospital that had modern facilities.

    Haré lo que diga el jefe. (indefinite antecedent)
    I'll do what(ever) the boss says.

    No hay nadie que sepa la respuesta. (negative antecedent)
    There is no one who knows the answer.

    BUT

    Aquí hay algo que vale la pena. (definite antecedent)
    There is something here that is worthwhile.

Tiene un médico que sabe lo que hace. (definite antecedent)
He has a doctor who knows what he is doing.

Ha encontrado un trabajo que tiene muchas ventajas. (definite antecedent)
He has found a job that has many advantages.

3. The personal **a** is not used when the object of the verb in the main clause does not refer to a specific person or persons; however, it is used before **nadie, alguien,** and forms of **ninguno** and **alguno** when they refer to a person who is the direct object of the verb.

Busca un médico que sepa lo que hace.
He is looking for a doctor who knows what he is doing.

No he visto a nadie que pueda hacerlo.
I have not seen anyone who can do it.

¿Conoce Ud. a algún hombre que quiera comprar la finca?
Do you know a (any) man who wants to buy the farm?

PRÁCTICA

A. **Observaciones generales.** Complete Ud. estas oraciones usando el subjuntivo o el indicativo de los verbos entre paréntesis.

1. Busco un trabajo que me (gustar) _____ .
2. Necesita un hombre que (poder) _____ servir de guardia.
3. Su esposo quería mudarse a una ciudad que no (conocer) _____ .
4. Tengo un puesto que (pagar) _____ más que ése.
5. Han encontrado un artículo que les (dar) _____ más información.
6. No había ninguna persona que (creer) _____ eso.
7. Conoce a un mecánico que (arreglar) _____ máquinas de escribir.
8. Necesitan un apartamento que no (costar) _____ mucho.
9. Siempre tienen ayudantes que (hablar) _____ inglés.
10. Preferían un abogado que (saber) _____ lo que hacía.
11. Hay alguien que (poder) _____ explicártelo.
12. ¿Conoces a alguien que (hacer) _____ vestidos?

B. **Se mudó a la ciudad.** Ud. acaba de mudarse a una ciudad nueva, y busca una casa y una escuela buena para sus hijos. Describa Ud. la clase de casa y escuela que busca, haciendo oraciones con las expresiones indicadas.

Modelo Busco una casa que: tener tres habitaciones
Busco una casa que tenga tres habitaciones.

1. Busco una casa que: estar cerca de un parque / ser bastante grande / tener tres dormitorios y cuatro baños / no costar más de cien mil pesos

   Ahora, mencione Ud. otras características que Ud. busca.

2. Queremos mandar a nuestros hijos a una escuela que: ser pública / tener buenos maestros / ofrecer una variedad de cursos / preparar bien a sus graduados / estar cerca de nuestra casa

   Ahora, mencione Ud. dos o tres cosas más que Ud. espera que la escuela ofrezca.

C. Opiniones personales. Exprese Ud. sus opiniones personales completando estas oraciones con sus propias ideas.

1. Deseo conocer a gente que _____ .
2. Sueño con casarme con una persona que _____ .
3. Quiero seguir una carrera que _____ .
4. Quiero encontrar un trabajo que _____ .
5. Me gustaría mudarme a una ciudad que _____ .
6. Prefiero vivir en una casa que _____ .
7. Necesito comprar un coche que _____ .
8. Quiero vivir en un país que _____ .

D. El anuncio. Ud. es dueño(a) de un garaje, y necesita emplear a un mecánico. Complete este anuncio para el diario de su pueblo.

El Garaje Martínez requiere
un mecánico que:

—sepa de mecánica

—conozca bien los coches japoneses

—_____

—_____

SUBJUNCTIVE VERSUS INDICATIVE AFTER INDEFINITE EXPRESSIONS

A. The subjunctive after indefinite expressions

The subjunctive is used after the following expressions when they refer to an indefinite or uncertain time, condition, person, place, or thing.

1. Relative pronouns, adjectives, or adverbs attached to **-quiera:**

adondequiera	*(to) wherever*	quienquiera	*whoever*
dondequiera	*wherever*	cualquier(a)	*whatever, whichever*
cuandoquiera	*whenever*	comoquiera	*however*

Examples:

Adondequiera que tú vayas, encontrarás campesinos oprimidos.
Wherever you (may) go, you will find oppressed peasants.

Dondequiera que esté, lo encontraré.
Wherever it is, I'll find it.

Cuandoquiera que lleguen, comeremos.
We will eat whenever they arrive.

Quienquiera* que encuentre la pintura, recibirá mucho dinero.
Whoever finds the painting will receive a lot of money.

A pesar de cualquier disculpa que ofrezca, tendrá que pagar la multa.
(In spite of) whatever excuse he may offer, he will have to pay the fine.

Comoquiera que lo hagan, no podrán solucionar el problema.
However they may do it, they will not be able to solve the problem.

Note that the plurals of **quienquiera** and **cualquiera** are **quienesquiera** and **cualesquiera,** respectively. **Cualquiera** drops the final **a** before any singular noun.

Cualquier cosa que diga, será la verdad.
Whatever he says will be the truth.

2. **Por** + adjective or adverb + **que** (*however, no matter how*):

Por difícil que sea, lo haré.
No matter how difficult it may be, I will do it.

Por mucho que digas, no la convencerás.
No matter how much you say, you will not convince her.

B. The indicative after indefinite expressions

When the expressions presented in Section A refer to a definite time, place, condition, person, or thing, or to a present or past action that is considered to be habitual, then the indicative is used.

~~~~~~~~

*****Quien** plus the subjunctive is more common in conversation: **Quien encuentre la pintura, recibirá mucho dinero.**

Adondequiera que fuimos, encontramos campesinos oprimidos.
Wherever we went, we found oppressed peasants.

Cuandoquiera que nos veían, nos saludaban.
Whenever they saw us, they would greet us.

Por más que juego al tenis, siempre pierdo.
No matter how much I play tennis, I always lose.

PRÁCTICA

A. Opiniones personales. Complete Ud. estas oraciones con el subjuntivo o indicativo de los verbos entre paréntesis.

1. Adondequiera que ellos (mudarse) _____ , no encontrarán empleo.
2. Dondequiera que él (estar) _____ , siempre podía divertirse.
3. Cuandoquiera que nosotros lo (ver) _____ , le daremos el dinero.
4. Por pobres que (ser) _____ , ellos nunca se quejan de nada.
5. Quienquiera que (querer) _____ una vida mejor, tendrá que conseguir una buena educación.
6. Cualquier cosa que yo (decir) _____ , ellos no lo creían.

B. Situaciones indefinidas. Complete estas oraciones con una expresión indefinida.

adondequiera   dondequiera   cuandoquiera   quienquiera
cualquiera   comoquiera   por más que

1. Empezaremos a estudiar _____ que ellos salgan.
2. _____ ella está cansada, ella siempre quiere mirar la televisión.
3. Lo encontraremos _____ que esté.
4. _____ que ellos recibían una carta de sus amigos, ellos me permitían leerla.
5. _____ que dijo eso no entendía la lección.
6. _____ razón que tú dés, la creeremos.
7. _____ libro que escojas, lo encontraremos interesante.
8. Ellos dicen que irán _____ que él vaya.

C. Su futuro. Escriba Ud. cuatro oraciones sobre su futuro, usando las expresiones indefinidas que siguen.

adondequiera   cuandoquiera
quienquiera   cualquiera

PREPOSITIONS

A. Simple prepositions

a	*to, at*	excepto	*except*
ante	*in front of, before;*	hacia	*toward*
	with respect to	hasta	*until, up to, as far as*
bajo	*under*	mediante	*by means of*
con	*with*	para	*for; in order to*
contra	*against*	por	*for; through; along; by*
de	*of, from*	según	*according to*
desde	*from, since*	sin	*without*
durante	*during*	sobre	*on, over; about*
en	*in; on, upon*	tras	*after*
entre	*between, among*		

El testigo tenía que aparecer ante el juez.
The witness had to appear before the judge.

Escribió novelas bajo un seudónimo.
He wrote novels under an assumed name.

Miró hacia el río.
He looked toward the river.

Esperaremos hasta las nueve.
We will wait until nine.

Va a dar una conferencia sobre política latinoamericana.
He is going to give a lecture on (about) Latin American politics.

Día tras día él me decía la misma cosa.
Day after day he would tell me the same thing.

B. Uses of a

In addition to its use to express English *to* or *at*, and its special use before direct object nouns referring to people (see Unit 1), the preposition **a** is used:

1. to indicate the point (of time or place) toward which something is directed or at which it arrives.

   Volvieron a la choza.
   They returned to the hut.

   Fue de Nueva York a México.
   He went from New York to Mexico.

Estará en casa a las siete.
She will be at home at seven.

2. after verbs of motion (**ir, venir**) when they are followed by an infinitive or by a noun indicating destination.

Voy a la playa.   Vino a verme.
I'm going to the beach.   *He came to see me.*

3. after verbs of beginning, learning, and teaching, when these are followed by an infinitive.

Comenzó a trabajar.   Aprendieron a hablar francés.
She began to work.   *They learned to speak French.*

Empecé a buscarlos.   Me enseñó a conducir.
I began to look for them.   *He taught me to drive.*

4. after verbs of depriving or taking away.

Le robaron el dinero al banco.
They stole the money from the bank.

Les quité los dulces a los niños.
I took the sweets from the children.

5. after the verb **jugar** when the name of a game or sport is mentioned.*

Juegan al tenis.   Jugó a las damas chinas.
They play tennis.   *He played Chinese checkers.*

6. in combination with the definite article **el** before an infinitive to express English *on* or *upon* + present participle.

Al salir del aula, empezaron a correr.
Upon leaving the classroom, they began to run.

7. in the construction **a** + definite article + period of time + **de** + infinitive, meaning *after.*

A las dos semanas de estudiarlos, sabían todos los usos del subjuntivo.
After two weeks of studying them, they knew all the uses of the subjunctive.

~~~~~~

*It is becoming more common not to use the **a** in speech.

8. to indicate manner or means (how something is made or done).

Las hacen a mano.
They made them by hand.

Llegaron a pie.
They arrived on foot.

cocinar a fuego lento
to cook by a slow fire

9. to express price or rate.

¿A cuánto se vende? A un dólar el metro.
How much does it sell for? For a dollar a meter.

a todo vapor
at full steam

10. as an equivalent of English *on* or *in*.

a bordo del buque	a tiempo
on board the boat	*in (on) time*
a su llegada	a vista de tierra
on her arrival	*in sight of land*
al contario	llegar a México
on the contrary	*to arrive in Mexico*

11. to express *by* or *to* in certain fixed expressions.

poco a poco	dos a dos
little by little	*two to two*
mano a mano	cara a cara
hand to hand	*face to face*

C. Uses of con

1. **Con** is used before certain nouns to form adverbial expressions of manner.

Guía con cuidado.
He drives carefully.

Comimos con frecuencia en ese café.
We ate at that café frequently.

2. **Con** expresses accompaniment.

Pedro quiere ir a la ciudad con Teresa.
Pedro wants to go to the city with Teresa.

3. It is also used to express *notwithstanding*.

Con todos sus defectos, es un tipo simpático.
Notwithstanding all his faults, he's a nice fellow.

D. *Uses of* de

De is usually translated as *of* or *from.* In addition it is used as follows:

1. to show possession (English *'s*).

La finca es de Aurelio.
The farm is Aurelio's.

2. to show the material from which something is made.

El traje es de casimir.
The suit is (made of) cashmere.

3. to express cause or reason (equivalent to English *of, with, on account of*).

Murió de cáncer.
He died of cancer.

Está loca de alegría.
She's wild with joy.

Estoy muriéndome de hambre.
I'm dying of hunger.

4. to express *in the morning*, etc., when a specific time is given.

Empezó a las seis de la mañana (de la noche).
He began at six in the morning (at night).

5. to indicate profession or occupation.

Trabajaba de obrero.
He was working as a laborer.

6. to express the function or use of an object.

Es una máquina de escribir (de coser).
It is a typewriter (sewing machine).

7. to specify condition or appearance before a noun (English *with* or *in*).

Las montañas están cubiertas de nieve.
The mountains are covered with snow.

Estaba de luto.
She was in mourning.

8. to indicate a distinctive characteristic.

la chica de los ojos grandes
the girl with the big eyes

el hombre de la barba
the man with the beard

9. to translate *in* after a superlative.

Es el barrio más pintoresco de la ciudad.
It's the most picturesque neighborhood in the city.

E. Uses of en

1. **En** is used to indicate mode of transportation.

Fuimos en avión (tren).
We went by plane (train).

2. **En** is used to denote location (the equivalent of English *at* or *in*).

Estoy en casa (en clase, en Madrid).
I am at home (in class, in Madrid).

Pasaron las vacaciones en la playa (en México).
They spent their vacation at the beach (in Mexico).

F. Compound prepositions

Some common compound prepositions are:

a causa de *because of*	dentro de *inside of*
a pesar de *in spite of*	después de *after (time, order)*
acerca de *about, concerning*	detrás de *behind, after (place)*
además de *besides, in addition to*	en frente de *in front of*al lado
de *beside, alongside of*	en vez de *instead of*
alrededor de *around*	encima de *on top of*
antes de *before (time)*	frente a *opposite*
cerca de *near*	fuera de *outside of, away from*
debajo de *under*	junto a *next to*
delante de *in front of, before*	lejos de *far from*
(place)	respecto a *with respect to*

PRÁCTICA

A. Preposiciones sencillas. Complete Ud. estas oraciones con la preposición correcta.

1. Los hijos hablaron (*until*) _____ las once.
2. Los campesinos caminaban (*toward*) _____ la casa.
3. Hay muchas diferencias (*between*) _____ tú y yo.
4. Los padres están (*in*) _____ la cocina.
5. (*During*) _____ la conversación, él me lo explicó.
6. Sus primos son (*from*) _____ el campo.
7. Quieren luchar (*against*) _____ la pobreza.
8. Manuel va a venir (*with*) _____ los boletos.
9. El pueblo vivía (*under*) _____ una dictadura.
10. El jefe está (*before*) _____ sus partidarios.
11. Tenemos que estar (*at*) _____ su casa (*at*) _____ las ocho.
12. (*According to*) _____ el periódico, muchos campesinos se mudan a la ciudad.
13. No puedo vivir (*without*) _____ mi mujer.
14. Había muchos papeles (*on*) _____ la mesa.
15. Tratamos de encontrarlo semana (*after*) _____ semana.
16. Viven en este barrio (*since*) _____ febrero.

B. Preposiciones compuestas. Complete Ud. estas oraciones con una preposición compuesta.

1. (*On top of*) _____ la mesa había un televisor.
2. Los obreros se sentaron (*under*) _____ un árbol.
3. (*Opposite*) _____ la casa había una iglesia.
4. Hay muchos árboles (*around*) _____ mi casa.
5. (*Outside of*) _____ la ciudad viven los ricos.
6. (*Before*) _____ salir, ellos querían escuchar los discos nuevos.
7. (*Near*) _____ la choza había un pozo seco.
8. Queríamos estar (*inside of*) _____ la casa.
9. Tenía que quedarse (*behind*) _____ la puerta.
10. Querrían una casa de campo (*next to*) _____ la playa o (*alongside of*) _____ un río.
11. (*Because of*) _____ su pobreza no pueden comprar un vestido nuevo.
12. (*In spite of*) _____ sus dificultades, tenían esperanza.

C. **Opiniones personales.** Complete Ud. estas oraciones con sus propias ideas.

1. Voy a divertirme en vez de _____.
2. Yo siempre _____ antes de comer.
3. Voy al cine después de _____.
4. Además de _____ quiero mirar la televisión.
5. Voy a hacer un viaje a España a pesar de _____.
6. Prefiero vivir fuera de _____.
7. Quiero comprar una casa que esté lejos de _____.
8. No voy de compras en este barrio rico a causa de _____.

D. **Su cuarto.** Describa Ud. su cuarto dando la ubicación de las cosas de la lista.

Modelo cama
   Mi cama está cerca de la ventana.

1.	el televisor	5.	la mesa	9.	la lámpara
2.	el radio	6.	la ropa	10.	la ventana
3.	la computadora	7.	la silla		
4.	los libros	8.	los retratos		

USES OF *POR* AND *PARA*

The prepositions **por** and **para** are not interchangeable, although both are often translated as *for* in English. Each has its own specific uses in Spanish.*

A. *Uses of* por

1. To translate *through, by, along,* or *around* after verbs of motion.

   Pedro entró por la puerta de su choza.
   Pedro entered through the door of his hut.

   Andaba por la senda junto al río.
   He was walking along the path by the river.

   Le gusta a ella pasearse por la ciudad.
   She likes to walk around the city.

2. To express the motive or reason for a situation or an action (*because, for the sake of, on account of*).

~~~~~

*Note that certain verbs such as **pedir, esperar,** and **buscar** include the meaning *for* in the verb itself and therefore never require **por** or **para.**

No quiero que sufras por falta de trabajo.
I don't want you to suffer because of lack of work.

Lo hace por amor a sus hijos.
He does it because of (out of) love of his children.

3. To indicate lapse or duration of time (*for*).

Trabajó la tierra seca por tres años.
He worked the dry land for three years.

Irán a la ciudad por seis meses.
They will go to the city for six months.

4. To indicate *in exchange for.*

Compró el machete por veinte pesos.
He bought the machete for twenty pesos.

5. To mean *for* in the sense of *in search of* after **ir, venir, llamar, mandar,** etc.

Fue por la partera.
He went for the midwife.

Fueron a la librería por un libro.
They went to the bookstore for a book.

Vinieron por una vida mejor.
They came for (looking for) a better life.

6. To indicate *frequency, number, rate,* or *velocity.*

Va al pueblo tres veces por semana.
He goes to town three times a week.

¿Cuánto ganas por hora?
How much do you earn per hour?

El límite de velocidad es ochenta kilómetros por hora.
The speed limit is eighty kilometers an hour.

7. To express the manner or means by which something is done (*by*).

Lo mandaron por correo.
They sent it by mail.

8. To express *on behalf of, in favor of, in place of.*

Ayer trabajé por mi hermano.
Yesterday I worked for (in place of) my brother.

El abogado habló por su cliente.
The lawyer spoke for his client. (on behalf of)

Votará por el Sr. Sánchez.
He will vote for (in favor of) Mr. Sánchez.

9. In the passive voice construction to introduce the agent of the verb.

Los frijoles fueron calentados por el vendedor.
The beans were heated by the vendor.

10. To express the idea of something yet to be furnished or accomplished.

Me quedan tres páginas por leer.
I have three pages left to read.

La casa está por construir.
The house is yet to be built.

11. To translate the phrases *in the morning (in the afternoon*, etc.*)* when no specific time is given.

Siempre doy un paseo por la tarde.
I always take a walk in the afternoon.

12. In cases of mistaken identity.

Me tomó por su primo.
He mistook me for his cousin.

B. Uses of para

1. To indicate a purpose or goal *(in order to, to, to be)*.

Es necesario estudiar para aprender.
It is necessary to study (in order) to learn.

Paco debe salir temprano para llegar a tiempo.
Paco should leave early in order to arrive on time.

Trabajará como mecánico para ganar más dinero.
He will work as a mechanic in order to earn more money.

María estudia para médico.
María is studying to be a doctor.

2. To express destination *(for)*.

Salen mañana para la capital.
They leave tomorrow for the capital.

El regalo es para mi novia.
The gift is for my fiancée.

3. To denote what something is used for or intended for (*for*).

    Compré una taza para café.
    I bought a cup for coffee (coffee cup).

    Es un estante para libros.
    It's a bookcase.

    Ha de haber escuelas buenas para Panchito.
    There must be good schools for Panchito.

4. To express *by* or *for* a certain time.

    Comprará unos vestidos para el verano.
    She will buy some dresses for summer.

    Hará la tarea para el día jueves.
    She will do the homework by Thursday.

    Esta lección es para mañana.
    This lesson is for tomorrow.

5. To indicate a comparison of inequality.

    Para una chica de seis años, toca bien el piano.
    For a girl of six, she plays the piano well.

6. With the verb **estar** to express something that is about to happen.*

    La clase está para empezar.
    The class is about to begin.

PRÁCTICA

A. Observaciones generales. Complete Ud. estas oraciones con **por** o **para**.

1. Ana estudia _____ maestra.
2. Hemos estado en este barrio _____ dos días.
3. _____ llegar al taller es necesario pasar _____ el parque.

*This usage is not universal. In a number of Spanish-speaking countries you would say **está *por* empezar.**

4. La casa fue construida _____ su abuelo.
5. Hay que terminar la tarea _____ las nueve de la noche.
6. Ya es tarde y los obreros están _____ salir de la fábrica.
7. Fueron a la cantina _____ comer.
8. Tengo un cuaderno _____ mis apuntes.
9. _____ un chico que habla tanto, no dice mucho de importancia.
10. Nuestros amigos quieren ir al teatro. Nosotros estamos _____ ir también.
11. Estas uvas son _____ ti.
12. Se cayeron _____ no tener cuidado.
13. Debe dejar el coche en el garaje _____ una semana.
14. Recibí las noticias _____ telegrama.
15. No hay suficiente tiempo _____ terminar el trabajo.
16. Lo hice _____ el jefe porque él no podía venir.
17. La choza todavía está _____ construir.
18. No puedo encontrar nada _____ aquí.
19. Nos tomaron _____ españoles, pero somos de Italia.
20. Salieron de casa _____ la noche.

B. Un viaje a México. Complete Ud. la historia de Manuel, que está planeando mudarse a la Ciudad de México. Use **por** o **para** en las oraciones.

1. Manuel ha decidido salir _____ la capital _____ buscar empleo.
2. _____ una persona pobre sin trabajo, él todavía es optimista.
3. Él está _____ salir porque tiene que estar allí _____ el sábado.
4. Él va a viajar _____ camión _____ la costa y _____ las montañas antes de llegar a la capital.
5. Ayer compró un billete del camión _____ 20 pesos.
6. Su esposa fue al mercado _____ comestibles _____ prepararle una comida especial antes de su salida.
7. Se quedará en la capital _____ dos meses.
8. Él está _____ trabajar en una tienda o en una fábrica, si hay un puesto _____ él.
9. Él cree que habrá más oportunidades _____ su familia en la ciudad.
10. Las páginas finales de este cuento de Manuel están _____ escribir se.

C. Una entrevista. Hágale Ud. preguntas a su compañero(a) de clase para saber la información indicada.

1. why he/she is at the university
2. what he/she is studying to be
3. how long he/she will have to study to finish his/her courses

4. if she/he has to work in order to pay his/her bills
5. if he/she works in the afternoon or evening

PREPOSITIONAL PRONOUNS

A. *Nonreflexive prepositional pronouns*

1. The nonreflexive prepositional pronouns are used as objects of a preposition. They have the same forms as the subject pronouns with the exception of **mí, ti.**

mí	*me*	**nosotros, -as**	*us*
ti	*you*	**vosotros, -as**	*you*
Ud.	*you*	**Uds.**	*you*
él	*him, it*	**ellos**	*them*
ella	*her, it*	**ellas**	*them*

2. Some common prepositions followed by the prepositional pronouns:

a	*to*	**en**	*in, on*	**por**	*for, instead of*
ante	*in front of*	**hacia**	*toward*	**sin**	*without*
contra	*against*	**hasta**	*until*	**sobre**	*on, over*
de	*of, from*	**para**	*for*	**tras**	*behind, after*
desde	*since*				

A mí no me gusta ver la televisión.
I don't like to watch television.

Habrá diversiones para ti.
There will be entertainment for you.

No puede vivir sin ella.
He cannot live without her.

3. The third person singular and plural forms may refer to things as well as to people.

No puedo estudiar sin ellos. (libros)
I can't study without them.

4. When **mí** and **ti** follow the preposition **con,** they have the special forms **conmigo** and **contigo.**

¿Vas conmigo o con ellos?
Are you going with me or with them?

Quieren mudarse contigo a la ciudad.
They want to move with you to the city.

5. After the words **como, entre, excepto, incluso, menos, salvo,** and **según,** subject pronouns rather than prepositional pronouns are required in Spanish.

Hay mucho cariño entre tú y yo.
There is a great deal of affection between you and me.

Quiero hacerlo como tú.
I want to do it like you.

6. The neuter prepositional pronoun **ello** is used to refer to a previously mentioned idea or situation.

Estoy harto de ello.
I am fed up with it.

No veo nada malo en ello.
I don't see anything bad about it.

B. *Reflexive prepositional pronouns*

mí (mismo, -a)	**nosotros, -as** (mismos, -as)	
ti (mismo, -a)	**vosotros, -as** (mismos, -as)	
sí (mismo, -a)	**sí** (mismos, -as)	

1. When the subject of the sentence and the prepositional pronoun refer to the same person, the reflexive forms are used. These forms are the same as the regular prepositional pronouns with the exception of **sí,** which is used for all third person forms (singular and plural). When used with **con** the reflexive prepositional pronoun **sí** becomes **consigo.**

El campesino nunca habló de ella.
The peasant never spoke of her.

El campesino nunca habló de sí (mismo).
The peasant never spoke of himself.

Ellas estaban contentas con él.
They were happy with him.

Ellas estaban contentas consigo (mismas).
They were happy with themselves.

2. The adjective **mismo** may be added after any of the reflexive prepositional pronouns in order to intensify a reflexive meaning. In these constructions **mismo** agrees in gender and number with the subject.

Ellas quieren hacerlo para sí mismas.
They want to do it for themselves.

Estamos descontentos con nosotros mismos.
We are unhappy with ourselves.

PRÁCTICA

A. Preguntas generales. Conteste Ud. estas preguntas, usando las formas no reflexivas de los pronombres preposicionales.

1. ¿Para quién(es) son los regalos? (*me / you fam. sing. / him / them / us / her / you pl.*)
2. ¿Con quién(es) han discutido el problema? (*you fam. sing. / me / her / them / you pl. / him*)
3. ¿Contra quién(es) están todos? (*them / you / me / you pl. / him / us / her*)

B. Más preguntas generales. Conteste Ud. estas preguntas usando las formas reflexivas de los pronombres preposicionales.

Modelo   ¿Traen los refrescos para los invitados?
             No, traemos los refrescos para nosotros mismos.

1. ¿Compras un coche nuevo para tu hermana?
2. ¿Hace tu amiga los ejercicios para el profesor?
3. ¿Está tu amigo descontento con su novia?
4. ¿Va tu primo a construir la casa para su familia?

C. Una entrevista. Hágale Ud. estas preguntas a su compañero(a) de clase.

1. ¿Quieres ir conmigo al cine esta noche?
2. ¿Quieres ir con nuestros amigos a un café después?
3. ¿Prefieres quedarte con nosotros esta noche en vez de volver a casa?
4. ¿Piensas que esas chicas quieren salir contigo y conmigo?

REPASO

I. Su futuro. Con un(a) compañero(a) de clase comparen Uds. varias cosas que Uds. querían hacer en el pasado y esperan hacer en el futuro. Sean Uds. muy originales.

1. Cuando era pequeño(a) quería asistir a una universidad que _____ .
2. En el futuro quiero encontrar un trabajo que _____ .
3. Espero casarme con un hombre/una mujer que _____ .

II. Opiniones personales. Exprese Ud. sus opiniones sobre las situaciones abajo completando cada una de las oraciones de una manera lógica.

1. Voy a graduarme de esta escuela por _____ .
2. Encontraré un trabajo adondequiera que yo _____ .
3. Más tarde iré con mi familia a Europa cuandoquiera que ellos

    _____ .
4. Compraré recuerdos (*souvenirs*) para mis amigos por _____ .
5. Al volver a casa les mostraré todas mis fotos a quienesquiera que

    _____ .
6. Después de tres años voy a casarme con cualquier persona que

    _____ .
7. Durante mi vida no habrá nada que _____ .
8. No habrá ninguna novela que _____ tan _____ como
    mi vida.

III. El estudio en el extranjero. Ud. piensa pasar un año estudiando y viajando en España. Use Ud. **por** o **para** para completar la descripción de sus planes.

Ahora estoy listo(a) _____ mudarme a España. Mañana _____ la tarde salgo _____ Madrid. Prefiero viajar _____ barco, pero tengo que estar en la capital _____ el jueves. _____ eso es necesario ir _____ avión. Voy a España _____ estudiar la lengua y literatura españolas. Voy a quedarme allí _____ un año. En la universidad estudio _____ maestro(a) de español. _____ perfeccionar la lengua española, pienso que es importante pasar tiempo en un país donde se habla español.

Hay mucho que hacer antes de salir. Compré dos maletas _____ la ropa, pero todavía están _____ hacer. Mi madre me dijo que las haría _____ mí, si yo no tuviera tiempo _____ hacerlas.

_____ una persona que no ha viajado mucho, no tengo miedo. Espero que los españoles no me tomen _____ turista. Quiero ser aceptado(a) _____ la gente como estudiante, nada más.

IV. Las preferencias personales. Con un(a) compañero(a) de clase hablen Uds. de sus preferencias de la vida. Estén listos(as) para explicar por qué prefieren ciertas cosas. Sigan el modelo.

Modelo   comprar una casa (ser grande, ser pequeña, estar en la playa)
   —*Prefiero comprar una casa que sea grande. ¿Y tú?*
   —*Prefiero comprar una casa que esté en la playa.*

1. casarme con un hombre (una mujer) (ser inteligente / ganar mucho dinero / querer una familia grande / saber divertirse)

2. encontrar un trabajo (pagar bien / ser interesante / ofrecer la oportunidad de progresar / no ser difícil)

3. vivir en una ciudad (tener muchas diversiones / estar en un país extranjero / ofrecer muchas oportunidades)

4. comer en un restaurante (servir platos extranjeros / tener vinos buenos / costar poco)

5. conocer a una persona (saber bailar bien / a quien le gustar los deportes / querer asistir al teatro / ser divertida)

INTERCAMBIOS

EL ARTE DE CONVERSAR

Learning to involve your partner in conversations is an important technique for keeping the conversation going. You can do this by utilizing expressions that ask for confirmation of preceding comments or that request an opinion or information.

Confirmation of Preceding Comments:

Viven en México, ¿no?	*They live in Mexico, right?*
No le (te) gusta bailar, ¿verdad?	*You don't like to dance, right?*

Requesting an Opinion or Information:

Y ¿qué le (te) parece esta idea?	*And how does this idea seem to you?*
Y ¿qué piensa Ud. (piensas)?	*And what do you think?*
¿Qué opina Ud. (opinas) de este problema?	*What is your opinion of this problem?*
¿Qué sabe Ud. (sabes) de eso?	*What do you know about that?*

SITUACIONES

Con un(a) compañero(a) de clase, prepare Ud. algunos diálogos que correspondan a las siguientes situaciones.

1. You have just moved to the city from the country. You are looking for an apartment. You call a realtor (*corredor de bienes raíces*) and describe the type of apartment you would like.

   a. two bedrooms
   b. preferably two bathrooms
   c. a combination living room, dining room and kitchen

d. location should be on the ninth floor of an apartment building with a view of the city
e. a garage for your car
f. rent of no more than $500.00 per month
g. in a quiet neighborhood

2. You have an appointment with an employment agency. You are late. You get into a taxi.

a. tell the driver to take you to the corner of 16th Street and 8th Avenue fast
b. ask him how far it is
c. tell him that your appointment is at 3:00
d. ask him how much it will cost
e. ask him if he can make it on time
f. after arriving, thank him for driving so fast, pay him, and tell him to keep the change

3. **Buscando empleo.** Ud. tiene una entrevista con el (la) director(a) de personal de una compañía. Ud. le dice a él (a ella) la clase de trabajo que Ud. quiere. El (La) director(a) le describe a Ud. los trabajos que están disponibles en la compañía. Luego le pide a Ud. completar un formulario y dejarlo con el (la) secretario(a), y que él (ella) le llamará a Ud. el viernes.

4. **Unas elecciones políticas.** Un(a) candidato(a) conservador(a) y un(a) liberal debaten sobre lo que su partido político puede hacer para ayudar a los pobres.

A ESCUCHAR

Escuche Ud. a continuación la siguiente situación y el diálogo. Luego haga los ejercicios relacionados con lo que ha escuchado y aprendido.

Economía global. José, un estudiante que se especializa en español, entrevista a su profesor de economía, que es uruguayo, con el fin de completar el trabajo que está haciendo para la clase que este curso tiene sobre la civilización hispánica contemporánea.

A. Información

Complete Ud. las siguientes oraciones con una de las posibilidades que se ofrecen.

1. Un estudiante entrevista al profesor

    a. sobre civilización.
    b. uruguayo.
    c. haciendo un trabajo.

2. España invierte

    a. sólo en América Latina.
    b. en los Estados Unidos.
    c. en las Américas.

3. El profesor habla

    a. en la lengua de Cervantes.
    b. en inglés.
    c. expansión económica.

4. La gente de Washington viajará

    a. en compañías españolas.
    b. en trenes españoles.
    c. en los Estados Unidos.

5. El chico que entrevista es estudiante de

    a. profesor.
    b. español.
    c. expansión económica.

B. Conversación

Debate. Dos grupos de estudiantes debaten los pros y los contras de la inversión extranjera, en la economía global. Uno defiende la posición de un país poco desarrollado, cuyos recursos naturales van desapareciendo y cuya industria no se desarrolla, aunque la población sigue aumentando. Otro representa un país del hemisferio norte, cuya expansión económica depende de los países subdesarrollados.

A CONVERSAR

A. Discusión: los problemas contemporáneos

Conteste Ud. las siguientes preguntas y explique sus respuestas.

1. ¿Cuál es el problema más grave con que nos enfrentamos en los Estados Unidos?

   a. el crimen
   b. la inflación
   c. el desempleo

2. ¿Cuál de los siguientes es el problema más grave con que vamos a enfrentarnos en el futuro?

   a. el exceso de población
   b. la contaminación del agua y del aire
   c. la pobreza

3. Si Ud. fuera presidente, ¿a cuál de los siguientes daría Ud. prioridad?

   a. la defensa del país
   b. los programas contra la pobreza
   c. la ayuda económica para las ciudades

4. ¿En cuál de los siguientes programas debe gastar más dinero el gobierno?

   a. la curación para el cáncer
   b. la eliminación de los barrios pobres
   c. empleos para los desocupados

5. ¿Quién es más responsable por el bienestar económico?

   a. el gobierno
   b. los industriales
   c. el individuo

6. Si fuera necesario que el gobierno federal gastara menos, ¿qué gastos podría eliminar?

   a. el apoyo económico para los países extranjeros
   b. los fondos para la educación
   c. los gastos para la defensa nacional

7. ¿Cuál es la causa principal del crimen?

   a. la falta de oportunidades económicas
   b. la disolución de la familia
   c. los prejuicios raciales

Muchas veces los campesinos se mudan a las ciudades buscando más oportunidades para empleo y una mejor vida para su familia. A veces es un sueño que ellos no realizan. Aquí hay un barrio pobre de la Ciudad de México. ¿Qué le muestra a Ud.?

B. Ejercicio de comprensión

Ud. va a escuchar un comentario sobre la pobreza de los países hispanoamericanos. Después del comentario, va a escuchar varias oraciones. Indique si la oración es verdadera (V) o falsa (F), trazando un círculo alrededor de la letra que corresponde a la respuesta correcta.

1. V F   3. V F   5. V F
2. V F   4. V F

C. Temas de conversación o de composición

Con dos compañeros de clase, prepare Ud. un diálogo sobre el tema del crimen y de la violencia. Uno de Uds. es candidato(a) a la presidencia; los otros dos son periodistas que van a hacerle preguntas sobre los siguientes temas.

1. su actitud hacia los prejuicios raciales, religiosos y sexuales, y la posible relación entre tales actitudes y el crimen y la violencia
2. el papel de la pobreza como causa del crimen y de la violencia
3. otros factores que pueden conducir al crimen y a la violencia
4. lo que puede hacer el gobierno para reducir el número de crímenes
5. lo que deben hacer la industria y el individuo para reducir el número de crímenes

D. Descripción y expansión

Hay ventajas y desventajas de vivir en la ciudad o en el campo. Depende de la personalidad del individuo y la clase de vida que él/ella quiera tener. Estudie Ud. con cuidado los dos dibujos aquí. ¿Dónde prefiere vivir? Haga las actividades siguientes.

1. Describa en detalle la escena de la ciudad.

2. Describa en detalle la escena del campo.

3. Opiniones

    a. ¿Le gustaría a Ud. vivir en la ciudad dibujada aquí? Explique.

    b. ¿Le gustaría a Ud. vivir en la parte del campo dibujada aquí? ¿Por qué?

    c. ¿En qué ciudades o regiones rurales ha vivido Ud.? Cuéntele a la clase algo sobre uno de estos lugares.

MATERIALES AUTÉNTICOS

Se necesita empleo. Ud. acaba de mudarse a la Ciudad de México. Busca empleo. Compra el diario *EXCÉLSIOR*, y lee los anuncios de empleos. Quiere empleo como contador (*accountant*). Encuentra este anuncio. Léalo y conteste las preguntas.

1. ¿Qué clase de empresa (*business*) es ésta?
2. ¿A qué clase de persona profesional busca (*seeks*) esta empresa?
3. ¿Cuántos años debe tener una persona que tenga interés en este puesto (*job, position*)?
4. ¿Es el puesto para hombres o mujeres?

5. ¿Una persona puede ser empleada por la empresa si no tiene licenciatura de administración económica? Explique.

6. La empresa busca una persona que tenga ¿cuántos años de experiencia?

7. ¿Cuáles son unos de los conocimientos que una persona necesita?

8. ¿Cómo es el sueldo?

9. ¿Qué incluye el paquete de prestaciones?

10. ¿Qué debe hacer una persona que esté interesada en este puesto?

11. ¿Qué le parece este puesto? ¿Quiere Ud. trabajar en esta empresa? ¿Por qué?

Los movimientos revolucionarios del siglo XX

Estas personas de Barcelona, España, hacen una
manifestación. ¿Qué protestan? ¿Quiénes participan?
¿padres? ¿estudiantes? ¿Hay manifestaciones
como ésta en su ciudad? ¿Por qué?

*(En la mansión de los Hernández Arias.
Gonzalo, el padre, ve entrar a su hijo
Emilio.)*

GONZALO   Hola, hijo. ¿Viste el periódico? Secuestraron al Sr. González[1] y exigen un rescate de dos millones de pesos por su vida.

EMILIO   ¡Uy! ¿Quién pagaría eso? El viejo no vale
5   ni la décima parte.

GONZALO   ¡Emilio! No bromees —esto de los secuestros es muy serio. Mañana voy a contratar un pistolero para que me proteja.

EMILIO   ¿Y cómo vas a asegurarte de que no sea
10   espía? Mientras estén por todas partes esos guerrilleros...

GONZALO   ¡Esto es el colmo! La policía tiene que hacer algo antes de que caiga el gobierno. Estas amenazas al orden legal[2] tienen
15   que ser suprimidas. Mañana en cuanto llegue a la oficina hablaré con el presidente.

EMILIO   Cálmate, viejo, cálmate. No hay nada que puedas hacer. El orden legal sólo le
20   sirve a los poderosos.

GONZALO   Pero... ¿y yo? Comencé así, sin nada. Lo que tengo lo gané por mi propio sudor.

EMILIO   Y el sudor de los obreros de tus fábricas. Además, tenías una ventaja grande: una
25   falta de escrúpulos que te permitía sobrevivir.

GONZALO   No permito que me hables así. ¡Es una falta de respeto que no aguanto! Y tú, veo que no desprecias los automóviles del
30   año, aquellas vacaciones en Europa el año pasado, los trajes de casimir. Cuando yo me muera, lo tendrás todo.

EMILIO   Sí, tienes razón, papá, pero todo aquello ya pasó. Así me enseñaste, no conocía
35   otra vida. En cuanto me di cuenta, me sentí terriblemente avergonzado.

GONZALO   ¡Pero qué ideas! ¡Yo no te enseñé a ser holgazán! Bueno, ya que te has arrepentido, debes aprender algo que te sirva en
40   el futuro.

EMILIO   Ya lo he hecho, papá. Voy a buscar una vida que me dé alguna esperanza. En

---

No bromees *Don't joke,
kid* / contratar *to hire*

pistolero *gunman*
asegurarte *to assure
yourself*

¡Esto es el colmo! *This is
the limit!*

no desprecias *you do not
scorn*

te has arrepentido *you
have repented*

		cuanto me despida de ti me voy a juntar a las fuerzas de liberación[3] en las montañas.
45	GONZALO	¿Cómo? Pero, ¿es posible? ¿Dejas todo esto para vivir con ese grupo de bandidos? ¿Estás loco? ¿Quieres matar a tu mamá?
50	EMILIO	Bandidos, no, papá. ¡La ola del futuro! Estamos en el amanecer de un nuevo orden. Después que venzamos, habrá justicia, igualdad, solidaridad humana. No habrá resistencia que valga para impedir este movimiento. ¡Venceremos!
55	GONZALO	Pero, hijo. ¿Cómo te atreves? ¡Es una locura! Te arrepentirás.
	EMILIO	Me voy, papá, me están esperando con el viejo González. Adiós.
60	GONZALO	¿González? ¡Por Dios! ¡No puede ser! Espera, Emilio. No te vayas. ¡Emilio! ¡No le hagan daño a González! ¡Emilio!
	CRIADO	Señor, ¡despiértese, despiértese! Habrá sido una pesadilla. ¿Qué pasó? Llamaba a Emilio. Él no ha llegado todavía de la primaria —el chofer fue a recogerlo.
65		
	GONZALO	¡Puf! ¡Qué alivio! Soñaba que habían secuestrado al Sr. González.
70	CRIADO	Pero, señor, aquello pasó anoche. Hoy lo encontraron muerto, el pobre.
	EMILIO	¡Hola, papá! ¿Oíste lo del Sr. González?

Notas culturales

[1]**Secuestraron al Sr. González:** El secuestro político es uno de los métodos que usan los guerrilleros hoy día. Por lo general la víctima es alguien de suficiente importancia para que el secuestro cause gran escándalo. El rescate muchas veces consiste en dinero, comida o facilidades médicas para los pobres. Así los guerrilleros ganan cierto apoyo popular. Debido a esta amenaza, muchas personas importantes emplean guardias personales.

[2]**Estas amenazas al orden legal:** Muchas veces la falta de orden civil causada por los guerrilleros provoca la caída de los gobiernos débiles o inestables.

[3]**me voy a juntar a las fuerzas de liberación:** A veces los hijos de las familias más ricas son los más rebeldes. Es posible que resulte de un sentimiento de enajenación *(alienation)* producido por su vida o de un sentimiento de culpa por lo que tienen, frente a la gran pobreza que los rodea.

Vocabulario activo

Estudie estas palabras.

Verbos

exigir *to demand*
juntarse a *to join*
rodear *to surround*
secuestrar *to kidnap*
suprimir *to suppress*
vencer *to win*

Sustantivos

el alivio *relief*
el amanecer *dawn*
la amenaza *threat*
el apoyo *support*
el casimir *cashmere*
el colmo *limit*
la culpa *guilt, blame*
el, la espía *spy*
la fábrica *factory*

el guerrillero *guerrilla fighter*
el, la holgazán, -ana *loafer, idler*
la ola *wave*
la pesadilla *nightmare*
la primaria *elementary school*
el rescate *ransom*
el secuestro *kidnapping*
el sudor *sweat*

Adjetivos

avergonzado, -a *ashamed*
décimo, -a *tenth*
poderoso, -a *powerful*

Otras expresiones

en cuanto *as soon as*
hacer daño *to harm, to hurt*

Comprensión

1. ¿Que le ha pasado al Sr. González?   2. ¿Qué rescate exigen?   3. ¿Para qué quiere un pistolero el Sr. Hernández?   4. ¿Con quién va a hablar mañana?
5. Según Emilio, ¿a quién le sirve el orden legal?   6. ¿Cómo consiguió el Sr. Hernández su dinero?   7. ¿Qué tipo de vida ha llevado Emilio?   8. ¿Por qué se siente avergonzado Emilio?   9. ¿Qué va hacer ahora?   10. ¿Quién despierta al Sr. Hernández?   11. ¿Era cierto lo que había soñado él?   12. ¿Es Emilio joven o viejo?   13. ¿Cuál fue el resultado verdadero del secuestro?

Opiniones

1. ¿Cree Ud. que los secuestros ayudan o hacen daño a la causa de los rebeldes? Explique.   2. En su opinión, ¿cuáles son las injusticias sociales que existen y que provocan revoluciones?   3. ¿Cree Ud. que es posible resolver los problemas

políticos y sociales sin revoluciones violentas? Explique.   4. Según Ud., ¿cómo se pueden resolver los problemas mundiales?   5. ¿Tiene Ud. una actitud optimista o pesimista en cuanto al futuro del mundo? ¿Por qué?

ESTRUCTURA

THE SUBJUNCTIVE IN ADVERBIAL CLAUSES (1)

A. Adverbial clauses

An adverbial clause is a dependent clause that modifies the verb of the main clause, and, as an adverb, expresses time, manner, place, purpose, or concession. An adverbial clause is introduced by an adverb, a preposition, or a conjunction.

Adverbial Clause Denoting Time:

El padre hablará con su hijo tan pronto como llegue de la primaria.
The father will speak with his son as soon as he arrives from school.

Adverbial Clause Denoting Manner:

Salió sin que nosotros lo viéramos.
He left without our seeing him.

Adverbial Clause Denoting Place:

Nos encontraremos donde quieras.
We will meet wherever you wish.

Adverbial Clause Denoting Purpose:

Fueron a la oficina para que ella pudiera hablar con el jefe.
They went to the office so that she could speak with the boss.

Adverbial Clause Denoting Concession:

Debes ir a la clínica aunque no quieras.
You should go to the clinic even though you don't want to.

In this unit, only adverbial clauses introduced by adverbs of time will be discussed.

B. Subjunctive and indicative in adverbial time clauses

1. The subjunctive is used in adverbial time clauses when the time referred to in the main clause is future or when there is uncertainty or doubt. The following adverbs usually introduce such adverbial clauses:

antes (de) que*	before	hasta que	until
cuando	when	mientras (que)	while
después (de) que	after	para cuando	by the time
en cuanto	as soon as	tan pronto como	as soon as

Examples:

Van a discutirlo antes de que él salga.
They are going to discuss it before he leaves.

Cuando me muera, lo tendrás todo.
When I die you will have everything.

Después que venzamos, habrá justicia.
After we win there will be justice.

Lo haremos en cuanto llegue ella.
We'll do it as soon as she arrives.

Los secuestros van a continuar hasta que la policía haga algo.
The kidnappings are going to continue until the police do something.

Hablaré con los periodistas mientras estén en la oficina.
I will speak with the journalists while they are in the office.

Ya habrá regresado para cuando su hija se despierte.
He will have already returned by the time his daughter wakes up.

Dijo que me llamaría cuando él llegara.
He said he would call me when he arrived.

Me avisó que lo haría en cuanto pudiera.
He advised me that he'd do it as soon as he could.

2. If the adverbial time clause refers to a fact or a definite event or to something that has already occurred, is presently occurring, or usually occurs, then the indicative is used. The present indicative or one of the past indicative tenses usually appears in the main clause.

Llegaron después que la policía rodeó la casa.
They arrived after the police surrounded the house.

~~~~~~

*Antes (de) que** is always followed by the subjunctive because its meaning *(before)* assures that the action in the adverbial clause is in the future.

Lee una revista mientras se desayuna.
He is reading a magazine while he eats breakfast.

Siempre compraba un periódico cuando pasaba por el quiosco.
He always used to buy a newspaper when he passed by the newsstand.

PRÁCTICA

A. Un repaso del diálogo. Repase Ud. varias partes del diálogo de esta unidad, y complete estas oraciones con la forma correcta de las palabras entre paréntesis.

1. Emilio ya estará en casa cuando su papá (despertarse) _____.
2. Emilio ya estaba en casa cuando su papá (despertarse) _____.
3. Van a leer el artículo después de que (comprar) _____ el periódico.
4. Leyeron el artículo después de que (comprar) _____ el periódico.
5. Él mencionará el secuestro mientras (hablar) _____ con su tío.
6. Él mencionó el secuestro mientras (hablar) _____ con su tío.
7. Su papá dormirá hasta que el criado (entrar) _____ a la sala.
8. Su papá durmió hasta que el criado (entrar) _____ a la sala.
9. Ellos hablarán con el jefe tan pronto como él (llegar) _____ a la oficina.
10. Ellos hablaron con el jefe tan pronto como él (llegar) _____ a la oficina.
11. Los obreros van a formar un comité en cuanto ellos (encontrar) _____ un líder.
12. Los obreros formaron un comité en cuanto ellos (encontrar) _____ un líder.

B. Cierto o incierto. Cambie Ud. las palabras escritas en letra cursiva por las palabras entre paréntesis. Luego, escriba las oraciones otra vez, haciendo los cambios necesarios.

1. Emilio no *dice* nada cuando su padre entra. (dirá)
2. En cuanto habla su padre, él no *escucha* más. (escuchará)
3. El criado *se queda* en el cuarto hasta que él se duerme. (se quedará)
4. Ellos *hablan* con su profesor después de que entra a la clase. (hablarán)
5. Ella *trabaja* en la fábrica mientras sus hijos están en la escuela. (trabajará)
6. El periodista *buscó* a los guerrilleros hasta que los encontró. (iba a buscar)

7. Tan pronto como llegó su hijo, *discutieron* los secuestros. (discutirán)
8. Ella *había salido* cuando nosotras llegamos. (habrá salido)

C. Una carta de México. Carmen y Ramón acaban de llegar de Oaxaca a la Ciudad de México. Escriba Ud. en español esta carta escrita por Carmen a su amiga Rosa.

Dear Rosa:

We will stay in Mexico City until the revolution has ended in Chiapas. I will tell you about the threats we received before we left Oaxaca. Ramón plans to write an article about our experiences as soon as there is time. We will send you a copy after he has written it.

Yesterday the government representatives said that they were going to discuss the problem as soon as we arrived at the embassy *(embajada)*. I don't know why, but they always become angry when we discuss politics with them. We believe that they want to suppress the information about the political conditions in Latin America before a newspaper can publish it.

I will call you as soon as we have talked with the embassy officials.

With a hug,

Carmen

D. Opiniones personales. Exprese Ud. sus opiniones personales acerca de los temas siguientes. Luego, compare sus opiniones con las de un(a) compañero(a) de clase para ver las semejanzas y diferencias entre sus opiniones.

1. No voy a juntarme a un partido político hasta que _____.
2. Votaré por el presidente cuando _____.
3. Tendremos paz en el mundo tan pronto como _____.
4. Nuestro gobierno apoyará los movimientos revolucionarios cuando _____.
5. La democracia sobrevivirá después de que _____.
6. Habrá pobreza en el mundo hasta que _____.
7. Habrá menos revoluciones cuando _____.
8. Los cambios políticos continuarán hasta que _____.

E. Las elecciones nacionales. Es la temporada de las elecciones nacionales. Exprese Ud. sus opiniones sobre estas elecciones, usando las expresiones siguientes. ¿Quiénes van a ganar, los republicanos o los demócratas?

Modelo hasta que
Los republicanos no van a ganar las elecciones hasta que ellos bajen los impuestos.

cuando   antes de que
después de que   tan pronto como

DEMONSTRATIVE ADJECTIVES AND PRONOUNS

A. Demonstrative adjectives

1. The demonstrative adjectives in Spanish are **este** *(this)*, **ese** *(that)*, and **aquel** *(that)*. **Este** refers to something near the speaker; **ese** refers to something near the person being addressed; and **aquel** refers to something which is distant or remote from both the speaker and the person addressed.

   Voy a comprar este traje de casimir.
   I am going to buy this cashmere suit.

   Tomemos ese taxi.
   Let's take that taxi.

   Prefiero aquel hotel.
   I prefer that hotel over there.

2. Demonstrative adjectives agree in gender and number with the nouns they modify. These are the forms:

este	**esta**	*this*	**estos**	**estas**	*these*
ese	**esa**	*that (nearby)*	**esos**	**esas**	*those (nearby)*
aquel	**aquella**	*that (over there)*	**aquellos**	**aquellas**	*those (over there)*

3. Although demonstrative adjectives usually precede the noun, they may also follow, in which case a definite article precedes the noun.

   El chico este es muy travieso.
   This boy is very mischievous.

B. Demonstrative pronouns

1. The demonstrative pronouns are identical in form to the demonstrative adjectives, except that the pronouns have a written accent: **éste (-a, -os, -as); ése (-a, -os, -as); aquél (-lla, -llos, -llas).** They agree in gender and number with the noun they replace.

Este periódico es mejor que ése.
This newspaper is better than that one (near you).

Estos hombres son más simpáticos que aquéllos.
These men are nicer than those (over there).

Note that demonstrative adjectives and pronouns are frequently used in the same sentence, and that the singular forms of the pronouns usually mean *this one* or *that one*.

2. The **éste** and **aquél** forms are also used to express *the latter* (**éste**) and *the former* (**aquél**).

Raúl y Tomás son ciudadanos de México; éste es de Guadalajara y aquél es de Puebla.
Raúl and Tomás are citizens of Mexico; the latter is from Guadalajara and the former is from Puebla.

Miguel y Carmen son mis mejores amigos; ésta es de Buenos Aires y aquél es de La Paz.
Miguel and Carmen are my best friends; the latter is from Buenos Aires and the former is from La Paz.

C. Neuter demonstratives

The neuter demonstrative pronouns **esto, eso,** and **aquello** are used to refer to abstract ideas, situations, or unidentified objects. These forms have no accents.

No creo eso.
I don't believe that (what you just said).

¿Oíste aquello? ¿Qué será?
Did you year that? I wonder what it is.

¿Qué es esto?
What is this?

PRÁCTICA

A. **Observaciones.** Complete Ud. esta serie de observaciones con un pronombre o adjetivo demostrativo.

1. *(These)* _____ amenazas tienen que ser suprimidas.
2. *(This)* _____ hombre es más holgazán que *(that one)* _____.
3. *(These)* _____ fábricas son más grandes que *(those over there)* _____.

4. En *(those)* _____ tiempos los obreros no vivían de *(this)*
    _____ manera.
5. No queremos ver *(this)* _____ película, sino *(that one)*
    _____.
6. Me gusta *(this)* _____ vida más que la vida de la ciudad.
7. A mí no me gustan *(these)* _____ vestidos; prefiero *(those
    over there)* _____.
8. ¿Qué es *(that)* _____ que tú tienes en la mano?

B. El secuestro. Con un(a) compañero(a) de clase haga Ud. este diálogo en español.

VICENTE	They kidnapped don Gonzalo near that factory last night.
TOMÁS	This is a photo of the guerrilla fighters that are asking for a ransom.
VICENTE	These two men, Roberto and Juan García, are brothers; the latter is a lawyer, the former is a teacher.
TOMÁS	That man next to the car is don Gonzalo's son.
RAMÓN	Which man, this one or the one (over there) on the other side of the car?
VICENTE	That one. Can you believe this?
RAMÓN	This is ridiculous. That man can't be his son. Emilio doesn't live in this city now.
TOMÁS	You're right. I hope this nightmare ends soon.

C. En el Museo del Prado. Ud. y un(a) amigo(a) están en el Museo del Prado de Madrid. Hay muchos cuadros de Goya, el Greco, Velázquez, Zubarán, Ribera y Murillo en las diversas salas. Mientras Uds. están paseándose por el museo Uds. están indicándose sus cuadros predilectos. Siga Ud. el modelo.

Modelo Ud.   *Yo prefiero aquellos cuadros de Murillo.*
Su amigo(a) *Pues, a mí me gustan más ese cuadro de Velázquez y aquél de Ribera.*

THE RECIPROCAL CONSTRUCTION

1. The reflexive pronouns **nos** and **se** are used to express a reciprocal or mutual action. When used in this manner, they convey the meaning of *each other* or *one another.*

    Nos escribimos todos los días.
    We write one another every day.

    No se entienden.
    They do not understand each other.

2. Occasionally it is necessary to clarify that this construction has a reciprocal rather than a reflexive meaning. This is done by using an appropriate
form of **uno... otro** (**uno a otro, la una a la otra, los unos a los otros,**
etc.).*

Nosotros nos engañamos.
We deceived ourselves.

Nosotros nos engañamos el uno al otro.
We deceived each other.

Ellos se mataron.
They killed themselves.

Ellos se mataron los unos a los otros.
They killed one another.

3. When *each other* (or *one another*) is the object of a preposition, the reflexive pronoun is not used unless the verb is reflexive to begin with. Instead,
the **uno... otro** formula is used with the appropriate preposition.

Suelen hablar bien el uno del otro.
They generally speak well of each other.

Los vi pelear los unos contra los otros.
I saw them fighting (against) each other.

BUT

Se quejaron los unos de los otros.
They complained about each other.

PRÁCTICA

A. **Pidiendo información.** Hágale Ud. estas preguntas a un(a) compañe-
ro(a) de clase.

1. ¿Se ayudan siempre sus amigos?
2. ¿Se conocieron Uds. hace mucho tiempo?
3. ¿Se escriben Uds. con frecuencia?
4. ¿Nos encontraremos en el café esta tarde?
5. ¿Nos vemos los sábados en el centro?

---

*The use of the definite article is optional with these clarifying phrases: **Ellas se escriben una a
otra.** or **Ellas se escriben la una a la otra.** Note that the masculine forms of these clarifying
phrases are always used unless both subjects are feminine.

B. Buenos amigos. Ud. tiene unos amigos muy buenos. Describa Ud. sus relaciones, siguiendo el modelo.

Modelo   ayudar / con nuestros estudios
Nos ayudamos con nuestros estudios.

1. ver / después de clase todos los días
2. encontrar / todas las tardes en la cafetería para tomar refrescos
3. prestar / dinero
4. escribir / durante los veranos
5. hablar por teléfono / con frecuencia
6. dar / regalos

C. Una reunión política. Ud. ha asistido a una reunión política en el Zócalo de la Ciudad de México con un amigo(a) mexicano(a), quien es político(a). Ud. está explicándole lo que pasó durante la reunión a otro(a) amigo(a) que no pudo asistir. Su amigo(a) de México no está de acuerdo con su descripción de lo que pasó. Actúe *(Act out)* Ud. esta situación con un(a) compañero(a) de clase que va a hacer el papel de su amigo(a) mexicano(a). Use las palabras de la lista en su conversación.

Modelo   gritar
Ud.   *Tom, los políticos se gritaron todo el tiempo.*
Su amigo(a) mexicano(a)   *¡Mentira! Nosotros no nos gritamos.*

mirar con desdén   pelear   pegar
tirar piedras   insultar

D. Relaciones personales. Usando pronombres recíprocos describa Ud. sus relaciones con las personas indicadas.

sus padres   su hermano o hermana   otros parientes
sus amigos   su novio o novia

Modelo   *Mis padres y yo nos queremos.*

THE REFLEXIVE FOR UNPLANNED OCCURRENCES

An additional use of the reflexive pronoun **se** is to relate an accidental or unplanned occurrence. In these reflexive constructions an indirect object pronoun is added to refer to the person involved in the occurrence, and the verb agrees in number with the noun that follows it. This construction also removes the element of blame from the person performing the action. Verbs that are frequently used in this construction are **perder, romper, olvidar, acabar, quedar, caer, ocurrir.**

Se me olvidó el dinero.
I forgot the money. (The money got forgotten by me.)

Se nos perdieron los periódicos.
We lost the newspapers. (The newspapers got lost on us.)

A Pedro se le rompió el machete.
Pedro broke the machete. (The machete got broken on Pedro.)

Al chofer se le perdieron las llaves.
The driver lost the keys. (The keys got lost on the driver.)

PRÁCTICA

A. **Ellos no tienen la culpa.** Cambie Ud. las oraciones para indicar sucesos no planeados. Siga el modelo.

Modelo   Alicia olvidó los libros.
A Alicia se le olvidaron los libros.

1.   Los chicos rompieron los platos.
2.   Perdimos el dinero.
3.   Olvidaste el periódico.
4.   Tengo una idea. *(Use* **ocurrir** *in the answer.)*
5.   El chico rompió el disco.
6.   Olvidamos los boletos.

B. **Sucesos inesperados.** Relate Ud. a un(a) compañero(a) de clase algunas de las cosas inesperadas que les han pasado a Ud. y a los miembros de su familia.

Modelo   yo / perder
A mí se me perdió el dinero.

1.   mi padre / olvidar
2.   yo / quebrar
3.   mi hermanita / perder
4.   mi hermano / caer
5.   mi madre / romper
6.   mi abuelo / ocurrir

Ahora, relate Ud. algunas cosas inesperadas que le pasaron, o invente cosas que no le pasaron a Ud. hoy.

C. **Pidiendo información.** Con un(a) compañero(a) de clase háganse Uds. estas preguntas.

1. ¿Se te paró el coche antes de llegar a la universidad?
2. ¿Se te olvidaron tus libros hoy?
3. ¿Se te perdió la tarea para hoy?
4. ¿Se te olvidó el mapa para tu presentación?
5. ¿Se te olvidaron los apuntes que te presté?
6. ¿Se te olvidaron nuestras composiciones?

REPASO

I. Ayer, hoy y mañana. Comparta Ud. la información aquí con un(a) compañero(a) de clase.

Modelo Tell one thing you did yesterday when your roommate arrived home.
Yo salí cuando mi compañero llegó a casa ayer.

1. a. Relate one thing that you did yesterday when the professor entered the class.
    b. Relate one thing that you do every day when class begins.
    c. Relate one thing that you will do tomorrow when your friends see you.

2. a. Relate one thing that you did last night after your friends left your apartment.
    b. Relate one thing that you always do after you and your friends have eaten.
    c. Relate one thing that you will do tomorrow after your classes have ended.

II. ¿Cuál de estas cosas le gusta más? Complete Ud. las oraciones con pronombres o adjetivos demostrativos.

1. *(This)* _____ clase es más interesante que *(that one)* _____ .

2. *(These)* _____ estudiantes estudian más que *(those)* _____ .

3. Quiero comprar unos libros. Me gustan *(this one)* _____ y *(that one)* _____ .

4. No puede creer *(that)* _____ .

5. ¿Qué es *(this)* _____ ?

6. *(These)* _____ ruinas son magníficas. *(Those)* _____ son menos impresionantes.

7. *(That)* _____ profesor siempre hace *(these)* _____ mismas preguntas.

8. Emilio vive en *(that)* _____ mansión. Yo vivo en *(this one)* _____ .

III. ¿Cuándo tiene que hacer estas cosas? Diga Ud. cuándo será necesario hacer estas cosas.

Modelo estudiar

Será necesario estudiar cuando haya un examen.

1. buscar empleo
2. votar
3. hablar con mis padres
4. comprar un regalo para mi novio(a)
5. escribir los ejercicios
6. comer
7. acostarme
8. levantarme al amanecer

Diga Ud. dos cosas más que tendrá que hacer.

IV. Pidiendo información. Con un(a) compañero(a) de clase haga y conteste Ud. estas preguntas.

1. ¿Me comprarás una taza de café cuando tengas tiempo?
2. ¿Me ayudarás hasta que yo comprenda la lección?
3. ¿Me darás todo tu dinero tan pronto como llegues a clase mañana?
4. ¿Me llevarás al baile después de que comamos en un buen restaurante esta noche?
5. ¿Contestarás todas las preguntas antes de que salgas hoy?
6. ¿Te callarás en cuanto yo te dé las respuestas?
7. ¿Me escribirás una carta cuando estés de vacaciones?
8. ¿Siempre me hablarás en español dondequiera que tú me veas?

Ahora, hágale Ud. a su compañero(a) de clase dos de sus propias preguntas.

INTERCAMBIOS

EL ARTE DE CONVERSAR

At times it may be necessary to interrupt a conversation if the other person refuses to stop talking. Expressions that can be used to interrupt a conversation are listed here.

Bueno, pero opino que...	*OK, but it's my opinion that . . .*
Sí, pero creo que...	*Yes, but I believe that . . .*

Sí, pero un momento...	*Yes, but just one moment . . .*
¿Me permite(s) decir algo?	*May I say something?*
Pero, déjeme (déjame) decir...	*But, allow me to say . . .*
Mire(a), yo digo que...	*Look, I say that . . .*
Quisiera decir algo ahora.	*I would like to say something now.*

SITUACIONES

Con un(a) compañero(a) de clase, prepare Ud. algunos diálogos que correspondan a las siguientes situaciones.

1. You are a newspaper reporter. You have the opportunity to interview a distinguished government official about current issues related to international politics. You ask:

   a. what the most serious problems are facing the world today that must be solved if we are to have peace.
   b. if all nuclear weapons should be destroyed.
   c. if political revolutions will continue to take place and why.
   d. if governments are capable of resolving political, economic, and social problems.

2. You go to a newsstand to buy a magazine for your political science class. In your conversation with the clerk:

   a. you ask if there is a magazine from Latin America that has articles about the politics and economy of the region.
   b. you tell him that you need it for your political science class.
   c. you tell him that you are looking for an article about the political life of Peru.
   d. after choosing a magazine, you ask if he has newspapers from other foreign countries.
   e. you thank him for helping you as you leave.

3. **Un secuestro.** Ud. ha leído un artículo en un diario de México sobre el secuestro de un hombre de negocios de los Estados Unidos. Los terroristas piden un rescate de tres millones de dólares. Con un(a) amigo(a) discuta si los secuestros y otros actos de terrorismo pueden resolver los problemas políticos y sociales del mundo, o si, hacen que la situación llegue a ser peor.

4. **Un congreso *(meeting)* internacional.** Uds. participan en un congreso internacional de estudiantes universitarios. Ud. es pesimista en cuanto a la posibilidad de tener paz mundial, y explica por qué. Su compañero(a), quien es optimista, dice que el mundo va a vivir en paz, y ofrece sus razones para creer eso.

A ESCUCHAR

 Escuche Ud. a continuación la siguiente situación y el diálogo. Luego haga Ud. los ejercicios relacionados con lo que ha escuchado y aprendido.

De vacaciones. Pepe y su hermano Pablo, cubanos exiliados en Miami, y un matrimonio chileno, María y Fernando, se conocen mientras están de viaje en el Perú. De vuelta a Cuzco, después de haber visitado Machu Picchu, toman un café juntos.

A. Información

Complete Ud. las siguientes oraciones basándose en el diálogo que acaba de escuchar.

1. María y Fernando son

   a. nuevos amigos
   b. un matrimonio chileno
   c. de Cuzco

2. Pablo y Pepe son cubanos de

   a. Miami
   b. Nueva York
   c. Chile

3. Los amigos han visitado

   a. Machu Picchu
   b. a Fidel
   c. a Pinochet

B. Conversación

A entrevistar. Un estudiante entrevista a otro sobre lo que sabe de la Cuba de Fidel Castro. Luego, dele a la clase la información que ha recibido. Otro tema posible de la entrevista sería unas vacaciones a un lugar de interés, resumiendo para la clase la información recibida.

A CONVERSAR

A. Ejercicio de comprensión

 Ud. va a escuchar un comentario sobre la política de Hispanoamérica en el siglo XX. Después del comentario, va a escuchar varias oraciones. Indique si la ora-

Estas personas participan en una manifestación política en Buenos Aires, Argentina. ¿Qué son unas de las cosas que quieren del gobierno? ¿Queremos algunas de las mismas cosas en este país? Explique.

ción es verdadera (V) o falsa (F), trazando un círculo alrededor de la letra que corresponde a la respuesta correcta.

1. V   F   3. V   F
2. V   F   4. V   F

B. Temas de conversación o de composición

Al comentar un problema, cedemos a veces a la tentación de expresarnos en términos absolutos (blanco y negro) en vez de reconocer todas las posiciones posibles frente al problema. Sin embargo, sabemos que es posible tomar una posición conservadora, moderada, liberal, radical o revolucionaria ante a muchos problemas. Veamos un ejemplo:

Problema: el control de la natalidad *(birth control)*
Posición conservadora: El gobierno no debe hacer nada para controlar el número de nacimientos; es una cuestión individual.
Posición moderada: El gobierno puede educar a los ciudadanos, pero no debe tratar de establecer leyes para controlar la natalidad.
Posición liberal: El gobierno debe promulgar ciertas leyes que fomenten el uso de los métodos artificiales para controlar la natalidad.
Posición radical: El gobierno tiene el derecho de esterilizar a toda pareja que tenga más de dos hijos.
Posición revolucionaria: Primero es necesario cambiar completamente el sistema de gobierno; entonces los nuevos gobernantes podrán establecer leyes sobre el asunto como mejor les parezca.

En grupos de cinco, identifiquen Uds. las posiciones conservadoras, moderadas, liberales, radicales y revolucionarias ante a los siguientes problemas:

1. la distribución de la riqueza en los Estados Unidos
2. el uso de las drogas
3. el control de las grandes industrias multinacionales
4. la libertad de prensa

Después, presenten Uds. oralmente o en forma escrita las posiciones. Comparen sus opiniones con las de los otros grupos.

C. Descripción y expansión

El dibujo que sigue representa un barrio pobre que se puede encontrar en varias partes de Hispanoamérica. Mírelo con cuidado y después haga Ud. las actividades que siguen.

1. Describa Ud. detalladamente lo que se ve en la escena.

2. Indique Ud. algunas de las condiciones que vemos aquí que causan revoluciones.

3. Compare Ud. las condiciones de esta escena con las condiciones que existen en su ciudad.

4. Opiniones
    a. En su opinión, ¿qué debe o puede hacer los Estados Unidos para eliminar la pobreza y la injusticia social en el mundo?
    b. ¿Cree Ud. que las revoluciones que han ocurrido en varios países hispanoamericanos realmente hayan mejorado la situación del pueblo? ¿Por qué sí o por qué no?
    c. ¿Puede salir un país del subdesarrollo *(underdevelopment)?* Explique.
    d. Muchos hispanoamericanos consideran que los Estados Unidos es al menos en parte responsable de los problemas de sus países. Comente.

MATERIALES AUTÉNTICOS

Los movimientos revolucionarios del siglo XX. Hubo y hay movimientos revolucionarios en varias partes del mundo durante este siglo. Uno de estos movimientos tuvo lugar en México, en el estado de Chiapas, entre los zapatistas y los oficiales del gobierno. Lea Ud. las selecciones de unos artículos que salieron en la revista *Visión* y en el periódico *Uno más uno* que tratan de este asunto, y conteste las preguntas.

1. Según el artículo escrito por Patricia Hernández G. ¿qué va a ser muy frágil mientras exista la miseria de los pobres en las Américas?
2. Según Manuel Tello, ¿cuál es la condición básica para la estabilidad y la democracia en los países de la América Latina?
3. Según el secretario general de la OEA, ¿cómo se puede resolver el problema de la pobreza y el de la democracia?
4. En el artículo escrito por José Quintero, ¿qué propone Luis Donaldo Colosio Murrieta?
5. Si el gobierno quiere paz, ¿qué debe garantizarle a los indígenas?
6. ¿Qué cosas van a tener mucha influencia para resolver las diferencias entre los zapatistas y el gobierno mexicano?
7. Hubo un secuestro en México. ¿Cómo se llama el secuestrado? ¿Tiene relación con la situación en Chiapas?
8. ¿Qué ocupó la atención del gobierno durante la revolución en Chiapas? ¿Qué es lo sigue activado?
9. En su opinión, ¿cuál es la razón básica para las revoluciones? Explique Ud.

unomásuno

▷ **Desarrollo, condición para la estabilidad, advirtió Tello**

OEA: la democracia, frágil mientras exista la miseria

▶ *Es urgente cancelar rezagos en Latinoamérica, expuso México*

▶ **No basta ofrecer audiencia a los marginados, expresó Baena**

Patricia Hernández G.

México está convencido que el desarrollo económico y social es condición básica para la estabilidad y la democracia en los países; las aspiraciones de justicia de los pueblos demandan cancelar con urgencia los rezagos y la marginación en que viven millones de latinoamericanos, afirmó el secretario de Relaciones Exteriores, Manuel Tello.

El secretario general de la Organización de Estados Americanos (OEA), Joao Baena Soares, dijo que en Chiapas la violencia no resuelve el problema de la pobreza ni el de la democracia, y sólo la negociación y las soluciones pacíficas fortalecerán cualquier proceso democrático.

▷ **Reconoció en Oaxaca la dolorosa situación de las etnias**

Propone LDC un nuevo pacto del Estado con los indígenas

▶ **Garantizará recursos, justicia, tierras, educación y salud**

José Quintero / enviado

SAN PABLO GUELATAO, Oax., 15 de febrero.— La miseria, la pobreza y el olvido al indígena de México se manifestó otra vez en la angustia, a una voz, de las 16 etnias del estado. Luis Donaldo Colosio Murrieta, al reconocer la "dolorosa realidad que no se ha podido superar", propuso un nuevo pacto del Estado mexicano —de cinco puntos— con los pueblos indígenas para "cerrarle el paso a quienes creen que pueden permanecer impunes cuando abusan del indígena y a quienes hacen de la ley un instrumento para perjudicarlo y someterlo".

MEXICO

8 EL CASO HARP HELU

El secuestro que conmueve a México.

¿Tiene relación con Chiapas?
No, fue determinante la respuesta
a *Visión* del procurador del Distrito Federal, Humberto Benítez Tre-
viño, quien explicó que las autoridades permanecían fuera del caso
a petición de la familia, "para ga-
rantizar la vida" del secuestrado.
Es un intento desestabilizador, dijo Rica
do Dájer Nahúm presidente de la cúpula d
comercio organizado (Concanaco).

12 ANTE UN AÑO POLITICO CLAVE

Las conversaciones de paz entre el gobierno y los zapatistas influirán en el proceso político mexicano y, quizá, en el futuro de su democracia.

MEXICO

8 CHIAPAS, LA PESADA HERENCIA

Un incierto futuro se extiende por el país a casi cinco meses del estallido armado. El proceso electoral del 21 de agosto ocupó la atención en el gobierno, mientras la bomba de tiempo sigue activada.

Unidad 9

La educación en el mundo hispánico

Estas estudiantes asisten a la Escuela de Profesiones Modernas de Madrid, España. ¿Qué le parecen las dos jóvenes? Descríbalas. ¿Piensa que la clase es interesante? ¿Por qué?

(Los alumnos del Colegio San Martín[1] esperan la llegada del profesor de historia.)

PACO Oye, Beto, ¿has preparado la lección para hoy?

BETO Muy poco. Iba a estudiar, pero llegaron unos amigos, y nos fuimos a «La Gitana» para hojear el nuevo número de «Superhombre».

5

PACO ¿Y tú, Manolo?

MANOLO Sí, leí el capítulo dos veces e hice un esquema de las fechas.

10 PACO Pues, mi padre me mandó a la tienda por tabaco, y me quedé ahí a charlar con Tonia para ver si quería ir al cine el domingo. Al volver no tuve tiempo de estudiar. ¿Me puedes hacer un resumen del capítulo para saber responder si el maestro me hace una pregunta?

15

MANOLO Cuando te haga una pregunta, te paso la respuesta. ¿Vale?

PACO Ah, este Manolo, siempre lo sabe todo. ¿Por qué estudias tanto?

20

MANOLO Lo hago para poder entrar a la Facultad de Medicina.[2] Papá se muere por verme médico. Si no salgo bien en los exámenes este año, temo que me eche de casa. ¿No piensas entrar a una universidad?

25

PACO Sí, pero en Comercio, para poder trabajar con el viejo en su fábrica. Pero, ¿para qué tanta prisa? Si no apruebas este año[3], aprobarás el otro. Aquí uno se divierte más —allá en la «uni» la cosa se pone seria.

30

BETO Es lo que digo yo. Ya llevo siete años aquí. Hasta el portero sabe mi nombre.

PROFESOR *(Entrando)* Buenos días, jóvenes. El tema de esta semana es la Primera Guerra mundial.

35

PACO Pssst, Manolo, ¿ganamos esa guerra?

MANOLO Cállate, idiota, fue una guerra europea.

PROFESOR Primero vamos a hablar de las causas inmediatas de aquella gran tormenta que sacudió el mundo...

40

hojear *to leaf through (book)*

sacudió *shook*

	PACO	Beto, mira a Nacho —ya se durmió.	
	PROFESOR	En 1914 la guerra fue declarada por Alemania...	
45	PACO	¿Para qué quiero yo saber estas cosas? Superhombre es más interesante.	
	MANOLO	No seas bruto. No te gradúas sin que lo sepas, a menos que te hagan preguntas sobre Superhombre en los exámenes.	bruto *idiot, dolt*
50	PROFESOR	Cuando en 1915 fue atacado el navío Lusitania...	
	PACO	Oye, Beto, ¿quieres ver este número? Superhombre se encuentra en una batalla en Verdún. No sé dónde queda eso pero...	
55	PROFESOR	Si no dejas de cuchichear, Paco, te van a expulsar de la clase. ¿Entiendes?	cuchichear *to whisper* / te van a expulsar *you will be expelled*
	PACO	Ah, sí, perdone, Beto y yo estábamos comentando un libro que leí recientemente sobre ese mismo asunto de la guerra. Se lo recomendaba a Beto.	
60			
	PROFESOR	Bueno, después de que terminemos aquí, te quiero ver en mi oficina. Con tal que me des un informe completo sobre ese libro, te perdono.	
65	PACO	Pero Profesor, tengo sólo unos quince minutos antes de la próxima clase. Manolo, ¿qué hago ahora? ¡Sí que estoy perdido!	

Notas culturales

[1]**Colegio San Martín:** El colegio más o menos equivale a la escuela secundaria en los Estados Unidos. El alumno termina el «bachillerato» cuando tiene unos 16 o 17 años. En algunos países, es necesario seguir un curso preparatorio antes de entrar a la universidad.

[2]**Facultad de Medicina:** En el sistema hispánico, que tiene por modelo el europeo, uno entra directamente a la escuela profesional (por ejemplo, Medicina), donde se recibe toda la instrucción a nivel universitario. La Facultad de Filosofía y Letras, que equivale más o menos a *Liberal Arts*, se dedica a las humanidades y a preparar maestros. «Facultad» significa lo mismo que *college* o *school* en las universidades norteamericanas.

[3]**Si no apruebas este año:** El sistema hispánico requiere que el alumno apruebe varias materias (requisitos) por medio de los exámenes finales —por lo general, exámenes orales y escritos. El alumno repite las materias hasta aprobarlas.

VOCABULARIO ACTIVO

Estudie estas palabras.

Verbos

aprobar (ue)   *to pass (exams)*
graduarse   *to graduate*

Sustantivos

el bachillerato   *course of study
    leading to a secondary school
    degree*
el colegio   *secondary school*
el comercio   *business*
el esquema   *outline*
la facultad   *college, school of a
    university*
la materia   *academic subject*
el navío   *ship*

el nivel   *level*
el número   *issue, copy, number*
el portero   *doorman*
la prisa   *haste, hurry*
el resumen   *summary*
la tormenta   *storm, upheaval*

Otras expresiones

a menos que   *unless*
con tal que   *provided that*
morirse por   *to be dying to*
Primera Guerra mundial   *World
    War I*
¿vale?   *O.K.?*

COMPRENSIÓN

1. ¿Por qué no ha estudiado Beto la lección?   2. ¿Quién ha estudiado más?
3. ¿Para qué quiere Paco un resumen del capítulo?   4. ¿Por qué estudia tanto
Manolo?   5. ¿A qué facultad va a entrar Paco?   6. ¿Cuánto tiempo lleva Beto
en el colegio?   7. ¿Por qué se enoja el profesor?   8. ¿Sobre qué hablaban
Paco y Beto?   9. ¿Para qué tiene Paco que ir a la oficina del maestro?
10. ¿Qué le dice Paco al profesor para no tener que ir a su oficina?

OPINIONES

1. ¿A Ud. le gusta estudiar historia europea? ¿Por qué?   2. ¿Para qué estudia
Ud.?   3. ¿Cuál es su materia favorita?   4. ¿Piensa Ud. que las escuelas secun-
darias preparan bien a los jóvenes para sus estudios en la universidad? Explique.
5. ¿Qué clases de la universidad requieren que Ud. apruebe muchos exámenes?
6. ¿En qué facultad de la universidad está Ud.?   7. ¿Cuándo va Ud. a graduarse?   8. ¿Qué va a hacer Ud. después de graduarse?

ESTRUCTURA

THE SUBJUNCTIVE IN ADVERBIAL CLAUSES (2)

A. *The subjunctive after certain adverbial phrases*

The subjunctive is always used in adverbial clauses introduced by the following phrases denoting purpose, proviso, supposition, exception, or negative result.

a fin (de) que	*so that, in order that*	en caso (de) que	*in case*
a menos que	*unless*	para que	*so that, in order that*
a no ser que	*unless*	siempre que	*provided that*
con tal (de) que	*provided that*	sin que	*without*

Examples:

Te perdono con tal de que me des un informe sobre ese libro. ¿Vale?
I'll excuse you provided you give me a report on that book. O.K.?

En caso de que el maestro te haga una pregunta, te paso la respuesta.
In case the teacher asks you a question, I'll pass you the answer.

Paco no puede salir bien en el examen a menos que sus amigos lo ayuden.
Paco cannot do well on the exam unless his friends help him.

Entramos sin que ellos nos vieran.
We entered without their seeing us.

Lo hago para que él pueda entrar a la universidad.
I'm doing it so that he can enter the university.

B. *Subjunctive versus indicative*

1. The phrases **de manera que** and **de modo que** *(so that, in order that)* may express either result or purpose. When they introduce a clause expressing purpose, the subjunctive follows. When they introduce a clause expressing result, the indicative follows.

   Lo pongo aquí de modo que nadie lo encuentre.
   I'm putting it here so that no one will fine it. (purpose)

   Escribe de manera que nadie lo pueda leer.
   He writes so that no one can read it. (purpose)

BUT

Escribió con cuidado de manera que todos lo podían leer.
He wrote carefully so that everybody was able to read it. (result)

2. The subjunctive is used in an adverbial clause introduced by **aunque**
(although, even though, even if) if the clause refers to an indefinite action
or to uncertain information. If the clause reports a definite action or an
established fact, then the indicative is used.

No lo terminaré hoy aunque trabaje toda la noche.
I won't finish it today even if I work all night.

Lo compraremos aunque él no quiera pagarlo.
We will buy it even though he may not want to pay for it.

BUT

No lo terminé, aunque trabajé toda la noche.
I didn't finish it even though I worked all night.

Lo compramos aunque él no quería pagarlo.
We bought it even though he didn't want to pay for it.

Práctica

A. Observaciones variadas. Complete Ud. estas oraciones con la forma
apropiada del verbo entre paréntesis.

1. Quiere comprarlo con tal de que no (costar) _____ mucho.
2. No podremos invitarlos a menos que tú (traer) _____ bastante comida para todos.
3. Ellas no pueden salir sin que nosotros las (ver) _____.
4. No puedo contestar a menos que ellos me (ayudar) _____ con esta lección.
5. En caso de que a él no le (gustar) _____, tendremos que devolverlo.
6. Ellos no iban a menos que nosotros los (acompañar) _____.
7. Los chicos se hablaban sin que él lo (saber) _____.
8. Yo traje el dinero en caso de que Uds. lo (necesitar) _____.
9. Querían acompañarnos con tal que (volver) _____ temprano.
10. Él no quiere ir a menos que la tienda (estar) _____ cerca.
11. Ella habló despacio para que ellos la (entender) _____.
12. Les preguntaremos a ellos a fin de que nosotros (saber) _____ las respuestas.

13. Vamos a salir esta noche aunque (llover) _____.
14. Aunque él no (haber) _____ estudiado, va a asistir a la clase.
15. Salí rápidamente, de modo que se me (olvidar) _____ el libro.
16. Hablaré despacio de manera que todos me (entender) _____.

B. Las vacaciones. Ud. y unas personas a quienes conoce piensan hacer ciertas cosas durante las vacaciones, a menos que algo las interrumpa. Diga Ud. lo que cada una de estas personas va a hacer. Siga Ud. el modelo.

Modelo Mis padres irán a la Argentina / recibir el pasaporte
Mis padres irán a la Argentina a menos que no reciban el pasaporte.

1. Yo iré a México / tener dinero
2. Los estudiantes irán a la playa / hacer buen tiempo
3. Gloria irá al teatro / poder comprar las entradas
4. Tú irás de compras / estar en el centro
5. Nosotros iremos al estadio / haber un partido de fútbol

C. Planes para el futuro. Describa algunas de las cosas que Ud. y sus amigos piensan hacer, con tal que existan ciertas condiciones.

Modelo Yo estudiaré mucho / la biblioteca estar abierta
Yo estudiaré mucho con tal que la biblioteca esté abierta.

1. Tú aprenderás mucho / el profesor enseñar bien
2. Teresa hablará español / alguien poder entenderla
3. Ramón y yo bailaremos / la orquesta tocar un tango
4. Mis amigos estudiarán en España / la universidad les dar crédito
5. Yo asistiré a esta universidad / ofrecerme una beca

D. Conclusiones lógicas. Trabajando en pares, escriban Uds. conclusiones lógicas para estas oraciones.

1. El profesor lo repite a fin de que nosotros _____.
2. Él les hace un esquema del capítulo para que los estudiantes _____.
3. No puedo prestar atención en la clase a menos que _____.
4. Los estudiantes se hablan en la clase sin que _____.
5. Quiero estudiar en España con tal que _____.
6. Voy a graduarme siempre que _____.
7. Mis padres siempre me prestan dinero a menos que _____.
8. Tengo que encontrar un buen trabajo a fin de que _____.

E. Planes personales. Trabajando en pares, hagan una lista de cuatro cosas que quieren hacer con tal que ciertas condiciones existan. Compare su lista con la de su compañero(a) de clase.

ADVERBS

A. Formation

1. Most adverbs of manner in Spanish are formed by adding **-mente** to the feminine singular form of an adjective. If an adjective has no feminine form, **-mente** is added to the common form.

rápido, -a	rápidamente	feliz	felizmente
cariñoso, -a	cariñosamente	fácil	fácilmente
perfecto, -a	perfectamente	elegante	elegantemente

Note that if the adjective contains a written accent, the adverb retains it.

2. In spoken language, adjectives are frequently used as adverbs.

   a. If the only function of such an adjective is to modify the verb in the sentence, the masculine singular form of the adjective is used.

   Ellos hablaron rápido.
   They spoke rapidly.

   No saben jugar limpio.
   They don't know how to play fair(ly).

   b. Sometimes, however, such an adjective modifies both the verb and the subject of a sentence to some extent. In this case the adjective agrees in gender and number with the subject.

   Los jóvenes vivían felices.
   The young people lived happily.

   Ellas se acercan contentas.
   They are approaching contentedly.

   c. Adverbs are also formed by using **con** plus a noun.

claramente	con claridad
fácilmente	con facilidad
rápidamente	con rapidez

B. Usage

1. When an adverb modifies a verb, it usually follows it or is placed as close as possible to it.

Paco estudió rápidamente la lección.
Paco studied the lesson rapidly.

2. When an adverb modifies an adjective, it usually precedes it.

Esta lección es perfectamente clara.
This lesson is perfectly clear.

3. When two or more adverbs modifying the same word occur in a series, only the last adverb has the **-mente** ending.

Habló clara, rápida y enfáticamente.
He spoke clearly, rapidly, and emphatically.

4. When more than one word in a sentence is modified by an adverb, the last adverb may be replaced by **con** plus a noun for variety.

Estudia francés diligentemente y lo habla con claridad.
She studies French diligently and speaks it clearly.

PRÁCTICA

A. Distintas personalidades. Describa Ud. las cosas que estas personas hacen a causa de ciertas características de su personalidad.

Modelo   Elena es seria.
             Estudia seriamente.

1. Carlos es inteligente. Habla _____.
2. Iturbide es profesional. Toca el piano _____.
3. Alfonso y Carlos son diligentes. Trabajan _____.
4. Tú eres lógico(a). Contestas mis preguntas _____.
5. Nosotros somos tranquilos. Comemos _____.

B. Pidiendo información. Trabajando en pares, hágale Ud. a su compañero(a) de clase las preguntas siguientes. Ella/él tiene que contestar usando un adverbio en su respuesta.

1. ¿Escribes las composiciones con claridad?
2. ¿Tu familia te llama con frecuencia?
3. ¿Tu cantante *(singer)* favorito canta con tristeza?
4. ¿Lees el periódico con rapidez todos los días?
5. ¿Haces la tarea con facilidad?

C. El (La) profesor(a) de esta clase. Trabajando en pares, hagan Uds. una descripción del (de la) profesor(a) de esta clase.

Modelo El (La) profesor(a) entra <u>lentamente</u> a clase todos los días.

1. El (La) profesor(a) habla _____.
2. Él/Ella ayuda a los estudiantes _____.
3. Él/Ella escribe _____ en la pizarra.
4. Los estudiantes participan _____ en su clase.
5. Él/Ella los mira _____ a sus estudiantes.

D. Las acciones de otras personas. Trabajando en pares, describan Uds. cómo las personas siguientes hacen varias cosas. Incluyan un adverbio en su descripción.

Modelo mi padre
Mi padre habla suavemente.

1. mi madre
2. mi hermano
3. mi hermana
4. mi novio(a)
5. el (la) pianista
6. el (la) trabajador(a)
7. el (la) estudiante
8. el (la) presidente
9. el (la) chofer

COMPARISON OF ADJECTIVES AND ADVERBS

A. Comparisons of equality

The following forms are used in comparisons of equality:

tan + adjective or adverb + **como** *as . . . as*
tanto (-a, -os, -as) + noun + **como** *as much (many). . . as*
tanto como *as much as*

Examples:

1. with adjectives and adverbs

    Paco es tan divertido como Beto.
    Paco is as funny as Beto.

    El chico corre tan rápidamente como su hermano.
    The boy runs as rapidly as his brother.

2. with nouns

    Hay tantas preguntas en este examen como en el anterior.
    There are as many questions on this exam as on the one before.

    María tiene tanto dinero como su hermano.
    Maria has as much money as her brother.

3.   with verbs

Estudió tanto como de costumbre.
He studied as much as usual.

Las niñas comen tanto como nosotros.
The girls eat as much as we do.

B. Comparisons of inequality

The following forms are used in comparisons of inequality:

más + adjective, noun, or adverb + **que**   *more . . . than,* suffix *-er*
menos + adjective, noun, or adverb + **que**   *less . . . than,* suffix *-er*
más que   *more than*
menos que   *less than*

Examples:

1.   with adjectives

Esta tormenta fue más fuerte que la anterior.
This storm was stronger than the last one.

Este capítulo es menos largo que ése.
This chapter is shorter (less long) than that one.

2.   with nouns

Él tiene más inteligencia que yo.
He has more intelligence than I.

Ellos tienen menos tiempo que sus amigos.
They have less time than their friends.

3.   with adverbs

Ellos cuchichean más rápidamente que nosotros.
They whisper more rapidly than we do.

Él lo hacía menos frecuentemente que su hermano.
He used to do it less frequently than his brother.

4.   with verbs

Él lee más que Carlos.
He reads more than Carlos.

Viajo menos que mis tíos.
I travel less than my aunt and uncle.

Before a number, **de** is used instead of **que.***

Tengo menos de cinco pesos.
I have less than five pesos.

C. *The superlative*

1. Spanish forms the superlative of adjectives *(most, least,* suffix *-est)* with the definite article plus **más** or **menos. De** is used after a superlative as the equivalent of English *in* or *of.* Occasionally a possessive adjective replaces the definite article.

   Ése es el hombre más rico del país.
   That is the richest man in the country.

   Esta novela es la menos interesante de todas.
   This novel is the least interesting (one) of all.

   Es mi vestido más elegante.
   It's my most elegant dress.

2. The definite article is not used with the superlative of adverbs.

   Ese chico escribe más claramente cuando no está nervioso.
   That boy writes most clearly when he isn't nervous.

   Ése era el libro que ella menos esperaba encontrar.
   That was the book she least expected to find.

3. To express the superlative of adverbs more emphatically, the following construction may be used.

   $$\text{lo} + \begin{cases}\textbf{más} \\ \textbf{menos}\end{cases} + \textit{adverb} + \begin{cases}\textbf{que + poder} \\ \textbf{posible}\end{cases}$$

   Volví lo más pronto posible.
   I returned as soon as possible.

   Lo puso lo más alto que pudo.
   He put it as high as he could.

---

*However, in negative sentences **que** may be used before numerals with the meaning of *only:* **No necesito más que cuatro dólares.** *(I need only four dollars.)*

PRÁCTICA

A. **Dos clases.** Usando **tan... como** o **tanto... como** compare esta clase con otra clase que Ud. tiene.

>   **Modelo**   *Esta clase es tan interesante como mi clase de historia.*
>   *Esta clase tiene tantos estudiantes como mi clase de inglés.*

B. **Su familia y Ud.** Usando **más... que** y **menos... que** compárese Ud. con otros miembros de su familia.

>   **Modelo**   *Yo soy más inteligente que mi hermana.*
>   *Yo soy menos listo que mi hermano.*

C. **Lo mejor de todo.** Usando la forma superlativa de comparación describa las cosas siguientes.

>   **Modelo**   una película
>   *«Las leyendas del otoño» es la película más interesante del año.*
>   *Esta novela mexicana es la más larga de todas.*

un actor	un político	una ciudad
una actriz	un(a) amigo(a)	un país

D. **Opiniones personales.** Exprese Ud. sus opiniones sobre las cosas siguientes usando una forma comparativa.

>   **Modelo**   una novela / una telenovela (interesante)
>   *Una novela es más interesante que una telenovela.*
>   -o-
>   *Una novela es menos interesante que una telenovela.*

1. los profesores / mis padres (inteligentes)
2. nuestra casa / la Casa Blanca (grande)
3. nuestra universidad / Harvard (famoso)
4. una película surrealista / una película realista (interesante)

E. **La sociedad.** ¿Ha mejorado la sociedad durante los años recientes? Exprese Ud. sus opiniones sobre los tópicos siguientes.

>   **Modelo**   los profesores / ¿inteligentes?
>   *Los profesores son más inteligentes que antes.*
>   -o-
>   *Los profesores son menos inteligentes que antes.*

1. los crímenes / ¿violentos?
2. las mujeres / ¿femeninas?
3. los estudiantes / ¿diligentes?
4. los políticos / ¿honrados?
5. los viejos / ¿contentos?
6. las ciudades / ¿atractivas?
7. la vida / ¿agradable?
8. la economía / ¿estable?

F. Un sondeo. En su opinión, ¿cuáles de las cosas siguientes son más populares en este país hoy en día? Luego, compare Ud. sus ideas con las de los otros miembros de la clase, escribiendo sus respuestas en la pizarra debajo de las varias categorías indicadas.

Modelo la revista
La revista más popular actualmente es Time (People, Newsweek).

1. la película
2. el programa de televisión
3. la novela
4. el actor
5. el político
6. el disco
7. el conjunto musical
8. el coche

IRREGULAR COMPARATIVES AND SUPERLATIVES

1. The following adjectives have irregular comparatives and superlatives:

bueno	*good*	(el) **mejor**	*better, (the) best*
malo	*bad*	(el) **peor**	*worse, (the) worst*
grande	*large, great*	(el) **mayor**	*older, (the) oldest; (larger, largest; great, greatest)*
pequeño	*small*	(el) **menor**	*younger, (the) youngest; (smaller, smallest)*

The plural is formed by adding **-es.**

Tu hijo es buen alumno, pero el mío es mejor.
Your son is a good student, but mine is better.

Son los mejores alumnos de la clase.
They are the best students in the class.

2. **Grande** and **pequeño** also have regular comparatives (**más grande** and **más pequeño**). These are the preferred forms when referring to physical size.

Alicia es la más pequeña de la familia.
Alicia is the smallest in the family.

BUT

Alicia es menor que su hermana.
Alicia is younger than her sister.

3. The following adverbs have irregular comparatives and superlatives:

bien	*well*	**mejor**	*better, best*
mal	*badly*	**peor**	*worse, worst*
mucho	*much*	**más**	*more, most*
poco	*little*	**menos**	*less, least*

Tú tocas bien el piano, pero yo toco mejor.
You play the piano well, but I play better.

Felipe baila mal el tango, pero Pedro lo baila peor.
Felipe dances the tango badly, but Pedro dances it worse.

PRÁCTICA

A. **Haciendo comparaciones.** Hágale Ud. estas preguntas a un(a) compañe-ro(a) de clase. Ella/él debe usar una forma comparativa del adjetivo o del adverbio en las respuestas.

   Modelo   ¿Trabajas mucho?
   Sí, trabajo mucho, pero mi amigo(a) trabaja más.

   1. ¿Cantas bien?
   2. ¿Hablas poco?
   3. ¿Eres pequeño(a)?
   4. ¿Comes mucho?
   5. ¿Eres malo(a)?
   6. ¿Eres grande?
   7. ¿Eres bueno(a)?
   8. ¿Juegas mal (al tenis)?

B. **A comparar.** Usando formas comparativas y superlativas, compare Ud. las personas y cosas siguientes. Hay varias posibilidades.

   Modelo   Mi novia...
   Mi novia es menor que yo.
   Mi novia es más inteligente que Ud.
   Mi novia es la menos gorda de todos.

   1. Mi familia...
   2. Esta universidad...
   3. Mi clase de español...
   4. Mis profesores...
   5. Mis notas...
   6. Mis planes para el futuro...

THE ABSOLUTE SUPERLATIVE

1. The absolute superlative expresses a high degree of an adjective or adverb by simply using **muy** with the adjective or adverb.

   Aquel navío es muy grande.
   That ship is very large.

   Ella canta muy bien.
   She sings very well.

2. To express an even higher or more emphatic degree of an adjective or adverb, the absolute superlative is formed by dropping the final vowel of an adjective or adverb and adding the suffix **-ísimo** (**-a, -os, -as**).

   Ana es hermosísima.
   Ana is extremely beautiful

   Me gustó muchísimo.*
   I liked it very much.

   Esos chicos son rarísimos.
   Those boys are really strange.

   El ejercicio es dificilísimo.
   The exercise is terribly difficult.

3. Words ending in **-co** or **-go** drop the **o** and change **c** to **qu** or **g** to **gu** before **-ísimo.**

   rico —riquísimo   largo —larguísimo

4. Words ending in **z** change **z** to **c** before **-ísimo.**

   feliz —felicísimo

5. The same effect may be achieved by using adverbs and adverbial phrases such as **sumamente** *(extremely)*, **terriblemente** *(terribly)*, **notablemente** *(remarkably)*, **en extremo** *(in the extreme)*, and **en alto grado** *(to a high degree).*

   Están sumamente preocupados.
   They are extremely worried.

   Es notablemente fácil.
   It's remarkably easy.

PRÁCTICA

A. **La universidad.** Describa Ud. esta universidad, cambiando estas oraciones a la forma **-ísimo** (**-a, -os, -as**).

Very much is always expressed by **muchísimo.**

Modelo   La universidad es muy buena.
La universidad es buenísima.

1. El nivel de las clases era muy bajo.
2. Aquellas muchachas son muy inteligentes.
3. El viaje al colegio me parecía muy largo.
4. Los libros son muy baratos.
5. Los maestros son muy astutos.
6. Su esquema era muy malo.
7. La comida en la cafetería estuvo sumamente sabrosa.
8. Estas lecciones son muy fáciles.
9. La facultad es extraordinariamente pequeña.
10. Los estudiantes son muy ricos.

B. **Pidiendo información.** Trabajando en pares, hágale Ud. estas preguntas a un(a) compañero(a) de clase. Ella/él debe contestar cada una de las preguntas usando una forma superlativa absoluta en sus respuestas.

Modelo   ¿Es el bachillerato sumamente fácil?
Sí, es facilísimo.

1. ¿Es la materia muy interesante?
2. ¿Son los profesores extremamente inteligentes?
3. ¿Son los libros terriblemente caros?
4. ¿Es el resumen del cuento muy largo?
5. ¿Son las clases muy difíciles?

C. **Las cosas buenísimas.** Trabajando en pares, hagan Uds. una lista de sus cosas favoritas. Luego, compare Ud. su lista con la de su compañero(a) de clase. Incluya Ud. cinco cosas en su lista.

EXCLAMATIONS

1. In Spanish, exclamations are most frequently formed with **¡qué!**. **¡Qué!** is the equivalent to *What a . . . !* or *What . . . !* before nouns and to *How . . . !* before adjectives and adverbs.*

¡Qué lástima!   ¡Qué bien habla!
What a pity!   *How well he speaks!*

¡Qué prisa tienen!   ¡Qué guapa es!
What a hurry they're in!   *How attractive she is!*

---

*Vaya un (una) is also used to mean *What . . . !*, *What a . . . !*: **¿Vaya un hombre!** *(What a man!)*

2. If the noun in the exclamation is followed by an adjective, **tan** or **más** precedes the adjective. (This tends to make the exclamation more emphatic.) **Tan** or **más** is omitted when an adjective precedes the noun.

¡Qué hombre tan (más) fuerte!
What a strong man!

¡Qué bebida tan (más) sabrosa!
What a delicious drink!

    BUT

¡Qué buena persona!
What a good person!

3. **¡Cuánto!** *(how, how much, how many)* is also commonly used in exclamations.

¡Cuánto dinero tiene!
How much money he has!

¡Cuánto quería viajar con ellos!
How I wanted to travel with them!

¡Cuántos admiradores tienes!
How many admirers you have!

4. Other interrogative words may also be used in exclamations.

¡Quién haría tal cosa!
Who would do such a thing!

5. When a noun clause follows an exclamation, its verb may be in either the indicative or the subjunctive.

¡Qué lástima que no (ganó) ganara!
What a pity he didn't win!

PRÁCTICA

A. **Momentos emocionantes.** Trabajando en pares, usen Uds. exclamaciones como una reacción a las situaciones siguientes.

Modelo Ud. Es un día bonito.
Su compañero(a) de clase *¡Qué día tan bonito!*

1. Tú tienes mucho dinero.
2. Ella vive muy lejos.

3. Mi amigo lo sabe todo.
4. Hay más de mil estudiantes aquí.
5. Este libro es muy interesante.
6. El profesor es excelente.
7. Esta universidad es grande.
8. La Facultad de Medicina es buena.

B. Exclamaciones. Dé Ud. una exclamación apropiada para cada una de las situaciones siguientes.

Modelo   al ver a una mujer muy guapa
¡Qué guapa es! ¡Qué mujer tan guapa!

1. al probar una sopa
2. al ver a un hombre que acaba de ganarse un millón de dólares
3. al ver un accidente
4. al conocer a una persona que habla español bien
5. al entrar a un palacio
6. al tomar una copa de vino
7. al visitar Nueva York
8. al aprobar un examen

C. Reacciones personales. Trabajando en pares, explique Ud. algo emocionante que le pasó. Su compañero(a) de clase debe reaccionar con una exclamación apropiada.

Modelo   Ud.   *Recibí una A en la última prueba.*
Su compañero(a) de clase   *¡Qué inteligente eres!*
-o-
¡Qué bueno!

REPASO

I. Observaciones. Junte Ud. las oraciones siguientes con la expresión entre paréntesis. Haga los cambios necesarios.

1. Manuel saldrá bien en el examen / ha estudiado la lección (con tal que)
2. El profesor no habla / los estudiantes se callan (a menos que)
3. Sus amigos le dieron la respuesta / el profesor lo vio (sin que)
4. Fueron a la biblioteca / Beto podía estudiar (para que)
5. Asisto a la conferencia / el maestro me hace preguntas después (en caso de que)

II. Pidiendo información. Hágale Ud. estas preguntas a un(a) compañero(a) de clase. Su compañero(a) de clase tiene que contestar las preguntas de una manera lógica.

1. ¿Vas conmigo a la librería?
   No, no voy a menos que _____.
2. ¿Tomaremos algo en la cafetería después?
   Sí, tomaremos algo con tal que _____.
3. ¿Saliste rápido de tu última clase hoy?
   Sí, salí sin que _____.
4. ¿Vas a estudiar conmigo en la biblioteca esta noche?
   Sí, voy a estudiar contigo para que _____.

III. Una narrativa breve. Exprese Ud. esta narrativa breve en español.

My brother Thomas and I attend the same university. He is older than I, but his grades are not as good as mine because he doesn't study as much as I do. He reads his lessons as rapidly as he can, but he doesn't learn them well. Yesterday we had an exam in history class. They gave us only twenty minutes to complete it. I finished earlier than the other students. It was an extremely easy exam, but Thomas was not able to finish it. He is not the worst student in the class, but he is not the best either. In case he doesn't do well on the exam, he will have to study more than the other students. He wants to graduate in June, but first he will have to pass history!

IV. Pidiendo información. Trabajando en pares, hágale Ud. estas preguntas a un(a) compañero(a) de clase. Ella/él debe contestar usando una forma adverbial que termine con **-mente.**

Modelo   ¿Contestas las preguntas de una manera lógica?
              Sí, las contesto lógicamente.
              —o—
              No, no las contesto lógicamente.

1. ¿Escribes de manera clara?
2. ¿Trabajas de manera diligente?
3. ¿Hablas de manera seria?
4. ¿Vas a clase con regularidad?
5. ¿Lees con frecuencia?
6. ¿Estudias con rapidez?

V. Opiniones personales. Trabajando en pares, completen Uds. estas oraciones de una manera lógica.

1. Mañana estudiaré en la biblioteca con tal que _____.
2. No volveré a hablarle a mi novio(a) a menos que _____.
3. Yo salí de la clase sin que _____.
4. Iré al cine con mis amigos para que _____.
5. Me quedaré en casa mañana en caso de que _____.
6. Traje mis libros a la clase a fin de que _____.
7. Venderé mi coche en caso de que _____.

8. Estudiaré español e historia europea para que _____.
9. Escribí una carta a mi familia de modo que _____.
10. Haré un viaje a Chile aunque _____.

VI. Comparaciones. Trabajando en pares, describan Uds. las cosas siguientes, usando una forma comparativa o superlativa.

1. mi profesor(a) de español / los maestros de la escuela secundaria
2. mi hermano(a) / yo
3. el cine / la televisión
4. esta universidad / las otras universidades del estado
5. los Estados Unidos / los países hispánicos

INTERCAMBIOS

EL ARTE DE CONVERSAR

Once you have started to express your ideas, you will want to keep control of the conversation until you have completed your thoughts. Some expressions that can be used to prevent your partner from interrupting and to buy time while you are thinking of what you want to say next are given here.

Hesitation Fillers:

A ver.	*Let's see.*
Y, bien...	*And, well, . . .*
Un momento...	*One moment . . .*
Espere (Espera)...	*Wait . . .*
Déjeme (Déjame) pensar...	*Let me think . . .*
Es decir...	*That is to say . . .*

Expansion and Clarification of a Point:

Y también...	*And also . . .*
Y además...	*And besides . . .*
Debo añadir que...	*I should add that . . .*
Lo que quiero decir es que...	*What I mean to say is that . . .*

SITUACIONES

Con un(a) compañero(a) de clase, prepare Ud. algunos diálogos que correspondan a las siguientes situaciones.

1. You want to study abroad. You go to the director of International Education and tell him/her:

a. you want to study in Mexico.

b. you prefer to go in the spring.

c. you would like to study in Guadalajara.

d. you want to live with a family during your stay because you want to speak Spanish all of the time.

e. you want to know if the university has such a program and how much it costs.

f. you need to know what you have to do to enroll.

g. "thank you" before leaving.

2. You arrive at the airport in Madrid. You call your host family so that they can come get you. You tell them how to identify you.

a. You tell them that you are tall, thin, have blond hair and blue eyes.

b. You tell them that you are wearing a red blouse (or red shirt), blue skirt (or blue pants), and black shoes.

c. You tell them that you will be carrying two white suitcases.

d. You tell them that you will be next to the bus stop by the main door.

3. **Una charla entre dos estudiantes de español.** Dos estudiantes están en la cafetería discutiendo las ventajas y desventajas de estudiar en el extranjero.

4. **Una carrera de medicina.** Sus padres quieren que Ud. sea médico. Ud. no quiere estudiar medicina. Ellos le explican por qué creen que es una buena profesión para Ud., y Ud. les da las razones por las que Ud. prefiere estudiar para maestro(a).

A ESCUCHAR

Escuche Ud. a continuación la siguiente situación y el diálogo. Luego haga los ejercicios relacionados con lo que ha escuchado y aprendido.

Carreras. Conversación entre Javier, pintor de gran éxito, amigo de la familia, y Marina, estudiante, unos días antes del examen de selectividad que da ingreso a la universidad en España. Los dos, que están esperando la llegada de los padres de Marina, se han encontrado en la cafetería del Museo Reina Sofía, donde ha tenido lugar la inauguración de una muestra de la pintura de Javier.

A. Información

Conteste Ud. las siguientes preguntas.

1. ¿Quiénes mantienen la conversación?

2. ¿De qué tema charlan en el diálogo?

Estos amigos se reúnen a hablar en las escaleras. ¿Dónde prefiere Ud. encontrarse con sus amigos universitarios?

3. ¿Qué profesión tiene Javier?
4. ¿Qué examen va a tener Marina?
5. ¿Con qué carreras cree Marina que va a ganar mucho dinero?

B. Conversación

Con un(a) compañero(a) entablen Uds. un diálogo sobre sus estudios y sus esperanzas para el futuro.

A CONVERSAR

A. Actividad

Los estudiantes de la Universidad de Córdoba, Argentina, empezaron la Reforma Universitaria al publicar en 1918 su «Manifiesto de la juventud argentina de Córdoba a los hombres libres de sudamérica». El manifiesto insistía en la participación de los estudiantes en el gobierno de la universidad, defendía la libertad de enseñanza y asistencia, y mantenía que la instrucción debía ser gratuita.

Con unos compañeros de clase, prepare Ud. un manifiesto, en el que indique cómo debería ser la universidad ideal.

B. Ejercicio de comprensión

Ud. va a escuchar un comentario sobre la educación en el mundo hispánico. Después del comentario, Ud. va a escuchar tres oraciones. Indique si la oración es verdadera (V) o falsa (F) trazando un círculo alrededor de la letra que corresponde a la respuesta correcta.

1. V F   2. V F   3. V F

C. Temas de conversación o de composición

Todos pasamos muchos años en la escuela pública, y muchos también continúan su educación en la universidad. Ya que Ud. está participando en este proceso, tendrá algunas ideas sobre la educación que ha recibido y las instituciones de enseñanza a las que ha asistido. Indique sus ideas, contestando las siguientes preguntas oralmente o en forma escrita.

1. ¿Le parece que la escuela secundaria lo/la ha preparado a Ud. de un modo adecuado para la universidad?
2. ¿Cree Ud. que la educación debe tener un fin práctico? ¿Debe limitarse a la preparación del alumno para un oficio?
3. ¿Quiénes deben establecer el plan de estudios en la universidad? ¿Los profesores? ¿Los estudiantes? ¿El rector y los decanos?
4. ¿Debe haber materias obligatorias (requisitos) en la universidad?
5. ¿Le parece que el sistema actual de evaluación del estudiante es un poco anticuado? ¿Hay otro sistema mejor?
6. ¿Deben participar los estudiantes en la administración de la universidad? ¿en la selección de los profesores?
7. ¿Debe ser gratuita la instrucción en las universidades públicas?
8. ¿Cuáles son los problemas principales con que se enfrenta la universidad hoy día?

D. Descripción y expansión

En las escuelas y universidades hay centros estudiantiles donde los estudiantes pueden reunirse para divertirse. Mire Ud. con cuidado el dibujo en la página 269 y después haga las actividades siguientes.

1. Describa Ud. en detalle lo que se ve en esta escena de una fiesta estudiantil.

   a. ¿Qué clase de refrescos se venden? ¿Qué bebida cuesta menos? De las tres bebidas que se venden, ¿cuál es la más costosa?
   b. ¿Cuántas personas hay en la banda? ¿Hay más de diez hombres? ¿Es el hombre que toca la trompeta más alto que el que toca el violón (bass viol)? ¿Es el guitarrista menos o más gordo que el hombre

que toca los tambores *(drums)?* ¿Cuál es el instrumento más grande de la banda? ¿Quién toca el instrumento más pequeño?

c. Cuál de las dos mesas tiene más estudiantes, ¿la de la izquierda o la de la derecha? La mesa a la izquierda, ¿tiene más de quince estudiantes? ¿Cuál de las dos mesas ha tomado más bebidas? (Cuente las botellas.)

2. Haga Ud. una comparación entre esta fiesta y una fiesta típica de su universidad.

3. Opiniones

a. ¿Son importantes las fiestas? ¿Por qué?
b. ¿Qué clase de fiestas le gusta más? Explique.

MATERIALES AUTÉNTICOS

En la revista *Entre estudiantes*, publicada en Madrid, se presentan en cada número, artículos que tratan de los intereses y a veces de los problemas que los estudiantes tienen en su vida académica. Este artículo les da consejos a los estudiantes que han sufrido un «suspenso» en una de sus clases de su programa académico. Lea la información y conteste las preguntas.

1. Al recibir un «suspenso» en una clase, ¿qué hace el estudiante al principio, y cuál es una reacción típica?

2. Después de la primera reacción, ¿qué hace el estudiante para echarle a alguien la culpa del «suspenso»? ¿Cuáles son algunas de las cosas que el estudiante se dice a sí mismo?

3. Según el artículo, ¿representa el «suspenso» un gran desastre en la vida de un estudiante, o todavía existe esperanza? ¿Qué dice el artículo que el estudiante no debe hacer?

4. Según el artículo, ¿qué debe hacer el estudiante para resolver este problema?

5. ¿Es normal la frustración y la rabia que sufre el estudiante en esta situación?

6. Según Weiner y su teoría de atribución, ¿cuáles son unas de las causas internas y externas que influyen en el éxito de un estudiante en su programa académico? ¿Cuáles de estas cosas son controlables y cuáles no lo son?

7. ¿Qué le parece a Ud. este artículo? ¿Le ofrece buenos consejos?

8. Si Ud. ha sufrido un «suspenso» en una clase, ¿cómo reaccionó? ¿Fueron sus reacciones similares a las mencionadas en el artículo? Explique.

Teoría de la atribución (WEINER)

	Estables	Inestables	
Causas internas	inteligencia capacidad	estado de ánimo	no controlables
	esfuerzo habitual	esfuerzo inmediato	controlables
Causas externas	dificultad de la tarea	suerte	no controlables
	actitud de los profesores	ayuda especial de otros compañeros	controlables

66 ———

Ante el suspenso, reflexiona, busca las verdaderas causas y pon los medios necesarios para superarlo

——— 99

Técnicas de estudio:
Si has suspendido, no pasa nada
28

Es un hecho rotundo e innegable: las notas están colgadas en el tablón de anuncios de tu clase. SUSPENSO, no hay duda, está escrito con todas sus letras. *"Pero si yo he estudiado, he estudiado más que nunca, no puede ser"*, te repites a tí mismo càmino de casa. *"¿ Por qué yo y no mi compañero de la derecha?, nunca le he visto tomar apuntes"*, continúas dándole vueltas a tu desgracia.

Después, probablemente reaccionarás contestando a tus preguntas de una de estas maneras: echando la culpa del suspenso al profesor o a la asignatura. *"El profesor me tiene manía"*, *"Seguro que se ha ensañado con mi examen"*, *"Esta asignatura es un rollo y, además no sirve para nada"*. Echándote la culpa a tí mismo. *"Soy un auténtico vago"*, *"No valgo para esta asignatura, soy un inútil"*. Echando la culpa a las circunstancias. *"Tuve una gripe la semana anterior al examen"*, *"Cambiaron a última hora la fecha del examen"*, *"La suerte nunca me acompaña"*. O, por último, afrontando con realismo la situación. No tiras la toalla ni tampoco buscas *chi-vos expiatorios* a quien echar la culpa. Ante este fallo, pues tú lo consideras como un fallo recuperable y no como el fin del mundo, tratas de buscar las causas reales y objetivas, dando de esta forma el primer paso para su superación. Así, lo primero que haces es ir a ver el examen, consultar con el profesor tus fallos y plantear posibles soluciones a los mismos. Esta última reacción rara vez se produce en un primer momento, lo más corriente es que la frustración y la rabia lleven a buscar algún tipo de culpabilidad.

Estas reacciones suelen ser normales en la persona, pues siempre solemos atribuir causas a los acontecimientos que tienen lugar en nuestra vida. Así, a un suspenso puedes atribuirle una causa externa: el profesor no explica nada bien, los exámenes estaban muy juntos, no tuve tiempo suficiente para prepararme, etcétera. Estas causas externas no son excesivamente difíciles de superar: si el profesor no explica bien, busca ayuda consultando a un compañero, a libros especializados... Si te has visto agobiado de tiempo, planifica de forma racional y realista tu estudio.

Unidad 10

La ciudad en el mundo hispánico

Se encuentra el monumento dedicado a la independencia de
México de España en el Paseo de la Reforma en la Ciudad de
México. Compare la Ciudad de México con una ciudad grande de
los Estados Unidos. ¿Cuáles son las semejanzas y las diferencias?

(En la Ciudad de México, Tomás y Carlos se reúnen casi todos los días en el Café Alfredo, un restaurante al aire libre.1)

TOMÁS	Hola, Carlos. ¿No vino Dieguito?
CARLOS	No. Tuvo que visitar a un amigo que está en el hospital.
TOMÁS	¡Hombre! Mira a esas dos muchachas. Qué guapitas las dos ¿eh?
CARLOS	Guapetonas. A la morenita la vi pasar antes sola. Oye, ¿qué vamos a hacer esta noche?
TOMÁS	No sé. ¿Qué quieres hacer tú? Con tal que no cueste nada, porque mis bolsillos están que chillan del hambrote que traen.
CARLOS	A ver si Isabel y Sonia quieren salir a pasear. Te puedo prestar un poquito para que vayamos al cine. O podríamos ir al museo —no cuesta nada.
TOMÁS	¡Uf! Pero es media hora en camión.2 Luego tendríamos que esperar hasta que se vistieran y luego otra media hora de vuelta. Ni que fueran Julia Roberts y Kathleen Turner.
CARLOS	En el metro llegaríamos en quince minutos.
TOMÁS	Si tuviéramos un coche sólo nos tomaría diez minutos. Voy a buscarme una novia que viva en el centro. ¡Mira! Esas dos acaban de sentarse allí. Si esa pelirroja fuera mi novia, iría el fin del mundo en camión.
CARLOS	Tal vez esté resuelta la cuestión del programa para esta noche. Ve a hablarles. Ya me enamoré.
TOMÁS	Bueno, pero ¿qué les digo?
CARLOS	Invítalas a ir a bailar con nosotros.
TOMÁS	Pero, si aceptan... a menos que traigas dinero para los dos...
CARLOS	Sí, sí, yo te presto. Vamos al «Jacarandá». Tienen un conjunto formidable. Pero date prisa, antes de que se nos vayan.
TOMÁS	Bueno, bueno, ya voy. (*Se acerca a la mesa de Tere y Lola.*) Perdonen, señoritas, ¿saben Uds. dónde queda «El Jacarandá»?
TERE	Sí, allí en la esquina. ¿No ve el letrero ahí —el de las letras grandotas?
TOMÁS	Ah, ¿cómo no lo había notado? ¿Ud. sabe

Marginal glosses:

están... traen *are growling with hunger (very empty)*

Ni que fueran *Not even if they were*

	si es un buen lugar para bailar?
TERE	Pues, así dicen. Yo nunca estuve adentro.
TOMÁS	Entonces, permítanme invitarlas. Si nos acompañaran a mi amigo y a mí, podríamos averiguar si merece la fama que tiene. ¿De acuerdo?
LOLA	Sólo si pide permiso a nuestros novios, que se acercan ahí detrás de Ud.
TOMÁS	¿Cómo? ¿Novios? Ah... este... Gracias por la información. Buenas noches, caballeros. Pedía un poquitín de información. Si hubiera sabido, no habría molestado. Bueno, con su permiso... (*Vuelve a su mesa.*) Oye, Carlos, viéndolas de cerca no son tan bonitas.
CARLOS	Sí, veo que las acompañan unos tipos. Bueno, ¿qué quieres hacer esta noche?
TOMÁS	Pues, vamos en el metro a casa de Isabel y Sonia, ¿quieres? Pensándolo bien, no está tan lejos.
CARLOS	Bueno, vámonos.

(marginal glosses)
poquitín (*m*)   *a tiny bit*

Notas culturales

[1]**un restaurante al aire libre:** La vida social en muchas ciudades hispánicas se concentra en los cafés —frecuentemente al aire libre— donde se reúne la gente por la tarde, después del trabajo, para conversar, beber y comer entremeses u otros bocaditos. Es una costumbre indispensable para mucha gente.

[2]**media hora en camión:** Se usa mucho el transporte público en las ciudades hispánicas. El medio más popular es el camión (la palabra para *bus* en México; en otros paises, «el camión» quiere decir *truck*). Los taxis abundan (*abound*) también. En las capitales hay trenes subterráneos (llamados «metros») que suelen (*are usually; generally*) ser más rápidos y, a veces, más cómodos que los camiones.

VOCABULARIO ACTIVO

Estudie estas palabras.

Verbos

averiguar   *to find out*
enamorarse (de)   *to fall in love (with)*
merecer   *to deserve*
prestar   *to lend*
reunirse   *to meet, to gather*

Sustantivos

el bocadito   *snack*
el bolsillo   *pocket*
el caballero   *gentleman*
el conjunto   *musical group*
los entremeses   *hors d'oeuvres*
el letrero   *sign*
el metro   *subway*
la morenita   *pretty brunette*
el, la novio, -a   *boyfriend, girl-friend, fiancé, financée*

el, la pelirrojo, -a   *redhead*
el tipo   *guy*

Adjetivos

formidable   *great, wonderful*
grandote, -ta   *very large*
guapetón, -ona   *really cute*
guapito, -a   *very cute*
poquito, -a   *a little bit*
resuelto, -a   *resolved*
subterráneo, -a   *underground*

Otras expresiones

al aire libre   *in the open air, outside;* café al aire libre   *sidewalk café*
¿de acuerdo?   *agreed? all right?*

COMPRENSIÓN

1. ¿Qué tipo de restaurante es el Café Alfredo?   2. ¿Por qué no viene Dieguito?
3. ¿Qué piensa Tomás de las muchachas?   4. ¿Qué es lo que sugiere Carlos?
5. ¿Cómo pueden llegar a casa de Isabel y Sonia?   6. ¿Qué les pregunta Tomás a las dos muchachas?   7. ¿Qué quiere hacer en realidad?   8. ¿Por qué no se interesan las muchachas?   9. ¿Qué deciden hacer Tomás y Carlos?

OPINIONES

1. ¿En qué ciudad grande de los Estados Unidos o de México ha estado Ud.?
2. ¿Le gustan a Ud. las ciudades grandes? ¿Por qué?   3. ¿Le gustan a Ud. los restaurantes al aire libre? ¿Por qué?   4. ¿Dónde y cuándo ha estado Ud. en un restaurante al aire libre?   5. ¿Por qué no hay muchos restaurantes al aire libre en este país?   6. ¿Prefiere Ud. ir a un museo o al cine? ¿Por qué?   7. ¿Cómo se llama su conjunto musical favorito?

ESTRUCTURA

If Clauses

A. *Subjunctive and indicative in if clauses*

In Spanish as in English, **si** or *if* clauses may express conditions that are factual or conditions that are contrary to fact. The verb tense used in a Spanish **si** clause depends upon the factual or nonfactual nature of the condition.

1. When a **si** clause expresses a simple condition or a situation that implies the truth or an assumption, the indicative mood is used in both the **si** clause and the result clause of the sentence.

    Si tengo bastante dinero, iré contigo. ¿De acuerdo?
    If I have enough money, I will go with you. Agreed?

    Si continúas hablando, vas a perder el avión.
    If you continue talking, you are going to miss the plane.

    Si ellos tenían tiempo, hacían la tarea.
    If they had time, they did the assignment.

2. When a **si** clause states a hypothetical situation or something that is contrary to fact (not true now nor in the past) or unlikely to happen, the imperfect or past perfect subjunctive is used. The result clause is usually in the conditional or the conditional perfect.*

    Si pudiera, iría en metro.
    If I could, I would go by subway.

    Si hubiera sabido, no las habría molestado.
    If I had known, I would not have bothered them.

    Si él fuera a México, vería las ruinas aztecas.
    If he should (were to) go to Mexico, he would see the Aztec ruins.

    ¿Qué harías si tuvieras un millón de dólares?
    What would you do if you had a million dollars?

---

*The **-ra** form of the imperfect or pluperfect subjunctive may also be used in the result clause of conditional sentences. **Si pudiéramos conseguir entradas, quisiera ir.** *If we could get tickets, I'd like to go.*

Si él lo pusiera en el bolsillo, no lo perdería.
If he put it in his pocket, he would not lose it.

3. When **si** means *if* in the sense of *whether*, it is always followed by the indicative.

No sé si lo haré o no.
I don't know if (whether) I'll do it or not.

B. Clauses with como si

Como si *(as if)* implies an untrue or hypothetical situation. It always requires the imperfect or the past perfect subjunctive.

Pinta como si fuera Picasso.
He paints as if he were Picasso.

Hablaban como si no hubieran oído las noticias.
They were talking as if they hadn't heard the news.

¡Como si nosotros tuviéramos la culpa!
As if we were to blame!

PRÁCTICA

A. **Varios pensamientos.** Complete Ud. estos pensamientos de un(a) estudiante con la forma correcta de los verbos entre paréntesis.

1. Si yo (tener) _____ más tiempo, estudiaría con ellos.
2. Se él (haber) _____ estudiado sus apuntes, habría salido bien en el examen.
3. Si ellos (ganar) _____ bastante dinero, comprarán los libros.
4. La profesora me habló como si (ser) _____ mi madre.
5. Si nosotros (tomar) _____ el metro, llegaríamos a la universidad en diez minutos.
6. Si el profesor (hablar) _____ más despacio, los alumnos lo entienden mejor.
7. Si los estudiantes (haber) _____ comido un bocadito antes de salir, no habrían tenido hambre durante el examen.
8. Si yo (poder) _____ encontrar una pluma, escribiré los apuntes en mi cuaderno.
9. Él estudió como si le (gustar) _____ el curso.
10. Si ellos (viajar) _____ por metro, gastarían menos.

B. **Un(a) millonario(a).** Trabajando en pares, hablen Uds. de las cosas que harían si fueran millonarios. Incluyan las ideas en la lista y otras originales.

Si yo fuera millonario(a)...

1. comprar una casa grande
2. viajar a todas partes del mundo
3. ayudar a los pobres
4. comer en los restaurantes más elegantes del mundo
5. vivir en un lugar exótico
6. ?
7. ?
8. ?

C. **¿Qué pueden hacer Uds. esta noche?** Trabajando en pares hablen Uds. de las cosas que harían esta noche si tuvieran la oportunidad. Siguiendo el modelo, hagan una lista de estas actividades. Compare Ud. su lista con la de su compañero(a) de clase.

Modelo   *Yo iría al centro si tuviera dinero.*

D. **Reacciones.** Reaccione Ud. a las situaciones siguientes completando cada una de las oraciones, de una manera lógica.

1. Si yo no estudio, _____.
2. Si yo fumara, _____.
3. Si yo ganara mucho dinero, _____.
4. Si yo recibo un cheque de mil dólares, _____.
5. Si yo voy a México, _____.

E. **Impresiones.** Complete Ud. estas oraciones de una manera lógica y original.

1. Mi profesor habla como si _____.
2. El hombre anda como si _____.
3. Mi madre escribe como si _____.
4. Los estudiantes estudian como si _____.
5. Mi novio(a) gasta dinero como si _____.

F. **Una visita a Madrid.** Trabajando en pares, hablen Uds. de lo que harían si fueran a Madrid, la capital de España.

VERBS FOLLOWED BY A PREPOSITION

Certain verbs require a preposition when followed by an infinitive or an object noun or pronoun. In the lists below, note the following:

A few verbs are regularly used with either of two prepositions.

entrar **en** *or* entrar **a**   *to enter (into)*
preocuparse **con** *or* preocuparse **de**   *to be concerned with, to worry about*

Many verbs may take more than one preposition, their meaning varying according to which preposition is used.

acabar **con**   *to put an end to*
acabar **de**   *to have just*
dar **a**   *to face*
dar **con**   *to come upon, to meet*
pensar **de**   *to think of (have an opinion of)*
pensar **en**   *to think of (have on one's mind)**

A. *Verbs that take the preposition* a

1. Verbs taking **a** before an infinitive

acostumbrarse a *to get used to*	invitar a *to invite to*
aprender a *to learn to*	ir a *to be going to*
ayudar a *to help to*	negarse a *to refuse to*
comenzar a *to begin to*	ponerse a *to begin to*
empezar a *to begin to*	prepararse a *to prepare to*
enseñar a *to teach to*	volver a *to . . . again*

2. Verbs taking **a** before an object

acercarse a *to approach*	ir a *to go to*
asistir a *to attend*	llegar a *to arrive at (in)*
dar a *to face* darle a	oler a *to smell of*
dirigirse a *to go toward; to*	responder a *to answer*
address oneself to	saber a *to taste of*
entrar a *to enter*	

dar a for giving directions   El banco da al hotel

B. *Verbs that take the preposition* con

1. Verbs taking **con** before an infinitive

contar con   *to count on*
preocuparse con   *to be concerned with*
soñar con   *to dream of*

2. Verbs taking **con** before an object

casarse con *to marry*	encontrarse con *to meet*
contar con *to count on*	quedarse con *to keep*

***Pensar** may also be followed directly by an infinitive, in which case it means *to intend to*.

cumplir con   *to fulfill one's obligation toward; to keep*
dar con   *to meet, to come upon*

soñar con   *to dream of*
tropezar con   *to run across, to come upon*

C. *Verbs that take the preposition* de

1.   Verbs taking **de** before an infinitive

acabar de   *to have just*
acordarse de   *to remember to*
alegrarse de   *to be happy to*
dejar de   *to stop; to fail to*
encargarse de   *to take charge of*
haber de   *to have to*

olvidarse de   *to forget to*
preocuparse de   *to be concerned about*
quejarse de   *to complain of*
terminar de   *to finish*
tratar de   *to try to*

2.   Verbs taking **de** before an object

acordarse de   *to remember*
aprovecharse de   *to take advantage of*
burlarse de   *to make fun of*
depender de   *to depend on*
despedirse de   *to say good-bye to*
disculparse de   *to apologize for*
disfrutar de   *to enjoy*
dudar de   *to doubt*

enamorarse de   *to fall in love with*
gozar de   *to enjoy*
mudar(se) de   *to move*
olvidarse de   *to forget*
pensar de   *to think of, to have an opinion about*
reírse de   *to laugh at*
servir de   *to serve as*

D. *Verbs that take the preposition* en

1.   Verbs taking **en** before an infinitive

confiar en   *to trust to*
consentir en   *to consent to*
consistir en   *to consist of*

insistir en   *to insist on*
pensar en   *to think of, about*
tardar en   *to delay in, to take long to*

2.   Verbs taking **en** before an object

confiar en   *to trust*
convertirse en   *to turn into*
entrar en   *to enter (into)*

fijarse en   *to notice*
pensar en   *to think of, to have in mind*

PRÁCTICA

A.   **Preposiciones.** Complete Ud. estas oraciones con una preposición si es necesario.

1. Las mujeres se acercaron _____ la puerta sin leer el letrero.
2. La lección consiste _____ leer el cuento.
3. Nosotros queremos _____ ir al partido de fútbol.
4. Mi primo se enamoró _____ una pelirroja.
5. Se alegran _____ recibir una carta de su abuela.
6. La doctora espera _____ llegar temprano a la universidad.
7. Los estudiantes se ponen _____ estudiar a las diez.
8. El abogado siempre ha cumplido _____ su palabra.
9. Al entrar _____ su casa me olvidé _____ todo.
10. Es necesario acordarse _____ esta fecha.
11. Mis compañeros siempre insisten _____ beber vino.
12. Mis padres compraron una casa que da _____ la plaza.
13. No podemos _____ salir sin ellos.
14. Rumbo a la estación, Juan tropezó _____ su novia.
15. Me olvidé _____ ponerlo en mi cuarto antes de salir.

B. Imagínese. Complete Ud. estas oraciones de una manera lógica.

1. En esta clase nosotros (aprender a) _____.
2. Todas las semanas yo (asistir a) _____.
3. Después de graduarme, quiero (casarse con) _____.
4. Este verano mi familia y yo (disfrutar de) _____.
5. Antes de dormirme, yo (pensar en) _____.

C. Información personal. Escriba Ud. cinco frases que describan cosas que Ud. hace. Luego, escriba cinco preguntas y hágaselas a un(a) compañero(a) de clase. Use palabras de la lista para hacer sus oraciones y sus preguntas.

1. acostumbrarse a	5. quejarse de	9. insistir en
2. dirigirse a	6. burlarse de	10. fijarse en
3. contar con	7. despedirse de	
4. casarse con	8. consistir en	

DIMINUTIVES AND AUGMENTATIVES

Spanish has a number of diminutive and augmentative suffixes that are added to nouns, adjectives, and adverbs in order to indicate a degree of size or age. These suffixes may also express affection or contempt. Often these endings eliminate the need for adjectives.

A. Formation

1. Augmentative and diminutive endings are added to the full form of words ending in a consonant or stressed vowel.

mamá   mamacita (*mama, mommy*)
animal   animalucho (*ugly animal*)

2. Words ending in the final unstressed vowels **o** or **a** drop the vowel before the ending is added.

libro   librito (*little book*)
casa   casucha (*shack, shanty*)

3. When suffixes beginning in **e** or **i** are attached to a word-stem ending in **c**, **g**, or **z**, these change to **qu**, **gu**, and **c** *respectively* in order to preserve the sound of the consonant.

chico   chiquito (*little boy*)
amigo   amiguito (*pal, buddy*)
pedazo   pedacito (*small piece, bit*)

4. Diminutive and augmentative endings vary in gender and number.

pobres   pobrecillos (*poor little things*)
abuela   abuelita (*grandma*)

B. Diminutive endings

The most common diminutive endings are **-ito, -illo, -cito, -cillo, -ecito,** and **-ecillo.** In addition to small size, diminutive endings frequently express affection, humor, pity, irony, and the like.

1. The endings **-ecito(a)** and **-ecillo(a)** are added to words of one syllable ending in a consonant and words of more than one syllable ending in **e**.

flor   florecita (*little flower, posy*)
pan   panecillo (*roll*)
pobre   pobrecillo (*poor thing*)
madre   madrecita (*mommy*)

2. The endings **-cito(a)** and **-cillo(a)** are added to most words of more than one syllable ending in **n** or **r**.

joven   jovencita (*young lady*)
autor   autorcillo (*would-be author*)

3. The endings **-ito(a)** and **-illo(a)** are added to most other words.

ahora   ahorita (*right now*)
casa   casita (*little house*)
Pepe   Pepito (*Joey*)

Juana   Juanita (*Jeanie*)
campana   campanilla (*hand bell*)

C. *Augmentative endings*

The most common augmentative endings are **-ón(-ona)**, **-azo**, **-ote(-ota)**, and **-acho(a)**. Augmentative endings express large sizes and also contempt, disdain, grotesqueness, and so on.

hombre   hombrón (*big, husky man*)
éxito   exitazo (*huge success*)
libro   librote (*large, heavy book*)
rico   ricacho (*very rich*)

PRÁCTICA

A. Derivaciones. Traduzca Ud. cada una de las palabras de la siguiente lista. Diga si la palabra es diminutiva o aumentativa. Luego, dé la palabra original de cada palabra de la lista.

1.	sillón	11.	pollito
2.	caballito	12.	hermanito
3.	perrazo	13.	hombrecito
4.	poquito	14.	cucharón
5.	mujerona	15.	zapatillos
6.	jovencito	16.	cafecito
7.	guapetona	17.	grandote
8.	platillo	18.	morenita
9.	panecillo	19.	librote
10.	ratoncito	20.	boquito

Ahora, escriba Ud. un párrafo describiendo una persona, cosa o animal, usando algunas de las palabras de la lista anterior.

B. Una plaza del pueblo. Imagínese Ud. que está mirando una foto de una plaza de un pueblo de México. Describa lo que ve, usando formas diminutivas o aumentativas en vez de las frases subrayadas.

Hay una <u>mujer grande</u> _____ que está hablando con una <u>chica pequeña</u> _____. Un <u>hombre pequeño</u> _____ está caminando con su <u>perro grande</u> _____. Un <u>chico pequeño</u> _____ está sentado en un <u>banco pequeño</u> _____. Hay <u>pájaros pequeños</u> _____ encima de una <u>estatua grande</u> _____. Otro <u>hombre grande</u> _____ está leyendo un <u>libro pequeño</u> _____. A mi <u>hijo pequeño</u> _____ le gustaría jugar en esta <u>plaza pequeña</u> _____.

REPASO

I. **Observaciones.** Complete Ud. estas oraciones con la forma correcta de los verbos entre paréntesis.

  1. Irían a la playa si (tener) _____ tiempo.
  2. Si yo (saber) _____ la verdad, se la diría.
  3. Si José (estudiar) _____ , aprenderá mucho.
  4. Si ellos me (haber) _____ prestado el dinero, habría ido.
  5. Si (haber) _____ bastante tiempo, vamos a ver las ruinas indias.
  6. Ese hombre habla como si (ser) _____ muy inteligente.
  7. Su novio baila como si (estar) _____ borracho.
  8. Mi abuelo escribe como si no (poder) _____ ver bien.
  9. Ella gasta dinero como si (tener) _____ mucho.
 10. Me mudaría a la ciudad si (poder) _____ encontrar un trabajo.
 11. Habrían visitado la aldea si (haber) _____ tenido más tiempo.
 12. Si nosotros (salir) _____ a las seis, llegaremos a las diez.

II. **Ideas originales.** Trabajando en pares terminen Uds. estas oraciones con ideas originales.

  1. Si yo tuviera un millón de pesetas, _____.
  2. Si hubiera un restaurante al aire libre aquí, _____.
  3. Si yo pudiera ir a Sudamérica, _____.
  4. Si yo viviera en una ciudad grande, _____.
  5. Si yo estudiara mucho, _____.
  6. Yo comería ahora si _____.
  7. Yo haría la lección si _____.
  8. Yo te daría todo mi dinero si _____.
  9. Iría contigo al cine si _____.
 10. Yo te compraría una taza de café si _____.

III. **Descripciones.** Complete Ud. estas oraciones de una manera lógica, usando formas diminutivas o aumentativas.

  1. Un animal que no es bonito es un _____.
  2. Una casa que es muy pequeña y humilde es una _____.
  3. Lo opuesto de un librote es un _____.
  4. Una flor que es muy pequeña es una _____.
  5. Tomás es más que un amigo, es mi (*pal*) _____.
  6. Hay una campana en la torre, pero la que ella tiene en la mano es una _____.
  7. El profesor no quiere que lo hagamos más tarde, él quiere que lo hagamos (*right now*) _____.
  8. El drama es más que un éxito, es un _____.

INTERCAMBIOS

To keep a conversation moving and to ensure continued interaction with your partner, you may ask for help if you forget a word or the details of a situation. Some useful expressions are the following:

¿Cómo se dice...?	*How do you say . . . ?*
¿Cómo se llama (la persona que nos trae cartas)?	*What do you call (the person who brings us letters)?*
Se me olvidó. ¿Recuerda Ud. (Recuerdas) lo que pasó?	*I forgot. Do you remember what happened?*
Ayúdeme (Ayúdame) a explicarlo.	*Help me explain it.*

SITUACIONES

Con un(a) compañero(a) de clase, prepare Ud. algunos diálogos que correspondan a las siguientes situaciones.

1. You are in Madrid. You want to go to the Prado Museum. Talk to the hotel clerk and ask him:

   a. if it is possible to take the metro to the museum.
   b. how long it takes to get there.
   c. how much the metro costs.
   d. what time the museum opens and if there is an entrance fee.
   e. what time it closes.
   f. if the museum is open on Sundays.
   g. whether there is a good restaurant near the museum.

2. You have just arrived in a new city and you must catch a bus in order to get to a friend's house to spend the night there. You go to the bus station and ask:

   a. the number of the bus that goes to Lomas de Chapultepec.
   b. the time of departure.
   c. the time of arrival at your destination.
   d. the names of streets and suburbs that the bus passes through.
   e. how much the fare is.

3. **Las elecciones municipales.** Un(a) candidato(a) para alcalde camina por la ciudad visitando las casas de los votantes. Un hombre le pregunta lo que va a hacer para mejorar la ciudad. El (la) candidato(a) le explica lo que quiere hacer.

4. **Una nueva casa.** Los Rodríguez acaban de mudarse a otra ciudad y buscan una casa. Hablan con un(a) agente de bienes raíces (*realtor*) y le describen en detalle la clase de casa que ellos quieren comprar.

A ESCUCHAR

Escuche Ud. a continuación la siguiente situación y el diálogo. Luego haga los ejercicios relacionados con lo que ha escuchado y aprendido.

¿Al rancho? María Luisa, ecuatoriana del primer curso de universidad, charla por teléfono con su novio Darío sobre la amiga que tiene en Texas. María Luisa y Amy se escriben desde que estaban en el segundo curso de secundaria, y se visitaron en una ocasión durante el verano.

A. Información

Decide si son verdaderas o falsas las siguientes oraciones.

1. Darío tiene una amiga en Texas.
2. Amy quiere estudiar periodismo.
3. El rancho está muy lejos de las ciudades.
4. Amy cuenta en la carta lo que es una hermandad.
5. A la estudiante ecuatoriana le gusta vivir en el campo.

B. Conversación

Pregúntele Ud. a un(a) compañero(a) de clase lo que haría si tuviera en su casa a un amigo de otro país durante las vacaciones. Cuando termine cuéntele lo que Ud. haría de modo diferente a él/ella.

A CONVERSAR

A. Discusión: La vida urbana y la vida rural

Todos tenemos alguna idea de cómo preferiríamos vivir si pudiéramos escoger libremente. A algunas personas les gusta más la vida urbana; otras prefieren vivir en el campo. Indique Ud. sus preferencias, contestando las siguientes preguntas.

1. Dónde se siente Ud. más cómodo(a), ¿en la metrópoli o en el campo?
2. ¿Cuáles son algunas de las ventajas de la vida rural?
3. ¿Qué nos ofrece la metrópoli?
4. ¿Qué cualidades asocia Ud. con las personas que viven en las grandes ciudades? ¿Y con las que viven en el campo?

Aquí hay una escena típica de un restaurante al aire libre en el barrio artístico, Tlaquepaque, de Guadalajara, México. ¿Qué hace el hombre a la izquierda? ¿Qué clase de música toca el conjunto a la derecha? ¿Le parece que la gente se divierte mucho o poco? Explique.

5. ¿Prefiere Ud. caminar por los campos o por las calles de una ciudad?
6. ¿Qué preparación necesita uno para ganarse la vida en la ciudad? ¿En el campo?
7. ¿Dónde hay mejores diversiones, en la ciudad o en el campo?
8. ¿Dónde es mejor la calidad de la vida? ¿Por qué?

Ahora, compare Ud. sus respuestas con las de su compañero(a) de clase. ¿Cúales son las diferencias? ¿Las semejanzas?

B. Ejercicio de comprensión

Ud. va a escuchar un comentario sobre la importancia de la ciudad en el mundo hispánico. Después del comentario, va a escuchar varias oraciones. Indique si la oración es verdadera (V) o falsa (F), trazando un círculo alrededor de la letra que corresponde a la respuesta correcta.

1. V   F   2. V   F   3. V   F   4. V   F

C. Temas de conversación o de composición

1. ¿Cuáles son los problemas más graves que enfrentan los habitantes de las grandes ciudades?
2. ¿Cuáles son los problemas de las personas que viven en el campo?
3. ¿Cree Ud. que el gobierno nacional debe ayudar a las ciudades que tienen problemas económicos? ¿Debe ayudar a los agricultores con sus problemas?

D. Descripción y expansión

La ciudad ofrece muchas ventajas y a la vez varias desventajas. Mire Ud. con cuidado el dibujo de una ciudad hispánica, y después haga las siguientes actividades.

1. Describa Ud. en detalle la escena.

2. Diga lo que hace cada persona en la escena. Use la imaginación.

    a. ¿Qué hacen los niños delante del cine?
    b. ¿Qué hace el hombre que está sentado en la parada?
    c. ¿Qué hacen las dos parejas (*couples*)?
    d. ¿Cómo se llama el almacén? ¿Qué se puede comprar en tal tienda?
    e. ¿Cómo se llama la pastelería? ¿Qué se vende en tal tienda?
    f. ¿Cómo se llama la película que dan en el cine? ¿Es una película extranjera?

3. ¿Cuáles son algunas de las semejanzas entre esta ciudad y la ciudad de Nueva York? ¿Algunas de las diferencias?

4. Opiniones

    a. Dónde preferiría vivir Ud., ¿en esta ciudad o en la suya? ¿Por qué?
    b. ¿Le parece a Ud. que la vida diaria de esta ciudad es más tranquila que la de su ciudad? Explique.

MATERIALES AUTÉNTICOS

Cuando pensamos en Madrid, muchas veces pensamos en una ciudad que es muy antigua y tradicional, sin recordar que tiene una parte nueva, moderna y viva. Lea el artículo en la próxima página y conteste las preguntas.

1. ¿Qué es «Madrid 2»?
2. ¿Cuántas tiendas hay en este centro comercial?
3. ¿Hasta qué hora está abierta la zona de ocio (*leisure area*)?
4. ¿Cuántos cines hay?
5. ¿Cuántas pistas de competición tiene la bolera (*bowling alley*)?
6. ¿Cuántos restaurantes hay? ¿Qué clase de comida se sirve en esos restaurantes?
7. ¿Qué se vende en «La Calle de los Artesanos»?
8. ¿Qué ofrecen el hipermercado (*supermarket*) y el gran almacén (*department store*)?
9. ¿Hay parking? ¿Cuánto cuesta?
10. ¿Cuál es el horario (*schedule*) del centro?
11. ¿Se puede ir al centro en metro? ¿Cuál es el número de la línea? ¿Cómo se llama la estación del metro?
12. ¿Cuántos autobuses van al centro?
13. ¿Están todas las tiendas bajo un techo (*roof*)?
14. ¿Qué le parece este centro comercial? ¿Conoce uno en este país que sea semejante? ¿Dónde? Descríbalo.

Los Estados Unidos y lo hispánico

Es una escena de una calle de Nueva York que muestra la influencia hispánica en los Estados Unidos. Fíjese en los letreros de cada tienda. ¿Cuál es la especialidad de cada tienda?

*(Carlos, un estudiante mexicano, se reúne
con Bob y Rudi, dos estudiantes chicanos,*
en la cafetería. Charlan de un viaje que
Rudi y Bob piensan hacer a México después
de los exámenes finales.)*

BOB	¿Cómo estuvo el examen?	
CARLOS	¡Uf! Difícil, amigo. Sólo con suerte me aprobaron.	
RUDI	Pero tú siempre sales bien en química. ¿Qué pasó?	
CARLOS	Pues, el profe nos hizo una mala jugada. Preguntó mucho sobre las primeras lecciones. Se me había olvidado todo eso. Pero, no hablemos de cosas desagradables. Vamos a hablar del viaje. Van primero a la capital, ¿verdad?	jugada *trick*
BOB	Sí. Pensamos pasar unas dos semanas en la capital y luego ir en autobús hasta Yucatán. Terminamos en Cancún para descansar en la playa.	
CARLOS	Buen programa. ¿Dónde van a alojarse en México? ¿Han escogido un hotel?	alojarse *to lodge, stay*
RUDI	Todavía no. ¿Nos puedes recomendar uno, que no sea muy caro, eh? No estamos en plan de turistas ricos. Queremos viajar mucho con poco dinero.	en plan de *in the situation of*
CARLOS	Claro. Después les doy una lista. Hay varios hoteles cómodos de precios muy moderados. ¿Quieren estar en el centro?	
BOB	Creo que sí. A propósito, ¿es difícil andar por la ciudad? No tendremos coche.	
CARLOS	Al contrario. Hay toda clase de transporte público. Tener coche es un lío en la ciudad. Puesto que Uds. hablan español, pueden pedir información en cualquier parte.	
RUDI	¿Y qué ciudades del interior nos recomiendas?	
CARLOS	Pues, hay varias interesantes entre la capital y Yucatán, Oaxaca, por ejemplo, es muy bella y las ruinas de Monte Albán están muy cerca.	

Line numbers: 5, 10, 15, 20, 25, 30, 35

~~~~~~~~

*In some areas of the United States «**mexicoamericano**» is now the preferred term.

RUDI	Benito Juárez nació en Oaxaca, ¿verdad?
CARLOS	Sí. Y si quieres ver otras ruinas, puedes ir a Palenque. Y luego a Villahermosa y Mérida, Uxmal y Chichén Itzá.
BOB	Pero, hombre, espérate. ¿Cómo vamos a recordar todo eso?
CARLOS	Miren, les voy a traer un libro de guía. Señalaré las ciudades más importantes e interesantes. ¿Por qué no van a Guatemala[1] y los otros países centroamericanos?
BOB	No hay suficiente tiempo. Pensamos ir a Centroamérica el verano que viene. Queremos ver todos los países de habla española.
RUDI	También queremos ir al Brasil, donde hablan portugués, y a Haití, donde hablan francés. Además, hay islas como Trinidad y Tobago, donde el idioma oficial es el inglés.
BOB	Antes yo no sabía que había tanta variedad lingüística en Latinoamérica.
CARLOS	Existe mucha variedad cultural también, aun entre los países de habla española. Hay que darse cuenta de la diferencia entre un país como Guatemala y otro como la Argentina.
BOB	Pero todos los países hispanos tienen las mismas raíces culturales. Hablan la misma lengua, tienen la misma religión...
CARLOS	Pero han tenido una historia diferente[2] y probablemente tendrán un destino propio. Verán —¡incluso hay diferencias dentro de México, entre la capital y Yucatán!

40, *45*, *50*, *55*, *60*, *65* (line numbers)

Notas culturales

[1]**¿Por qué no van a Guatemala?:** Desde la frontera de México hasta Panamá hay unas 1.200 millas que abarcan (*include*) siete países distintos: Guatemala, Honduras, El Salvador, Nicaragua, Costa Rica, Belice y Panamá. El más pequeño, El Salvador, tiene la misma área que el estado de New Hampshire; el más grande, Guatemala, es del tamaño de Pennsylvania.

[2]**Pero han tenido una historia diferente:** Uno de los errores más comunes de los norteamericanos es el olvidarse de las grandes diferencias que existen entre una y otra nación en la región llamada «Latinoamérica».

VOCABULARIO ACTIVO

Estudie estas palabras.

Verbos

charlar *to chat, to converse*
señalar *to point out, to indicate*

Sustantivos

el lío *problem, hassle*
el profe *professor (slang)*
la raíz *root, origin*

Adjetivos

desagradable *unpleasant*

Otras expresiones

a propósito *by the way*
puesto que *since, inasmuch as*

COMPRENSIÓN

1. ¿Dónde se reúnen los tres estudiantes? 2. ¿Cómo salió Carlos en el examen de química? 3. ¿Por qué fue tan difícil el examen? 4. ¿Adónde quieren ir primero Bob y Rudi? 5. ¿Cómo van a viajar a Yucatán? 6. ¿Van a andar por la capital en coche? 7.¿Dónde está Monte Albán? 8. ¿Por qué no van a visitar Centroamérica? 9. ¿Qué idiomas hablan en el Brasil y en Haití? 10. ¿Dónde hablan inglés?

OPINIONES

1. ¿Ha viajado Ud. por Hispanoamérica? ¿Dónde? 2. ¿Qué país de Hispanoamérica le gustaría visitar? ¿Por qué? 3. ¿Cómo preferiría Ud. viajar por Hispanoamérica? ¿En coche? ¿En tren? ¿En autobús? ¿En avión? ¿Por qué? 4. ¿Qué querría ver en cada país? 5. ¿Querría Ud. estudiar en un país hispanoamericano? Explique. 6. ¿Preferiría Ud. vivir con una familia hispanoamericana o en un hotel? ¿Por qué? 7. ¿Cree Ud. que es necesario saber hablar idiomas extranjeros si uno quiere viajar por el mundo? Explique. 8. En su opinión, ¿por qué es importante que una persona viaje a varios lugares del mundo?

ESTRUCTURA

THE PASSIVE VOICE

Both English and Spanish have an active and a passive voice. In the active voice the subject performs the action of the verb; in the passive voice, the subject receives the action. Compare the following examples.

Active Voice:

Los mayas construyeron las pirámides de Uxmal y Chichén Itzá.
The Mayans constructed the pyramids of Uxmal and Chichén Itzá.

Passive Voice:

Las pirámides de Uxmal y Chichén Itzá fueron construidas por los mayas.
The pyramids of Uxmal and Chichén Itzá were constructed by the Mayans.

A. Formation of the passive voice

The passive voice is formed with the verb **ser** plus a *past participle.* **Ser** may be conjugated in any tense and the past participle must agree in gender and number with the subject. The agent (doer) of the action is usually introduced by **por**.

Ese pueblo fue fundado por los españoles.
That town was founded by the Spaniards.

Los tíos de Rudi van a ser visitados por Bob y Carlos.
Rudi's aunt and uncle will be visited by Bob and Carlos.

B. Use of the passive voice

1. The passive voice with **ser** is used when the agent carrying out the action of the verb is expressed or implied.

    Los apuntes fueron repasados por Carlos.
    The notes were reviewed by Carlos.

    El boleto fue comprado por Rudi.
    The ticket was bought by Rudi.

    La casa fue destruida por el viento.
    The house was destroyed by the wind.

2. If the action of the sentence is mental or emotional, **de** is used instead of **por** with the agent.

El profesor es respetado (admirado, *etc.*) de todos.
The professor is respected (admired, etc.) by everyone.

PRÁCTICA

A. **¿Quién hizo eso?** Cambie Ud. los verbos a la voz pasiva, usando el pretérito de **ser**.

1. Las bebidas (servir) _____ por la criada.
2. El libro de historia (leer) _____ por Juan.
3. Los manuscritos (escribir) _____ por un monje.
4. La información (mandar) _____ por mi amigo.
5. Los indios (respetar) _____ de los turistas.

B. **Un viaje a México.** Bob y Rudi van a México. Relate Ud. sus planes, cambiando las oraciones de la voz activa a la voz pasiva.

1. Los alumnos estudiaron historia de Hispanoamérica.
2. Carlos describe la influencia española en México.
3. Bob y Rudi visitarán la capital del país.
4. Van a visitar las misiones que la Iglesia Católica estableció.
5. Carlos señala otros lugares en la guía que los chicos deben ver.
6. Carlos compró los boletos para el viaje.
7. Bob escribirá el itinerario.
8. Ellos explorarán todas las regiones de México.

C. **Listo para viajar.** Ud. está listo(a) para hacer un viaje a México. Describa lo que cada una de las personas siguientes hicieron para ayudar con las preparaciones, usando la voz pasiva con **ser**.

Modelo reservas / arreglar / el agente de viajes
Las reservas fueron arregladas por el agente de viajes.

1. mi cámara nueva / comprar / mi tío
2. las maletas / hacer / mi madre
3. el boleto de ida y vuelta / conseguir / mi padre
4. mi pasaporte / expedir (*to issue*) / el gobierno
5. mis dólares / convertir a pesos / el banco

D. **Personas, lugares y sucesos.** Usando la voz pasiva dé Ud. información sobre a las personas, los lugares y los sucesos siguientes.

Modelo México / conquistar
México fue conquistado por los españoles.

1. la Declaración de Independencia de los Estados Unidos / escribir
2. América / descubrir
3. el teléfono / inventar
4. el presidente / elegir
5. la Primera Guerra Mundial / ganar

SUBSTITUTES FOR THE PASSIVE

A. *The passive* se

When the speaker wishes to focus on the recipient or subject of the action and the agent of the action is not directly expressed, the passive **se** construction is used.* The passive **se** construction always has these three parts:

se + third person verb + recipient or subject of the action

Note that if the recipient or subject of the action is an object rather than a person, the verb in the passive **se** construction agrees with it.

En aquella librería se venden libros de historia.
History books are sold in that bookstore.

Muchas páginas se han escrito sobre la conquista.
Many pages have been written about the conquest.

Allí se encuentra la población de origen colonial.
The population of colonial origin is found there.

B. *Impersonal "they"*

The third person plural may also be used as a substitute for the passive when the agent is not expressed.

Dicen que es muy inteligente.
They say (It is said) that she is very intelligent.

Hablan español en la Argentina.
They speak Spanish (Spanish is spoken) in Argentina.

---

*The passive **se** construction is more common and is preferred over the true passive.

PRÁCTICA

A. Información sobre México. Carlos está diciéndole a Rudi algunas de las cosas que ellos deben saber sobre México. Cambie Ud. estas oraciones a la forma singular.

Modelo   Se oyen lenguas indígenas allá.
Se oye una lengua indígena allá.

1. Se encuentran misiones coloniales allí.
2. Se ven las pirámides al norte de la capital.
3. Se abrían las puertas del Museo de Antropología a las diez.
4. Se venden las guías turísticas en cualquier tienda.
5. Se cerraban tarde las tiendas en la Zona Rosa.

B. Más información. Carlos sigue dándole información a Rudi. Cambie Ud. sus oraciones a la forma impersonal con el sentido de *they.*

Modelo   Se hacen joyas de plata en Taxco.
Hacen joyas de plata en Taxco.

1. Se habla náhuatl en algunas aldeas de México.
2. Se venden flores de papel en los mercados.
3. Se dice que México es una tierra de contrastes.
4. Se comen tacos en México.
5. Se baila el jarabe tapatío en México.

C. La llegada. Bob y Rudi han llegado a México. Relate Ud. lo que dice su guía, cambiando sus comentarios de la voz activa a la voz pasiva con **se.**

Modelo   Cambian dinero en el banco.
Se cambia dinero en el banco.

1. Preparan platos típicos en los restaurantes cerca del Zócalo.
2. Venden libros antiguos en varias tiendas en la Zona Rosa.
3. Arreglan los planes del viaje en esa agencia.
4. Verán la catedral durante una visita a la plaza.
5. Tocan música folklórica en aquella cantina.

D. Al hotel. Cuando Rudi y Bob llegaron al hotel, ¿qué hicieron estas personas?

Modelo   abrir la puerta / el botones
La puerta fue abierta por el botones.

1. traer las maletas al cuarto / Bob
2. deshacer las maletas / los muchachos
3. arreglar un viaje a las pirámides / el agente de viajes

4. limpiar el cuarto / la criada
5. escribir unas tarjetas / Rudi

E. Un viaje personal. Usando la voz pasiva, relate brevemente algunas experiencias que Ud. ha tenido viajando.

USES OF THE INFINITIVE

1. As an object of a preposition (where English uses the *-ing* form).

Después de repasar sus apuntes, él fue a clase.
After reviewing his notes, he went to class.

Antes de hablar, es bueno pensar.
Before speaking, it is good to think.

2. As a noun functioning as the subject or object of a verb. It may be used with or without the definite article **el**.

(El) ver esa región es indispensable.
Seeing that region is indispensable.

¿Qué prefieres, nadar o esquiar?
What do you prefer, swimming or skiing?

3. As a verb complement, in place of a noun clause when there is no change of subject.

Quiero salir mañana.
I want to leave tomorrow.

Esperan llegar el martes.
They hope to arrive on Tuesday.

4. In place of a noun clause after certain impersonal expressions (used with an indirect object pronoun).

Le es necesario comprarlo.
It is necessary for him to buy it.

Nos es imposible viajar en tren.
It is impossible for us to travel by train.

5. After verbs of perception such as **oír, escuchar, ver, mirar,** and **sentir**. (Note the position of the noun object in the last example.)

Los oí llorar.
I heard them crying.

Vieron escapar al ladrón.
They saw the thief escape.

6. Instead of a noun clause after verbs of preventing, ordering, or permitting (**prohibir, mandar, hacer, dejar,** and **permitir**). An object pronoun is usually a part of this construction.

Me prohibió salir.
He prohibited me from leaving.

Nos impidieron entrar.
They stopped us from entering.

No lo dejaron hablar.
They didn't allow him to speak.

Le hizo escribirla.
He made him write it.

7. In certain impersonal commands (usually on signs).

No fumar.
No smoking.

No escupir en la calle.
No spitting in the street.

No pisar el césped.
Don't step on the grass.

PRÁCTICA

A. **Las experiencias de Rudi y Bob en México.** Esprese Ud. algunas de las cosas que Rudi y Bob hicieron durante su primer día en México, traduciendo las palabras entre paréntesis.

1. (*After arriving*) _____ a México, fuimos al museo.
2. Rudi compró unos recuerdos (*in spite of having*) _____ poco dinero.
3. (*After eating*) _____, nos pusimos a charlar con unos mexicanos.
4. (*Instead of going to bed*) _____, miramos la televisión.
5. Siempre nos divertimos (*upon visiting*) _____ un país nuevo.

B. **Una carta a un(a) amigo(a).** Ud. está escribiéndole a un(a) amigo(a) después de llegar a la ciudad de México.

Querido(a) _____:

It is impossible for me to tell you everything that I have done since arriving here. I am happy that I didn't drive because having a car is a hassle in this city. As you know, Carlos gave me the address of his family in Mexico before leaving. I had to take the subway to their home. There were signs everywhere saying no smoking, eating or sleeping on the subway. Upon arriving at the station, I went to see his family. Upon entering the house, his parents began to smile. Before sitting down, I had to meet all his brothers and sisters. After chatting for several hours, it was time to leave. They let me use their telephone to call a taxi because the subway doesn't run after midnight. Upon arriving at my hotel, I decided to write to you instead of going to bed.

Con un abrazo,

Nominalization

A word or phrase that modifies a noun (a simple adjective, a **de** phrase, or an adjective clause) may function as a noun when used with the definite article. The process of omitting the noun and using the article + modifier is called *nominalization*.

Noun(s) Stated:

> Hay dos chicas allí. La chica morena es mi prima y la chica rubia es mi hermana.
> *There are two girls over there. The brunette girl is my cousin and the blonde girl is my sister.*

Noun(s) Omitted:

> Hay dos chicas allí. La morena es mi prima y la rubia es mi hermana.
> *There are two girls over there. The brunette is my cousin and the blonde is my sister.*

More Examples:

> La raqueta de Paco es roja. La de Roberto es azul.
> *Paco's racket is red. Roberto's is blue.*

> El chico que habla es Carlos. El que escribe es Juan.
> *The boy who is talking is Carlos. The one who is writing is Juan.*

The contractions **al** and **del** often occur in nominalized sentences.

Quiero conocer al hombre rico.
Quiero conocer al rico.

PRÁCTICA

A. Opiniones personales. Cambie Ud. estas oraciones según el modelo.

Modelo Pienso que los exámenes orales son más difíciles que los
exámenes escritos.
Pienso que los orales son más difíciles que los escritos.

1. Éstas son las fotos de Trinidad y aquéllas son las fotos de Tobago.
2. La chica que está cerca de la ventana es más bonita que la chica que está sentada.
3. Te prestaré el vestido amarillo, si me prestarás el vestido rojo.
4. Puedo leer las palabras que están en este letrero, pero no puedo leer las palabras que están en aquel letrero.
5. A propósito, la chica pelirroja quiere salir con Carlos, la chica morena no quiere.
6. Los chicos de aquí no saben bailar, los chicos de allá sí saben.
7. El restaurante que está en esa esquina está cerrado, el restaurante que está en el centro está abierto.
8. Las bebidas que tomé costaron poco; las bebidas que tomaste costaron mucho.
9. La casa de Isabel queda lejos de aquí; la casa de Sonia queda cerca.
10. Se acerca a la mesa de Tere; se aleja de la mesa de Lola.

B. Sus preferencias. Trabajando en pares, expresen Uds. sus preferencias en cuanto a las cosas siguientes.

Modelo ¿Un vuelo? Nos gusta *el que sale a las ocho*.

1. ¿Un restaurante? Me gusta _____.
2. ¿Novelas? Nos gustan _____.
3. ¿Un disco? Quiero escuchar _____.
4. ¿Bailes? Nos gustan _____.
5. ¿Películas? Prefiero _____.

C. Su viaje a México. Trabajando en pares, háganse Uds. estas preguntas para saber lo que prefieren ver.

Modelo ¿Qué prefieres ver,
el museo de antropología o el museo del arte moderno?
Prefiero ver el de antropología.

1. ¿la catedral de Guadalajara o la catedral de México?
2. ¿la costa del Pacífico o la costa del Atlántico?
3. ¿los barrios pobres o los barrios ricos?
4. ¿los mercados indios o los mercados modernos?
5. ¿los edificios de arquitectura colonial o los edificios de arquitectura moderna?

Ahora, siguiendo el modelo anterior hagan Uds. dos o tres preguntas originales.

THE CONJUNCTIONS *PERO, SINO,* AND *SINO QUE*

Pero, sino, and **sino que** all mean *but*. They all join two elements of a sentence, but each has specific guidelines governing its usage.

1. **Pero** joins two elements when the preceding clause is affirmative. It introduces information that expands a previously mentioned idea.

   Quiero ir, pero no iré.
   I want to go, but I won't.

   Prefiero mirar la televisión, pero tengo que estudiar.
   I prefer to watch television, but I have to study.

   Pero may be used after a negative element. In this case, *but* is equivalent to *nevertheless* or *however.*

   Raúl no es muy alto, pero juega bien al tenis.
   Raúl isn't very tall, but he plays tennis well.

   No me gusta hablar de cosas desagradables, pero a veces hay que hacerlo.
   I don't like to talk of unpleasant things, but sometimes it must be done.

2. **Sino** is only used after a negative element in order to express a contrast or contradiction to the first element. (**Sino** connects only a word or phrase to a sentence, but never a clause.)

   No es fácil sino difícil.
   It isn't easy, but difficult.

   No quiere beber sino comer.
   He doesn't want to drink, but rather to eat.

   Ellos no son peruanos sino chilenos.
   They are not Peruvians, but Chileans.

3. **Sino que** is only used after a negative element to connect a clause to the sentence. Like **sino,** it introduces information that contrasts or contradicts the concept expressed in a preceding negative element.

No es necesario que lo estudie sino que lo lea.
It isn't necessary that he study it, but that he read it.

No dijo que vendría sino que se quedaría en casa.
He didn't say that he would come, but that he would stay at home.

PRÁCTICA

A. A aclarar. Para aclarar las situaciones siguientes, complete Ud. cada oración con **pero, sino,** o **sino que.**

1. Rudi no va con Carlos _____ con Bob.
2. Quiere ser ingeniero _____ no es fácil.
3. No iré al concierto _____ lo escucharé por radio.
4. No es azul _____ verde.
5. No quiero hablar _____ callarme.
6. No quiere que hablemos _____ nos callemos.
7. No dijeron que lo comprarían _____ lo venderían.
8. No van a tomar el autobús _____ el metro.
9. No va al cine _____ se queda en casa.
10. Mi amigo no es español _____ mexicano.
11. Él va a estudiar, _____ ellos prefieren ir al cine.
12. No piensan ir a Bolivia _____ a Guatemala.
13. No hay desierto _____ montañas.
14. No queremos quedarnos aquí _____ nos quedaremos.
15. Me gustaría charlar más, _____ tengo que terminar la tarea.

B. A escoger. Complete Ud. cada oración con sus propias ideas.

1. No quiero hacer un viaje a Tucson, pero _____.
   No quiero hacer un viaje a Tucson sino (que) _____.
2. Guadalajara no está cerca, pero _____.
   Guadalajara no está cerca sino (que) _____.
3. Mi amigo cree que yo sé mucho de México, pero _____.
   Mi profesor no cree que yo sepa mucho de México sino (que)
   _____.
4. En México un pasaporte es importante, pero _____.
   En España un pasaporte no sólo es importante sino (que)
   _____.

THE ALTERNATIVE CONJUNCTIONS *E* AND *U*

1. The conjunction **y** changes to **e** before words beginning with **i** or **hi**.

Queremos ver lugares pintorescos e interesantes.
We want to see picturesque and interesting places.

Se necesitan tela e hilo para hacer un vestido.
Fabric and thread are needed to make a dress.

However, **y** does not change before nouns beginning with **hie** or with **y**.

petróleo y hierro   él y yo
oil and iron   *he and I*

2. The conjunction **o** changes to **u** before words beginning with **o** or **ho**.

Tomás u Olivia pueden hacerlo.
Tomás or Olivia can do it.

No sé si es mujer u hombre.
I don't know if it's a woman or a man.

PRÁCTICA

A. **La vuelta a casa**. Bob y Rudi han vuelto de México y están compartiendo la información que ellos han obtenido. Relate Ud. lo que ellos dijeron, completando estas oraciones con **y** o **e**.

1. En México comimos naranjas _____ higos.
2. Se sirve Coca-Cola con limón _____ hielo en casi todos los cafés.
3. Rudi hablaba español _____ inglés todo el tiempo porque muchos de los mexicanos son bilingües.
4. Las personas a quienes conocimos nos contaron muchos cuentos divertidos _____ increíbles.

B. **La conversación con Rudi y Bob continúa**. Complete Ud. estas oraciones con **o** o **u**.

1. No sabíamos si necesitábamos más dinero _____ otra cosa para comprar joyas de plata.
2. Traté de visitar el Castillo de Chapultepec siete _____ ocho veces sin tener éxito.
3. Prefiero leer novelas _____ cuentos escritos por mexicanos para entender mejor su historia.
4. No sabíamos si las entradas costaron setenta _____ ochenta pesos para entrar en el Palacio de Bellas Artes.

REPASO

I. Pidiendo información. Trabajando en pares, hagan y contesten Uds. estas preguntas.

Modelo ¿Los apuntes están escritos?
Sí, fueron escritos por el estudiante.

1. ¿Las lecciones están terminadas?
2. ¿La composición está corregida?
3. ¿Los viajes están arreglados?
4. ¿La puerta está cerrada?
5. ¿El resumen está preparado?

II. Evitando la repetición. Cambie Ud. estas oraciones según el modelo.

Modelo El boleto de Rudi y el boleto de Bob están en la maleta.
El boleto de Rudi y el de Bob están en la maleta.

1. La casa de Juan y la casa de Pablo están muy lejos de aquí.
2. El libro que en la mesa y el libro está en la silla son de Elena.
3. Los mapas de México y los mapas de Costa Rica están en mi cuarto.
4. El coche azul y el coche rojo son nuevos.
5. Los muchachos españoles y los muchachos argentinos están aquí de visita.

III. Haciendo anuncios. Se usa con frecuencia el **se** impersonal en los anuncios. Escriba Ud. unos anuncios, usando las siguientes palabras.

Modelo casas / vender
Se venden casas aquí.

1. viajes a Puebla / arreglar
2. comida francesa / servir
3. inglés / hablar
4. novelas mexicanas / vender
5. coches / alquilar

IV. Planeando un viaje a la América Latina. Ud. y un(a) amigo(a) están planeando un viaje a Latinoamérica. Trabajando en pares hagan Uds. un itinerario para su viaje, incluyendo los lugares que quieren visitar y una lista de cosas que piensan que son necesarias tener en le viaje. Hay solamente una restricción. Ud. puede llevar solamente cinco cosas con Ud. incluyendo su maleta. Estén Uds. preparados para compartir su itinerario y su lista con la clase. La clase va a decirles si ellos piensan que Uds. han incluido todas las cosas esenciales para el viaje.

V. ¿Quién hace estas cosas en su familia? Trabajando en pares, háganse y contesten Uds. estas preguntas usando la forma de la voz pasiva con **ser**.

Modelo preparar / comida
   ¿Quién prepara la comida?
   La comida es preparada por mi padre.

1. pagar / cuentas
2. escribir / cartas
3. leer / libros
4. cantar / canciones
5. limpiar / casa
6. manejar / coche

Ahora, pregúntele Ud. a un(a) compañero(a) de clase si hay otras cosas que otros miembros de su familia hacen en casa.

INTERCAMBIOS

EL ARTE DE CONVERSAR

Learning idioms and useful expressions will help you understand a native speaker more easily. Knowing idioms and expressions will also enable you to develop a more sophisticated level of speaking. An idiom is a word or expression that cannot be analyzed word for word nor does it have a direct English equivalent. Some of the more frequently used idioms you have studied are the following:

claro	*of course*
con permiso	*excuse me (when leaving the table or a room)*
de todos modos	*anyway*
valer la pena	*to be worthwhile*
tomar una copa	*to have a drink*
hacer daño	*to harm, to hurt*
darse cuenta de	*to realize*

SITUACIONES

Con un(a) compañero(a) de clase, prepare Ud. algunos diálogos que correspondan a una de las siguientes situaciones.

1. You want to take a trip to Peru. You go to a travel agency to arrange your trip. You talk with the agent.

   a. You tell her that you want to go to Peru.
   b. You tell her that you have to leave on the 25th of June and return the first of August.
   c. You tell her that you want to go to Lima first and later to Machu Picchu and Cuzco.
   d. You ask her if it is better to fly to Cuzco or to go by bus.
   e. You tell her that you want to stay in first class hotels only.
   f. You ask her how much the trip will cost.
   g. You tell her to arrange the trip, and that you will return on Monday to see the final itinerary.

2. You and a friend are going out for dinner in Mexico City. You enter a restaurant and speak with the waiter.

   a. You ask him for a table next to the window.
   b. You ask him to bring you a menu, two glasses, and a bottle of wine.
   c. You ask him if there are any special dishes for the day.
   d. You ask him to describe the dish "flautas" that is on the menu.
   e. After the waiter has described the dish to you, you have to describe it to your friend because she doesn't speak Spanish.
   f. You order tortilla soup, shrimp salad, pork with green chile sauce, rice with black beans, and fresh fruit and cheese for dessert.
   g. After eating, you ask for the check and leave.

3. **Tomando un taxi:** Ud. ha llegado a una ciudad hispánica y tiene que tomar un taxi al centro. Pregunte al chófer si conoce un hotel no muy caro y una agencia donde pueda alquilar un coche.

   autopista *highway*; calle *(f) street*; cobrar por *to charge for*; coche de alquilar *rental car*; precio fijo (por persona) *fixed price (per person)*; recomendar *to recommend*; ruta *route*; taxímetro *taxi meter*

4. **En el hotel:** Ud. llega al hotel sin cuarto reservado. Pida información acerca de los precios y el tipo de cuarto disponible.

   administración (*o* gerencia) *front desk*; aire acondicionado *air conditioning*; calefacción *heat*; cama doble (*o* de matrimonio) *double bed*; camas gemelas *twin beds*; cien pesos diarios *a hundred pesos a day*; conserje *(m) desk clerk*; cuarto con baño (ducha) *room with a bath (shower)*; cuarto sencillo (doble) *single (double) room*; gerente (*m* or *f*) manager; reserva *reservation*; tarifa *rate*

5. **Le faltan toallas:** Después de firmar el registro, Ud. sube al cuarto para descansar y bañarse, pero descubre que se les ha olvidado colo-

car toallas limpias en el cuarto. Tiene que llamar a la administración
y explicar la situación.

ascensor *(m) elevator*; ascensorista *(m or f) elevator operator*;
botones *(m) bellhop*; camarera *maid*; cuarto de baño *bathroom*;
equipaje *(m) luggage*; faltar *to be missing, lacking*; llave *(f) key*;
jabón *(m) soap*; papel higiénico *toilet paper*; toalla *towel*

6. **Hay que ir al correo y al banco:** Después de escribir unas cartas y
    unas tarjetas postales, Ud. tiene que ir al correo. Pregunte al conserje
    dónde está. Después, Ud. pasa por el banco para cobrar unos
    cheques de viajero. Tiene que identificarse y averiguar la tarifa (*rate*)
    de cambio.

    correo aéreo (ordinario) *air (regular) mail*; dirección *address*; estampi-
    lla (sello, timbre) *stamp*; franqueo *postage*; remitente (*m or f*) *sender,
    return address*; cajero *cashier*; cheque de caja *(m) cashier's check*;
    cheque de viajero *traveller's check*; cobrar un cheque *to cash a check*;
    cuenta *account*; firmar (*o* endosar) *to sign, to endorse*; tasa (*o* tarifa)
    de cambio *exchange rate*; ventanilla *(cashier's) window*

7. **Una enfermedad:** Un día Ud. se siente mal. Llame Ud. a la recep-
    ción y pregunte por un médico. Después, llame al médico y explique
    lo que le pasa.

    alergia *allergy*; antiácido *antacid*; aspirina *aspirin*; cápsula *capsule*;
    clínica *clinic, hospital*; consultorio *doctor's office*; dolor de estómago
    (cabeza) *stomach (head) ache*; enfermedad *illness*; estar resfriado(a) *to
    have a cold*; farmacéutico(a) *pharmacist*; indigestión *indigestion*;
    inyección *injection, shot*; pastilla *tablet*; píldora *pill*; receta *prescription*

A ESCUCHAR

Escuche Ud. a continuación la siguiente situación y el diálogo. Luego haga los
ejercicios relacionados con lo que ha escuchado y aprendido.

Política. Dos empresarios del sector de la industria turística de Veracruz,
México, durante su estancia en Houston, se encuentran viendo un partido de
baloncesto. En el descanso charlan de diversos temas, entre ellos de política y
de las próximas elecciones en los Estados Unidos.

Información

Complete Ud. las siguientes oraciones, basándose en el diálogo que acaba de
escuchar.

Estamos en la Gran Vía, una de las calles principales de Madrid, España. ¿Cuáles son unas de las influencias de los Estados Unidos que se pueden ver en la foto? En su opinión, ¿es nuestra influencia buena o mala? Explique.

1. Manolo y Pancho están viendo...
2. La sección de deportes no contaba...
3. Los dos señores mexicanos son...
4. Para los estados del sur el ser conservador es...
5. Un segmento de la opinión pública está...

A CONVERSAR

A. Ejercicio de comprensión

Ud. va a escuchar un comentario sobre las relaciones entre los Estados Unidos e Hispanoamérica durante el siglo XX. Después del comentario, va a escuchar varias oraciones. Indique Ud. si la oración es verdadera (V) o falsa (F), trazando un círculo alrededor de la letra que corresponde a la respuesta correcta.

1. V F   3. V F   5. V F

2. V F   4. V F   6. V F

Un restaurante en la Zona Rosa de la Ciudad de México. ¿Le parece un restaurante elegante? ¿Por qué? ¿Le gusta la comida mexicana? Explique.

B. Temas de conversación o de composición

1. Escriba Ud. una composición o hable de un viaje que ha hecho. Describa Ud. los lugares que visitó y la gente a quien conoció.
2. Escriba Ud. una composición o hable de un viaje que querría hacer por Latinoamérica.

C. Descripción y expansión

En el mundo hispánico se puede encontrar una gran variedad de restaurantes y cafés; unos son muy elegantes, algunos están al aire libre, algunos son cafeterías más o menos informales. Mire Ud. con cuidado la foto de un restaurante, y haga las actividades que siguen.

1. ¿Cómo es el restaurante? ¿grande? ¿pequeño? ¿elegante? ¿regular?
2. Describa la clase de restaurante que Ud. prefiere. ¿Por qué prefiere ese tipo?
3. Ud. va a tener la oportunidad de comer en un restaurante en Sevilla, España. Ud. tiene 375 pesetas. Refiriéndose al menú en la página 314,

MENÚ TURÍSTICO

Un plato del Grupo I
Un plato del Grupo II, III o IV
Un plato del Grupo V, pan y vino

PAN 7
MANTEQUILLA 10
SERVICIO e IMPUESTOS INCLUIDOS

CARTA

PRIMER GRUPO (I)
ENTREMESES, ENSALADAS y SOPAS

	Ptas.
Melón con Jamón	110
Cocktail de Mariscos	100
Consomé de Ave	20
Sopa de Arroz Española	30
Creme de Ave Reina	35
Sopa de Cebolla Gratinada	35
Ensalada Ilustrada	30
Entremeses Variados	60
Crema de Mariscos	40

SEGUNDO GRUPO (II)
VERDURAS, HUEVOS y PASTAS

Alcachofas Salteadas con Jamón	70
Espárragos Dos Salsas	100
Menestra de Verduras	100
Coles de Bruselas	80
Champiñones a la Bordalesa	65
Guisantes a la Francesa	50
Huevos a la Flamenca	50
Tortilla de Jamón	45
Paella Valenciana	120
Arroz con Pollo	120
Fabada Asturiana	90

TERCER GRUPO (III)
PESCADOS y MARISCOS

Lenguado Escorial	150
Merluza a la Bilbaína	90
Langosta Dos Salsas	450
Ostras	160
Percebes	125
Lubina Grillé	120
Almejas a la Marinera	120
Langostinos Dos Salsas	350
Parrillada de Mariscos	175
Trucha a la Navarra	90
Mero al Horno	120
Bacalao al Ajoarriero	80
Calamares Romana	80
Gambas al Ajillo	170
Angulas Bilbaína	190
Rape Marinera	120
Mejillones Marinera	60
Zarzuela de Mariscos	175

CUARTO GRUPO (IV)
CARNES, AVE y CAZA

Jamón de Teruel	95
Magras con Tomate	80
Costillas de Ternasco	115
Entrecote Parrilla	130
Solomillo de Ternera	160
Escalope Milanesa	90
Bistec de Ternera	90
Riñones a la Plancha	80
Conejo a la Brasa	120
Longaniza a la Brasa	80
Tournedos Rossini	175
Lomo de Cerdo Embuchado	95
Perdiz Escabechada	175
Pollo Asado (¼)	70
Chuletas de Ternasco	125
Pollo Chilindrón	100
Sesos a la Romana	90
Entrecote a la Pimienta	150

QUINTO GRUPO (V)
POSTRES, HELADOS, QUESOS y FRUTAS

Fruta de la Temporada	40
Pijama	40
Melocotón en Almíbar	25
Piña al Kirsch	60
Flan al Caramelo	35
Helado de Vainilla	30
Queso Manchego	25
Cuajada de Leche	25
Peras en Almíbar	30
Tarta de Almendras	35
Helado al Horno	95
Tarta Helada	40
Arroz con Leche	35
Tocino de Cielo	35

Este Establecimiento dispone de UN LIBRO DE RECLAMACIONES a disposición del Cliente

pida una comida completa sin gastar más de lo que tiene. Después de pedir varios platos, explique por qué quiere probar esas cosas.

4. Opiniones

    a. ¿Qué opina Ud. de la comida extranjera? Explique.
    b. ¿Qué comida extranjera es su favorita? ¿Por qué?
    c. ¿Cuál prefiere, la comida americana o la comida mexicana? ¿Por qué?

MATERIALES AUTÉNTICOS

En el diálogo de este capítulo Rudi y Bob piensan terminar su viaje a México en Cancún. Lea el anuncio en la página 316 que apareció en un diario de la capital de México, *EXCÉLSIOR*, y conteste las preguntas.

1. ¿Qué es AVISA?
2. ¿Cómo son los precios que se anuncian para Cancún?
3. ¿Dónde empiezan los precios?
4. ¿Cuándo son las salidas para Cancún?
5. En la oferta especial, ¿cuánto cuesta sólo el pasaje por avión? Si un dólar (U.S.) = 3.069 pesos, ¿cuánto cuesta el pasaje en dólares (U.S.)?
6. Si Ud. quiere pasar cuatro días y tres noches en Cancún, ¿cuál de los paquetes es más barato? ¿Más caro? ¿Cómo se llaman los hoteles?
7. ¿Cuántos pesos tienen que pagar los menores en los hoteles?
8. ¿Qué se incluye en el precio?
9. ¿Cuándo empieza esta oferta especial? ¿Cuándo termina?
10. ¿Quiere Ud. visitar Cancún? ¿Por qué?

La presencia hispánica en los Estados Unidos

La misión de San Juan Capistrano se encuentra en California. Escriba Ud. una descripción de esta misión. ¿Qué le indica de la influencía hispánica en este país?

(Carlos, Bob y Rudi vuelven a encontrarse en la cafetería de la universidad para seguir su charla sobre los viajes del verano. Esta vez hablan del viaje que Carlos piensa hacer al suroeste de los Estados Unidos.)

CARLOS   Bueno, esta tarde tengo el último examen y mañana voy a hacer turismo. ¿Y Uds.? ¿Cuándo salen?

BOB   No salimos hasta el lunes. ¿Adónde vas
5   primero?

CARLOS   Esperaba que Uds. me aconsejaran. Quiero ver lugares que demuestren la influencia mexicana.[1] ¿Sería mejor ir a Phoenix, Tucson u otra ciudad?

10   RUDI   Pues, en cuanto a la influencia mexicana, hay relativamente poca en Phoenix, pero mucha en Tucson. Aquélla fue establecida mucho más tarde. La misión de San Xavier del Bac,[2] cerca de Tucson, fue construida
15   en 1700.

BOB   En realidad, casi toda la influencia hispánica en Arizona es reciente, pero en el norte de Nuevo México y en el sur de Colorado[3] hay pueblos que se fundaron en
20   los tiempos coloniales. El ver esa región es indispensable.

RUDI   Si tienes mucho tiempo, te puedo recomendar algunos sitios magníficos en las montañas de Nuevo México. Pero por lo menos te
25   daré la dirección de mis tíos en Santa Fe — ellos te pueden guiar por la ciudad.

CARLOS   Y la gente de Texas, ¿no es de procedencia mexicana también?

BOB   Bueno, Texas es más semejante a California
30   —una mezcla de gente mexicana cuyos antepasados llegaron en el siglo XVIII, o han inmigrado recientemente. El aspecto colonial se limita a varias misiones aisladas.

CARLOS   ¿No son los estados de más concentración
35   hispánica?

RUDI   Sí, es cierto, pero en Texas y en California ha habido más contacto con la cultura anglosajona que en otras partes como Nuevo México. ¿Cómo viajas? ¿En avión?

40 CARLOS Sí, porque en camión llevaría demasiado tiempo, ya que la distancia es enorme. Si pudiera, iría en tren, pero es difícil.

RUDI No sólo difícil, sino imposible.

CARLOS Tengo pasaje desde Los Ángeles hasta San
45 Antonio, y puedo hacer escala en cualquier ciudad de en medio. Pensaba que podía tomar el camión para visitar los pueblos pequeños.

de en medio   *in between*

RUDI ¿Compraste boleto de ida y vuelta?

50 CARLOS No. Es un boleto sencillo porque voy a viajar de San Antonio a México para pasar unos días con mis padres antes de volver a la universidad.

BOB Hablando de México, ¿cuándo vas a orien-
55 tarnos un poco más? Partimos el lunes para la capital.

CARLOS Lo haré con mucho gusto. Si fuera posible, los acompañaría en una gira por mi patria. Pero creo que les puedo dar algunos conse-
60 jos sobre los lugares más pintorescos e interesantes.

BOB ¿Por ejemplo?

CARLOS Miren, tengo otro examen en diez minutos. Quisiera repasar mis apuntes una vez más
65 antes de entrar. ¿Qué tal si nos reunimos aquí a las seis?

RUDI Perfecto. Que salgas bien en el examen.

BOB Sí, buena suerte.

CARLOS Gracias. La voy a necesitar. Hasta luego.
70 Nos vemos a las seis.

Notas culturales

[1]**lugares que demuestren la influencia mexicana:** La cultura hispánica en el suroeste de los Estados Unidos tiene varios antecedentes históricos. Algunos pueblos fueron fundados durante la época colonial (1521–1824) y tienen un marcado ambiente español. Otros muestran rasgos de la cultura mexicana del siglo XIX y aun otros la influencia de los inmigrantes mexicanos recientes. Este hecho explica en parte la gran variedad cultural y lingüística de la cultura chicana o mexicoamericana.

[2]**La misión de San Xavier del Bac:** Los primeros centros españoles en los Estados Unidos fueron las misiones católicas establecidas por los misioneros.

³**el norte de Nuevo México y el sur de Colorado:** Esta región es de origen colonial y está relativamente aislada del resto de la cultura chicana o mexicoamericana y también de la cultura anglosajona.

VOCABULARIO ACTIVO

Estudie estas palabras.

Verbos

guiar   *to guide*
repasar   *to review*

Sustantivos

el antepasado   *ancestor*
la charla   *chat*
el consejo   *advice*
la escala   *stopover*
la gira   *tour*
el pasaje   *passage, ticket*
la patria   *country*
la procedencia   *origin*
el rasgo   *trace*
el suroeste   *southwest*

Adjetivos

aislado, -a   *isolated*
marcado, -a   *clear, marked*
pintoresco, -a   *picturesque*
sencillo, -a   *one-way (ticket)*

Otras expresiones

de ida y vuelta   *round-trip (ticket)*
en cuanto a   *regarding, as far as . . . is concerned*
pasado mañana   *the day after tomorrow*
por lo menos   *at least*

COMPRENSIÓN

1. ¿Dónde se reúnen Carlos, Bob y Rudi para seguir su charla?   2. ¿Qué país van a visitar Bob y Rudi?   3. ¿Cuándo van a salir?   4. ¿Qué lugares quiere ver Carlos?   5. ¿Qué estados muestran rasgos de la cultura española colonial? 6. ¿Cómo pueden ayudarle los tíos de Rudi a Carlos?   7. ¿De qué elementos se compone la cultura hispánica de Texas?   8. ¿Dónde se encuentra la mayor concentración hispánica del suroeste?   9. ¿Cómo va a viajar Carlos?   10. ¿Por qué llevaría demasiado tiempo en camión?   11. ¿Compró Carlos boleto de ida y vuelta? ¿Por qué no?   12. ¿De qué van a hablar cuando se reúnan a las seis?

OPINIONES

1. ¿Ha visitado Ud. el suroeste de los Estados Unidos? ¿Qué partes?   2. Si Ud. tuviera la oportunidad de visitar unos estados del suroeste para observar la

influencia hispánica, ¿qué estados preferiría visitar? ¿Por qué?   3. Antes de estudiar la lengua española, ¿sabía Ud. que había mucha influencia hispánica en el suroeste de los Estados Unidos?   4. ¿Ha hecho Ud. un viaje en camión? ¿Cuándo?   5. ¿Prefiere Ud. viajar en camión o en avión? ¿Por qué? 6. ¿Sabe Ud. que hay otros lugares de los Estados Unidos que también tienen influencia hispánica? ¿Cuáles son? ¿Cuál es el origen de la influencia hispánica en esos lugares?

ESTRUCTURA

REVIEW OF USES OF THE DEFINITE ARTICLE

Some special uses of the definite article in Spanish are as follows:

1. With nouns in a series, it is generally repeated before each noun.

   El abrigo, el sombrero y las corbatas son de Alfredo.
   The overcoat, hat, and ties belong to Alfredo.

2. With all titles except **don** (**doña**) and **Santo** (**Santa**) when talking about a person.

   La Sra. García está en Texas.
   Mrs. García is in Texas.

   Don José le reza a Santo Tomás.
   Don José prays to St. Thomas.

   Note that the article is omitted when speaking directly to a person.

   Sr. García, ¿dónde está el comedor?
   Mr. García, where is the dining room?

3. With nouns used in a general or abstract sense.

   Las flores son bonitas.
   Flowers are pretty.

   La paciencia es más importante que la sabiduría.
   Patience is more important than wisdom.

4. With infinitives used as nouns.*

El charlar constantemente es molesto.
Talking constantly is annoying.

El leer es más agradable que el mirar la televisión.
Reading is more pleasant than watching television.

5. With days of the week,† seasons of the year, the time of day, and dates.

Voy a misa los domingos.
I go to mass on Sundays.

La primavera es la estación más bonita del año.
Spring is the prettiest season of the year.

Son las siete.
It's seven o'clock.

Pasado mañana es el seis de enero.
The day after tomorrow is January 6.

However, the article is omitted with days of the week in expressions such as **Hoy es..., Ayer fue...,** etc.; it is also omitted after **ser** with seasons. After the preposition **en** the use of the article with seasons is optional.

Hoy es martes.
Today is Tuesday.

Es invierno en la Argentina.
It's winter in Argentina.

En (el) otoño las hojas caen de los árboles.
In autumn the leaves fall from the trees.

6. With names of languages, except after the preposition **en** or when the language immediately follows the verb **hablar.**††

Hablan muy bien el francés.
They speak French very well.

---

*See Unit 11, page 301, item number 2.

†Note that the definite article is used to express *on* with days of the week. **Voy a clase el lunes.** *I go to class on Monday.* Also the article is omitted with days of the week and with seasons after the verb **ser.**

††After some other verbs (**aprender, comprender, escribir, estudiar, leer, saber**), use of the article may be optional.

El español es muy fácil.
Spanish is very easy.

    BUT

En español hay muchas palabras de origen árabe.
In Spanish there are many words of Arabic origin.

Hablan francés.
They speak French.

After the preposition **de,** the article is often omitted with languages; this is always the case with a **de** phrase that modifies a noun.

Es profesora de alemán.
She's a German teacher (a teacher of German).

7. With parts of the body, articles of clothing, and personal effects, in place of the possessive adjective (see Unit 4).

Me lavo las manos.   Marta se pone los guantes.
I wash my hands.   *Marta puts on her gloves.*

8. With the names of certain countries, cities, and states.

la Argentina la Gran Bretaña
el Brasil   la Florida
el Canadá   el Japón
el Ecuador el Perú
los Estados Unidos   el Uruguay
El Salvador

Nowadays the article is often omitted with these countries in newspapers, radio broadcasts, and colloquial speech. But it is always retained with **El Salvador, La Habana,** and **El Cairo.**

9. With names of all countries when modified by an adjective or phrase.

el México azteca
Aztec Mexico

la Inglaterra de nuestros antepasados
the England of our ancestors

la España del Cid
the Spain of the Cid

10. With the names of games and sports.

Paco juega muy bien a las damas.
Paco plays checkers very well.

Me gusta mucho el tenis.
I like tennis a lot.

11. With the names of meals.

Los niños se acuestan después de la cena.
The children go to bed after supper.

12. With the nouns **escuela, iglesia, ciudad,** and **cárcel** when they are preceded by a preposition.

Para algunos chicos asistir a la escuela es como estar en la cárcel.
For some children going to school is like being in jail.

Note: Feminine nouns beginning with stressed **a** or **ha** use **el** instead of **la** in the singular.

El agua está fría.
The water is cold.

El hambre es un problema mundial.
Hunger is a world problem.

But when these nouns are in the plural, they use the feminine article **las:**

Las aguas de esos ríos están muy sucias.
The waters of those rivers are very dirty.

PRÁCTICA

A. **Una serie de ideas.** Complete Ud. estas oraciones con la forma apropriada del artículo definido o con una contracción cuando sea necesario.

1. _____ libertad es importante.
2. ¿Cómo está Ud., _____ Sra. García?
3. Mis amigos hablan _____ italiano.
4. _____ hombres son así.
5. Se preocupa de _____ vida y de _____ muerte.
6. Vamos a misa _____ domingo.
7. Nunca voy _____ cine.
8. _____ agua está helada.
9. _____ otoño es bonito en las montañas.
10. Son _____ cuatro.

B. **Carlos hace un viaje a Nuevo México.** Carlos va a hacer un viaje a Nuevo México. Para describir su viaje, complete Ud. esta narrativa breve con la forma correcta del artículo definido o con una contracción cuando sea necesario.

Carlos se pone _____ ropa y hace _____ maletas. Está listo para salir para _____ Nuevo México. Él ha estudiado mucho sobre _____ América colonial. Quiere visitar _____ Santa Fe primero, porque es _____ ciudad más hispánica de _____ suroeste. En Santa Fe va a llamar a _____ Sr. García que es _____ primo de su madre. Él es profesor de _____ inglés en _____ Universidad de _____ Nuevo México. Él no va a _____ oficina _____ martes. Por eso Carlos puede visitarlo en _____ casa. A Carlos le gustan mucho _____ tenis y _____ natación. Espera participar en estos deportes durante _____ vacaciones. Hoy es _____ diez de abril y Carlos quiere estar en Santa Fe para _____ quince de abril.

C. Los valores especiales. Algunas personas les ponen valores especiales a ciertas cosas. Indique Ud. lo que piensa que serían los valores más importantes de cada uno de los individuos siguientes.

Modelo un cantante
En mi opinión lo más importante para un cantante es la música.

1. un estudiante
2. una mujer
3. un hombre
4. un turista
5. un novio
6. una anciana
7. un atleta
8. una chica
9. un político
10. una pianista

REVIEW OF USES OF THE INDEFINITE ARTICLE

A. Omission of the article

The indefinite article is generally used in Spanish as it is in English. However, in Spanish the indefinite article is omitted in these instances:

1. Before unmodified predicate nouns indicating profession, nationality, religion, political affiliation, and the like.

Soy cocinero.
I am a cook.

Alicia es abogada.
Alicia is a lawyer.

Felipe es chicano (mexicoamericano).
Felipe is a Mexican-American.

¿Eres republicano?
Are you a Republican?

However, the article is used when the noun is emphatic (stresses something important about the person) or when it is modified.*

¿Quién es ella? Es una maestra.
Who is she? She's a teacher.

Es un dentista excelente.
He's an excellent dentist.

2. In negative sentences, after certain verbs such as **tener** and **buscar,** and with personal effects, when the numerical concept of **un(o), una** is not important.

¿Tienes coche?
Do you have a car?

Busco solución a mi problema.
I'm looking for a solution to my problem.

Siempre lleva sombrero.
He always wears a hat.

　　　BUT

No tiene ni un pariente que le ayude.
He doesn't have one (a single) relative to help him.

3. After **sin** and **con.**

Nunca sale sin sombrero.
He never goes out without a hat.

Quiero un pasaje con escala en Tucson.
I want a ticket with a stopover in Tucson.

4. With **otro, cierto, mil, cien(to),** and **tal** (*such a*).

¿Tienes otro?
Do you have another?

Cierto hombre me lo dijo.
A certain man told it to me.

Lo hemos repasado mil veces.
We have reviewed it a thousand times.

Nunca he visto tal cosa.
I've never seen such a thing.

~~~~~~~

*The indefinite article is omitted when the noun and the modifier form a single, commonplace phrase and the modifier precedes the noun: **Es buena persona (gente).**

But note that the indefinite article is used with **millón**:

un millón de habitantes
a million inhabitants

5. Before nouns in many adverbial phrases.

Luchó como león.   María escribe con pluma.
He fought like a lion.   *María is writing with a pen.*

6. With nouns in apposition when the category rather than the identity of the person is stressed.

José Feliciano, célebre cantante puertorriqueño, cantó el himno nacional.
José Feliciano, a famous Puerto Rican singer, sang the national anthem.

B. *Other notes on usage*

1. The indefinite article is generally repeated before each noun in a series.

Voy a comprar un abrigo y un sombrero.
I'm going to buy a coat and hat.

2. Feminine nouns beginning with stressed **a** or **ha** take **un** in the singular instead of **una** when the article immediately precedes.

un hacha   un aula
an axe   *a classroom*

3. The plural indefinite articles **unos** and **unas** translate as *some, a few,* and *about.* **Unos** is less specific than **algunos.***

Vimos unos partidos muy buenos.
We saw some very good games.

Tiene unos veinte años.
He is about twenty years old.

PRÁCTICA

~~~~

A. Una variedad de ideas. Complete Ud. estas oraciones con un artículo indefinido cuando sea necesario.

~~~~

*****Algunos** *must* be used instead of **unos** before **de** phrases: **Algunos de mis amigos vinieron a la fiesta.**

1. Siempre escribe con _____ lápiz.
2. Es _____ arquitecto muy célebre.
3. No quiere _____ casa sin agua caliente.
4. Busco _____ médico.
5. De vez en cuando vendo _____ libro.
6. Elena está más bonita sin _____ anteojos.
7. Es _____ estudiante mexicano.
8. Mi padre es _____ buen abogado.
9. Gana _____ mil pesos mensuales.
10. Se portó como _____ hombre.

B. Vamos a California. Ud. y un(a) amigo(a) quieren hacer un viaje a California. Relate Ud. sus planes, completando esta narrativa breve con la forma correcta del artículo indefinido cuando sea necesario.

Queremos hacer _____ viaje a California. No podemos comprar _____ coche nuevo para el viaje, y por eso vamos a tomar el tren. Vamos a comprar _____ pasaje con _____ escala en Tucson. Vamos a visitar a nuestra tía. Ella es _____ maestra y enseña en _____ aula de _____ escuela primaria. Hay _____ otro chico que quiere acompañarnos. Voy a comprar _____ zapatos, _____ chaqueta y _____ sombrero para el viaje. No puedo viajar sin _____ sombrero. Hemos hecho este viaje _____ veces, pero cada vez visitamos _____ lugares nuevos.

EXPRESSIONS WITH *TENER, HABER,* AND *DEBER*

A. *Idiomatic expressions with* tener

1. Many idiomatic expressions are formed with the verb **tener.** Common ones include the following:

tener hambre *to be hungry*	tener... años *to be . . .years old*
tener sed *to be thirsty*	tener razón *to be right*
tener sueño *to be sleepy*	tener suerte *to be lucky*
tener frío *to be cold*	tener vergüenza *to be ashamed*
tener calor *to be hot*	tener dolor de cabeza *to have a headache*
tener miedo *to be afraid*	
tener cuidado *to be careful*	tener dolor de estómago *to have a stomach ache*
tener ganas de *to feel like*	
tener prisa *to be in a hurry*	tener fiebre *to have a fever*

Examples:

Tengo ganas de ir al cine.
I feel like going to the movies.

Siempre tienen mucha sed.
They are always very thirsty.

Since **hambre, sueño, sed,** etc., are nouns, they must be modified by the adjective **mucho (-a, -os, -as)** rather than by **muy.**

2. **Tener que** plus an infinitive (*to have to*) expresses an obligation that one *must* carry out.

Tuve que llevar el coche al taller.
I had to take my car to the repair shop.

Tiene que llenar una solicitud.
He has to (must) fill out an application.

3. **Tener** plus a variable past participle stresses a present state that is the result of a past action.

Ella tiene preparada la comida.
She has the meal prepared.

B. *Uses of* haber

1. **Hay que** plus an infinitive means *one has to, one must,* or *it is necessary.*

Hay que estudiar para aprender.
It is necessary to study in order to learn.

Hay que conservar energía.
One must (one has to) conserve energy.

2. **Haber de** plus an infinitive is used to express futurity with a slight degree of obligation. Less emphatic than **tener que,** it is translated *to be to* or *to be supposed to.*

Han de estudiar ahora.
They are to study now.

He de corregir los exámenes.
I'm supposed to correct the exams.

C. *Uses of* deber

1. The verb **deber** plus an infinitive translates as *ought to, should,* or *must.* It expresses moral obligation rather than compulsion or need.

Debemos escuchar sus consejos.
We ought to listen to his advice.

Él debe comprar los boletos.
He should buy the tickets.

Debo ir a clase ahora.
I must go to class now.

2. To soften the expression of obligation or to express advice about present or future conduct, the conditional or the imperfect subjunctive of **deber** is used.

Deberíamos escuchar sus consejos.
We (really) ought to listen to his advice.

Ud. debiera comprar los boletos.
You (really) should buy the tickets.

3. The imperfect of **deber** + **haber** + a past participle translates as *should have* + past participle.

Por lo menos, debías haberle escrito.
At least you should have written to him.

4. Either **deber** or **deber de** may also express probability or likelihood.*

Deben (de) estar en la biblioteca.
They are probably in the library.

Debían (de) haber salido.
They must have left.

PRÁCTICA

A. **¿Cómo reacciona Ud. en estas situaciones?** Complete Ud. estas oraciones, usando una expresión con **tener.**

    1. Cuando no como, _____.
    2. Cuando leo demasiado, _____.
    3. Cuando hace mucho calor, yo _____.
    4. Cuando no duermo, _____.

*Remember that the future and conditional tenses may also be used to express probability: **Estarán en la biblioteca.** *They are probably in the library.* **Habrían salido.** *They must have left.*

5. En el invierno yo _____.

6. En el verano yo _____.

7. Cuando me gano la lotería, _____.

8. Cuando estoy solo(a) en una calle oscura, _____.

9. Cuando hago algo malo, _____.

10. Cuando estoy en lugares peligrosos, _____.

B. **¿Qué debe o tiene que hacer Ud.?** Trabajando en pares, hagan Uds. una lista de cinco cosas que deben hacer todos los días y cinco cosas que tienen que hacer. Comparen sus listas para ver las semejanzas y las diferencias.

Modelo   *Debo acostarme más temprano todas las noches.*
Tengo que estudiar para esta clase todos los días.

Ahora, hagan Uds. una lista de cinco cosas que son necesarias que todo el mundo haga, usando la expresión **hay que.**

Modelo   *Hay que trabajar para ganar dinero.*
Hay que practicar para ser buen pianista.

MISCELLANEOUS VERBS

A. Saber *and* conocer

1. The verb **saber** means *to know* (*a fact*), to have information or knowledge about something or someone. When followed by an infinitive it means *to know how* to do something.

   Yo sé la lección.
   I know the lesson.

   Sabemos que él es de origen mexicano.
   We know that he is of Mexican origin.

   Sabe tocar la trompeta.
   He knows how to play the trumpet.

2. In the preterite, **saber** means *to find out* or *to learn.*

   Supimos que ya habían regresado a su patria.
   We found out (learned) that they had already returned to their country.

3. The verb **conocer** means *to know a person, place, or thing* in the sense of "to be acquainted with," "to be familiar with."

   Conocen varios sitios pintorescos.
   They know (are familiar with) several picturesque places.

Conozco a su prima.
I know (I am acquainted with) his cousin.

4. In the preterite, **conocer** means *to meet, to be introduced to.*

Los conocimos anoche.
We met them last night.

B. Preguntar *and* pedir

1. The verb **preguntar** means *to ask (to question).*

Le preguntó a Rudi dónde estaba Tucson.
She asked Rudi where Tucson was.

Siempre me preguntaba la misma cosa en cuanto a mis clases.
He always used to ask me the same thing regarding my classes.

Le voy a preguntar cuánto cuestan los mapas.
I'm going to ask him how much the maps cost.

2. The verb **pedir** means *to ask for, to ask (a favor), to request.*

Carlos les pidió permiso a su padre para usar el coche.
Carlos asked his father for permission to use the car.

Me pidieron un lápiz.
They asked me for a pencil.

Nos piden que vayamos a verlos.
They are asking us to go to see them.

C. Tomar *and* llevar

1. **Tomar** means *to take (in one's hand), to take (transportation)* or *to eat* or *to drink.*

Paco tomó los libros y salió para la escuela.
Paco took his books and left for school.

Tomaron el tren para la capital.
They took the train to the capital.

Siempre tomo café por la mañana.
I always drink coffee in the morning.

2. **Llevar** means *to take along* or *to carry (to some place).*

Llevó a su hermana a la fiesta.
He took his sister to the party.

Hay que llevar pasaporte para entrar a un país extranjero.
One must carry a passport in order to enter a foreign country.

D. Quitar *and* quitarse

1. **Quitar** means *to remove from, to take away (off).*

   La criada quitó los platos de la mesa.
   The maid took (removed) the plates from the table.

   Quitaron las maletas del autobús.
   They took the suitcases off the bus.

2. **Quitarse** means *to take off (oneself).*

   Se quitó el sombrero antes de entrar a la sala.
   He took off his hat before entering the living room.

PRÁCTICA

A. Sentidos semejantes —usos diferentes. Complete Ud. estas oraciones con la forma correcta de **saber** o **conocer.**

1. ¿_____ Ud. cómo salió en el examen?
2. Tomás y yo _____ que ellos viven en este barrio.
3. Yo _____ bien este lugar.
4. Raúl _____ todas las obras de Cervantes.
5. Marta _____ escribir a máquina.

B. ¿Cuál de las palabras es correcta? Complete Ud. estas oraciones con una forma correcta de **preguntar** o **pedir.**

1. Carlos _____ información sobre el viaje de Bob.
2. Ellos nos _____ si queríamos salir temprano.
3. Sus amigos me _____ la fecha.
4. Yo _____ una taza de café.
5. Rudi le _____ cómo se llamaba el hombre de la barba.

C. Buscando un buen restaurante. Trabajando en pares hagan Uds. los papeles de Tomás y Raúl, que están buscando un buen restaurante. Completen Uds. el diálogo con las formas correctas de **saber, conocer, pedir, preguntar, llevar, tomar, quitar** o **quitarse,** según el sentido de la conversación.

TOMÁS   Hola Raúl, ¿_____ el nombre de un buen restaurante de este barrio?

RAÚL   Lo siento, pero no _____ bien este barrio. Debemos

_____ le a ese hombre si él _____ dónde hay
un restaurante típico español.

TOMÁS   Yo siempre _____ mi guía turística conmigo pero no
dice nada de esta parte de la ciudad.

RAÚL   Mira, allí hay una señora. Debemos _____ le la
dirección de un buen lugar para comer.

TOMÁS   Perdón señora, ¿pero _____ un buen restaurante
por acá?

LA SEÑORA   Sí señor, pero será necesario _____ un taxi porque
está muy lejos.

TOMÁS   Gracias, señora. Raúl, si no te importa prefiero
_____ un autobús porque cuesta menos.

RAÚL   Pues vamos. Tengo tanta hambre que cuando lleguemos
voy a _____ el sombrero y la chaqueta,
_____ varios platos típicos y a comer como un loco.

D. La rutina diaria. Trabajando en pares, hágale Ud. estas preguntas a su compañero(a) de clase. Ella/él tiene que contestar sus preguntas.

Pregúntele a su compañero(a)...

1. What do you eat for breakfast before leaving for class?
2. What do you normally wear to class?
3. How do you get to class? Do you take a bus?
4. Do you know the names of all your classmates?
5. Are you well acquainted with your professors?
6. Do you have to ask the professor for more explanations before you can understand the material?
7. Do you ask your classmates a lot of questions about the lessons?
8. If you wear a hat to class, do you take it off when you enter the classroom?

REPASO

I.Los tiempos del verbo: ¿cuánto recuerda Ud.? Complete Ud. cada oración con la forma correcta de las palabras entre paréntesis.

1. Mi amigo y yo (_leave_) _____ para España mañana.
2. El agente (_has put_) _____ los boletos en la mesa.
3. Felipe (_is reading_) _____ el itinerario en este momento.
4. Mi familia (_used to go_) _____ a Puerto Vallarta todos los inviernos.
5. El año pasado nosotros (_went_) _____ a Acapulco.
6. Yo (_was swimming_) _____ anoche a las nueve.
7. Ellos ya (_had left_) _____ antes de la fiesta.

8. Al llegar al hotel, (*call us*) _____ (tú).
9. Si hay tiempo, (*write me*) _____ (Ud.).
10. (*Let's visit*) _____ el museo hoy.
11. ¿La verdad? (*Let him tell it*) _____ .
12. (*Don't tell*) _____ mentiras (tú).
13. Ellos (*will do it*) _____ mañana.
14. Es cierto que ella (*will have seen*) _____ esa película.
15. Le dije que yo no (*would come*) _____ .
16. Si hubiera música, nosotros la (*would listen to*) _____ .
17. Enrique (*has been trying*) _____ de hacerlo durante sus vacaciones.
18. Ellos (*had sung*) _____ con un conjunto antes de mudarse a Colombia.
19. Ella espera que Uds. (*go*) _____ con ella al Zócalo.
20. Es dudoso que él le (*has given*) _____ su pasaporte al agente.
21. Mi familia quería que mi hermano y yo (*make*) _____ un viaje a la Argentina en octubre.
22. Si yo (*had had*) _____ tiempo, habría comprado unos recuerdos.

II. Arreglando un viaje. Complete Ud. el párrafo siguiente con un artículo definido o indefinido cuando sea necesario.

Hoy es _____ martes. Tengo que ir a _____ oficina de turismo para hablar con _____ Sr. Gómez. Es agente de viajes pero no les ayuda mucho a _____ clientes. Por ejemplo, yo quiero hacer _____ viaje a _____ América Latina en _____ otoño, pero él cree que yo debo ir en _____ primavera. Prefiero ir a _____ Argentina, pero él cree que debo ir a _____ Chile. Para ahorrar _____ dinero, es mejor salir _____ martes y volver _____ lunes. Pero él quiere que yo salga _____ domingo y vuelva _____ sábado. A _____ Sr. Gómez le importa más _____ dinero que _____ bienestar de _____ clientes. Para mí, _____ viajar es mi pasatiempo favorito, pero tengo que encontrar otra persona que sea _____ buen agente de viajes, si quiero tener _____ itinerario bien arreglado.

III. ¿Le gusta viajar a su compañero(a) de clase? Hágale Ud. estas preguntas a un(a) compañero(a) de clase.

1. ¿Te gusta viajar?
2. ¿Te gusta viajar solo(a) o con alguien? ¿Por qué?
3. ¿Prefieres viajar por los Estados Unidos o por un país extranjero? ¿Por qué?
4. ¿Prefieres viajar con un grupo de turistas o solo(a)? ¿Por qué?
5. Si tuvieras la oportunidad, ¿preferiría visitar España o Latinoamérica? ¿Por qué?

INTERCAMBIOS

EL ARTE DE CONVERSAR

In order for your speech to sound more authentic you should learn several appropriate sayings (**dichos**) or proverbs (**refranes**). They are commonly used by native speakers to express a certain attitude or opinion about an everyday happening. Here are some examples:

En boca cerrada no entran moscas.	*Be quiet.*
Es mejor ser cabeza de ratón que cola de león.	*It's better to be a leader than a follower.*
	It's better to have a little power than none at all.
Quien no se aventura nunca realiza la mar.	*Nothing ventured, nothing gained.*

SITUACIONES

Con un(a) compañero(a) de clase, prepare Ud. algunos diálogos que correspondan a las siguientes, situaciones.

1. Your friend calls you and tells you that he wants to go to Santa Fe, New Mexico with you for the weekend. You tell him:

   a. that you are going to leave at 6:30 A.M.
   b. that you are going to drive your car.
   c. that he should bring a small suitcase.
   d. that he should wear informal clothes like jeans, a shirt, comfortable shoes, and a jacket.
   e. that he should bring $200 with him to cover the cost of gasoline, hotel, and food.
   f. that you plan to visit several museums, eat at some good restaurants, and buy some jewelry that the Indians sell in the central plaza.
   g. that you will come by his house to pick him up.

2. You are in Taos, New Mexico. You go to a bookstore.

   a. You tell the clerk that you want to buy a book about the history of the Southwest.
   b. You tell the clerk that you want a book with photographs and maps of the region.
   c. You tell the clerk that the book should contain chapters about the Spanish influence in the region.

d. She finds a book for you, and you ask her how much it costs.

e. She tells you; you give her the money and thank her for her help.

3. **Un viaje en avión:** Ud. está hablándole a un(a) amigo(a) sobre un viaje que Ud. hizo en avión a Buenos Aires. Describa lo que Ud. hizo en la agencia de viajes para planear el viaje. Su amigo(a) quiere que Ud. describa el vuelo y lo que le pasó después de llegar a la capital de la Argentina.

aerolínea *airline;* aeropuerto *airport;* avión (*m*) *airplane;* boleto sencillo *one-way ticket;* boleto de ida y vuelta *round-trip ticket;* directo *direct;* enlace (*m*) *connection;* hacer escala *to make a stopover;* pagar al contado *to pay cash;* visa *visa* (*entry permit*); abordar *to board;* abrocharse el cinturón *to fasten the seat belt;* azafata *o* aeromoza *flight attendant;* aterrizar *to land;* despegar *to take off;* facturar (el equipaje) *to check* (*baggage*); puerta *gate*

4. **Un viaje en autobús:** Ud. va a hacer un viaje a Córdoba en autobús. Ud. visita la estación de autobuses y pide información sobre el horario de los autobuses que van a Córdoba, la duración del viaje, la cantidad de paradas, la ruta del autobús, la posibilidad de conseguir un asiento cerca de la ventanilla y el precio del boleto.

carretera *highway;* hora de salida (llegada) *departure* (*arrival*) *time;* parada *stop;* paisaje (*m*) *landscape;* ruta *route;* ventanilla (*bus*) *window* (See also the appropriate vocabulary under 3.)

5. **Un viaje en coche:** Ud. está haciendo los preparativos para un viaje largo en coche de Ciudad Juárez a Guadalajara, México. Ud. va a una gasolinera y le pide al mecánico que él revise su coche para ver si está en buenas condiciones para hacer el viaje.

gasolinera *service station;* engrasar *to grease;* funcionar *to run* (*motor*); llenar el tanque *to fill the tank;* reparar *to repair;* revisar *to check;* aceite (*m*) *oil;* batería (*m*) *battery;* bocina *horn;* carnet (*m*) *driver's license;* correa del ventilador *fan belt;* faro *headlight;* filtro *filter;* frenos *brakes;* garaje (*m*) *garage;* gasolina *gasoline;* gato *jack;* limpiaparabrisas (*m*) *windshield wiper;* llanta *o* neumático *tire;* parabrisas (*m*) *windshield;* radiador (*m*) *radiator;* rueda *wheel;* volante (*m*) *steering wheel*

6. **Un viaje en tren:** Ud. acaba de volver de un viaje en tren a varias partes de Europa. Descríbale su viaje a un(a) amigo(a) desde el momento cuando Ud. llegó a la estación de ferrocarril hasta su vuelta a casa.

andén (*m*) *platform:* boleto de primera (segunda) clase *first* (*second*) *class ticket;* coche cama (*m*) *sleeping car;* coche comedor (*m*) *dining car;* contraseña (*o* el talón) de equipaje *baggage check* (*ticket*); despacho de equipajes *luggage office;* minutos de retraso *minutes late;* quiosco *newsstand;* sala de espera *waiting room;* tren expreso *express train;* ventanilla (*train*) *window*

A ESCUCHAR

Escuche Ud. a continuación la siguiente situación y el diálogo. Luego haga los ejercicios relacionados con lo que ha escuchado y aprendido.

Lo colonial. Un grupo de estudiantes hispánicos graduados tienen una tertulia, reunidos en el apartamento de dos de ellos. Cambian impresiones sobre las recientes vacaciones de primavera, de las que acaban de volver. Unos se fueron de viaje y otros se quedaron a estudiar.

A. Información

Conteste Ud. las siguientes preguntas, basándose en el diálogo que acaba de escuchar.

1. ¿Qué le pasó a Jaime cuando esquiaba?
2. ¿Qué le recuerda a Isabel la plaza central de Santa Fe?
3. ¿Adónde fueron Álvaro y Pilar?
4. ¿Por quién fue fundada la ciudad de San Antonio?
5. ¿Puedes deducir de dónde es Élida?

B. Conversación

Mantenga Ud. una conversación con otro(a) estudiante, suponiendo que Ud. fuera de un país tropical, y nunca hubiera visto la nieve. Ha venido recientemente a los Estados Unidos. ¿Querría ir a esquiar? ¿Qué ciudades y paisajes desearía ver?

A CONVERSAR

A. Discusión: Las situaciones inesperadas

Con frecuencia el (la) viajero(a) se enfrenta con situaciones inesperadas, o con costumbres que varían de las de su propio país. Supongamos que un estudiante sudamericano lo (la) está visitando a Ud. Es la primera vez que él ha viajado a los Estados Unidos. Durante una charla le menciona las diferencias

Se ve en la foto un desfile en honor al candidato para presidente del Bronx en Nueva York. ¿Qué grupo hispánico representa este señor? ¿Dónde hay otras concentraciones de hispanos en los Estados Unidos?

culturales que ha notado. Indique Ud. a la clase el contraste que hay entre las siguientes costumbres hispánicas y las nuestras.

1. —En mi país es costumbre echar un piropo a una chica atractiva al encontrarla en la calle. Con esto, uno atrae su atención. Normalmente, la chica no le hace caso a uno y finge no haberle escuchado.

2. —Cuando salgo con mi novia, siempre nos acompaña un miembro de su familia.

3. —Con frecuencia las chicas viven en casa de sus padres hasta casarse; pocas abandonan el hogar para buscarse apartamento.

4. —Al viajar dentro de mi país, es necesario que uno lleve la tarjeta de identidad para conseguir alojamiento en un hotel. Cada ciudadano tiene su «cédula de ciudadania», la cual es indispensable para ciertos negocios.

5. —La mayoría de la gente viaja dentro del país en tren o en autobús.

6. —De noche, mucha gente sale a pasear por las calles principales de la ciudad. A algunas personas les gusta mirar las vitrinas; otras se divierten mirando a la gente. Hay muchos cafés, algunos al aire libre, donde uno puede sentarse para conversar con los amigos.

B. Ejercicio de comprensión

Ud. va a escuchar un comentario sobre la influencia hispánica en los Estados Unidos. Después del comentario, va a escuchar varias oraciones. Indique Ud. si la oración es verdadera (V) o falsa (F), trazando un círculo alrededor de la letra que corresponde a la respuesta correcta.

1. V F   3. V F   5. V F
2. V F   4. V F

C. Temas de conversación o de composición

1. Escriba Ud. una composición o hable de la influencia hispánica en los Estados Unidos.
2. Escriba Ud. una composición o hable de las vacaciones perfectas.

D. Descripción y expansión

La influencia hispánica es muy evidente en el suroeste de los Estados Unidos, principalmente por razones históricas. Estudie Ud. el mapa con mucho ciudado, y después haga las actividades que siguen.

1. Busque los nombres españoles en el mapa y tradúzcalos al inglés.

2. Describa un viaje que Ud. quiera hacer por el suroeste, explicando por qué quiere visitar esta región del país.

3. ¿Conoce Ud. alguna ciudad o región de los Estados Unidos que tenga una fuerte influencia hispana? Cuéntele a la clase cómo es.

4. Opiniones

   ¿Qué opina Ud. de las regiones de los Estados Unidos que tienen una fuerte influencia hispana? ¿Son interesantes? ¿Añaden algo importante a la cultura de los Estados Unidos? Explique.

MATERIALES AUTÉNTICOS

Hay muchos hispanos que viven en los Estados Unidos, no solamente en el suroeste sino también en lugares como Miami, Florida, Nueva York y Chicago. La población hispana crece rápidamente cada año, y la importancia de la cultura hispana crece también. Las compañías grandes reconocen la importancia de la comunidad hispana, y en los años recientes han empezado a atraer la atención de los hispanos a sus productos publicando anuncios escritos en español. El siguiente anuncio apareció en la revista *Temas*. Lea el anuncio y conteste las preguntas.

1. ¿Cómo se llama la compañía que publicó este anuncio?
2. Según el anuncio, ¿qué hizo la creación de negocios propios? ¿Está Ud. de acuerdo? ¿Por qué?
3. ¿Cuáles son algunos de los beneficios de crear un negocio propio?
4. ¿En qué consiste el sueño americano?
5. ¿Cuál es la meta (*goal*) de Kraft General Foods?
6. ¿En qué consiste el éxito de esta compañía?
7. ¿Qué le parece a Ud. este anuncio? ¿Va a tener éxito en atraer la atención de los hispanos? ¿Por qué?

...PORQUE LA CREACION DE NEGOCIOS PROPIOS ES LO QUE HIZO GRANDE A ESTA NACION...

Crear un negocio propio. Lograr que brillen sus talentos individuales y beneficiarse de esa experiencia. Conseguir que se hagan las cosas y ver cómo se desarrollan. Hallar soluciones. Ser autosuficiente. Ese es el sueño americano y la manera de ser que caracteriza a este país.

En Kraft General Foods, estamos comprometidos a establecer relaciones de negocios con empresas hispanas. Su éxito es nuestro éxito, y estamos dedicados a trabajar con Uds. para lograr el desarrollo y crecimiento de sus negocios.

Porque la creación de negocios propios es lo que hizo grande a este país.

KRAFT GENERAL FOODS

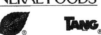

Appendix

CARDINAL NUMBERS

1	uno	30	treinta
2	dos	31	treinta y uno
3	tres	40	cuarenta
4	cuatro	50	cincuenta
5	cinco	60	sesenta
6	seis	70	setenta
7	siete	80	ochenta
8	ocho	90	noventa
9	nueve	100	cien
10	diez	101	ciento uno
11	once	200	doscientos, -as
12	doce	300	trescientos, -as
13	trece	400	cuatrocientos, -as
14	catorce	500	quinientos, -as
15	quince	600	seiscientos, -as
16	dieciséis (*or* diez y seis)	700	setecientos, -as
17	diecisiete (diez y siete)	800	ochocientos, -as
18	dieciocho (diez y ocho)	900	novecientos, -as
19	diecinueve (diez y nueve)	1.000	mil
20	veinte	1.100	mil cien
21	veintiuno (veinte y uno)	2.000	dos mil
22	veintidós (veinte y dos)	1.000.000	un millón (de)
	etc.	2.000.000	dos millones (de)

METRIC UNITS OF MEASUREMENT

1 centímetro	= .3937 of an inch (less than half an inch)
1 metro	= 39.37 inches (about 1 yard and 3 inches)
1 kilómetro (1.000 metros)	= .6213 of a mile (about 5/8 of a mile)
1 gramo	= .03527 of an ounce
100 gramos	= 3.527 ounces (slightly less than 1/4 of a pound)
1.000 gramos (1 kilo)	= 32.27 ounces (about 2.2 pounds)
1 litro	= 1.0567 quarts (slightly over a quart, liquid)
1 hectárea	= 2.471 acres

CONVERSION FORMULAS

From Fahrenheit (=F) to Celsius (or Centigrade = C):

$$C = 5/9 \, (F-32)$$

From Celsius to Fahrenheit:

$$F = 9/5 \, C + 32$$

0°C	=	32°F (freezing point of water)
37°C	=	98.6°F (normal body temperature)
100°C	=	212°F (boiling point of water)

REGULAR VERBS

INDICATIVE MOOD

	First conjugation	*Second conjugation*	*Third conjugation*
Infinitive	*to speak* hablar	*to learn* aprender	*to live* vivir
Present Participle	*speaking* hablando	*learning* aprendiendo	*living* viviendo
Past Participle	*spoken* hablado	*learned* aprendido	*lived* vivido
Present Indicative	*I speak,* *am speaking,* *do speak* hablo hablas habla hablamos habláis hablan	*I learn,* *am learning,* *do learn* aprendo aprendes aprende aprendemos aprendéis aprenden	*I live,* *am living,* *do live* vivo vives vive vivimos vivís viven

Imperfect Indicative	*I was speaking, used to speak, spoke*	*I was learning, used to learn, learned*	*I was living, used to live, lived*
	hablaba	aprendía	vivía
	hablabas	aprendías	vivías
	hablaba	aprendía	vivía
	hablábamos	aprendíamos	vivíamos
	hablabais	aprendíais	vivíais
	hablaban	aprendían	vivían
Preterite Indicative	*I spoke, did speak*	*I learned, did learn*	*I lived, did live*
	hablé	aprendí	viví
	hablaste	aprendiste	viviste
	habló	aprendió	vivió
	hablamos	aprendimos	vivimos
	hablasteis	aprendisteis	vivisteis
	hablaron	aprendieron	vivieron
Future Indicative	*I shall speak, will speak*	*I shall learn, will learn*	*I shall live, will live*
	hablaré	aprenderé	viviré
	hablarás	aprenderás	vivirás
	hablará	aprenderá	vivirá
	hablaremos	aprenderemos	viviremos
	hablaréis	aprenderéis	viviréis
	hablarán	aprenderán	vivirán
Conditional Indicative	*I would speak, should speak*	*I would learn, should learn*	*I would live, should live*
	hablaría	aprendería	viviría
	hablarías	aprenderías	vivirías
	hablaría	aprendería	viviría
	hablaríamos	aprenderíamos	viviríamos
	hablaríais	aprenderíais	viviríais
	hablarían	aprenderían	vivirían
Present Perfect Indicative	*I have spoken*	*I have learned*	*I have lived*
	he hablado	he aprendido	he vivido
	has hablado	has aprendido	has vivido
	ha hablado	ha aprendido	ha vivido
	hemos hablado	hemos aprendido	hemos vivido
	habéis hablado	habéis aprendido	habéis vivido
	han hablado	han aprendido	han vivido

Past Perfect Indicative	*I had spoken*	*I had learned*	*I had lived*
	había hablado	había aprendido	había vivido
	habías hablado	habías aprendido	habías vivido
	había hablado	había aprendido	había vivido
	habíamos hablado	habíamos aprendido	habíamos vivido
	habíais hablado	habíais aprendido	habíais vivido
	habían hablado	habían aprendido	habían vivido
Future Perfect Indicative	*I shall have spoken*	*I shall have learned*	*I shall have lived*
	habré hablado	habré aprendido	habré vivido
	habrás hablado	habrás aprendido	habrás vivido
	habrá hablado	habrá aprendido	habrá vivido
	habremos hablado	habremos aprendido	habremos vivido
	habréis hablado	habréis aprendido	habréis vivido
	habrán hablado	habrán aprendido	habrán vivido
Conditional Perfect Indicative	*I would (should) have spoken*	*I would (should) have learned*	*I would (should) have lived*
	habría hablado	habría aprendido	habría vivido
	habrías hablado	habrías aprendido	habrías vivido
	habría hablado	habría aprendido	habría vivido
	habríamos hablado	habríamos aprendido	habríamos vivido
	habríais hablado	habríais aprendido	habríais vivido
	habrían hablado	habrían aprendido	habrían vivido

SUBJUNCTIVE MOOD

Present Subjunctive	*(that) I (may) speak*	*(that) I (may) learn*	*(that) I (may) live*
	(que) hable	(que) aprenda	(que) viva
	hables	aprendas	vivas
	hable	aprenda	viva
	hablemos	aprendamos	vivamos
	habléis	aprendáis	viváis
	hablen	aprendan	vivan
Past Subjunctive (-ra form)	*(that) I (might) speak*	*(that) I (might) learn*	*(that) I (might) live*
	(que) hablara	(que) aprendiera	(que) viviera
	hablaras	aprendieras	vivieras
	hablara	aprendiera	viviera
	habláramos	aprendiéramos	viviéramos
	hablarais	aprendierais	vivierais
	hablaran	aprendieran	vivieran

Past Subjunctive (-se form)	*(that) I (might) speak*	*(that) I (might) learn*	*(that) I (might) live*
	(que) hablase	(que) aprendiese	(que) viviese
	hablases	aprendieses	vivieses
	hablase	aprendiese	viviese
	hablásemos	aprendiésemos	viviésemos
	hablaseis	aprendieseis	vivieseis
	hablasen	aprendiesen	viviesen

Present Perfect Subjunctive	*(that) I (may) have spoken*	*(that) I (may) have learned*	*(that) I (may) have lived*
	haya hablado	haya aprendido	haya vivido
	hayas hablado	hayas aprendido	hayas vivido
	haya hablado	haya aprendido	haya vivido
	hayamos hablado	hayamos aprendido	hayamos vivido
	hayáis hablado	hayáis aprendido	hayáis vivido
	hayan hablado	hayan aprendido	hayan vivido

Past Perfect Subjunctive	*(that) I (might) have spoken*	*(that) I (might) have learned*	*(that) I (might) have lived*
	hubiera(-se) hablado	hubiera(-se) aprendido	hubiera(-se) vivido
	hubieras hablado	hubieras aprendido	hubieras vivido
	hubiera hablado	hubiera aprendido	hubiera vivido
	hubiéramos hablado	hubiéramos aprendido	hubiéramos vivido
	hubierais hablado	hubierais aprendido	hubierais vivido
	hubieran hablado	hubieran aprendido	hubieran vivido

IMPERATIVE MOOD (COMMANDS)

Familiar Commands, Affirmative	*Speak.*	*Learn.*	*Live.*
	Habla tú.	Aprende tú.	Vive tú.
	Hablad vosotros.	Aprended vosotros.	Vivid vosotros.

Familiar Commands, Negative	*Don't speak.*	*Don't learn.*	*Don't live.*
	No hables.	No aprendas.	No vivas.
	No habléis.	No aprendáis.	No viváis.

Formal Commands	*Speak.*	*Learn.*	*Live.*
	Hable usted.	Aprenda usted.	Viva usted.
	Hablen ustedes.	Aprendan ustedes.	Vivan ustedes.

IRREGULAR VERBS

andar *to walk*

Preterite: anduve, anduviste, anduvo; anduvimos, anduvisteis, anduvieron
Past Subjunctive: anduviera(-se), anduvieras, anduviera; anduviéramos, anduvierais, anduvieran

caer *to fall*

Present Participle: cayendo
Past Participle: caído
Present: caigo, caes, cae; caemos, caéis, caen
Preterite: caí, caíste, cayó; caímos, caísteis, cayeron
Present Subjunctive: caiga, caigas, caiga; caigamos, caigáis, caigan
Past Subjunctive: cayera(-se), cayeras, cayera; cayéramos, cayerais, cayeran
Formal Commands: caiga usted, caigan ustedes

dar *to give*

Present: doy, das, da; damos, dáis, dan
Preterite: di, diste, dio; dimos, disteis, dieron
Present Subjunctive: dé, des, dé; demos, deis, den
Past Subjunctive: diera(-se), dieras, diera; diéramos, dierais, dieran
Formal Commands: dé usted, den ustedes

decir(i) *to tell, to say*

Present Participle: diciendo
Past Participle: dicho
Present: digo, dices, dice; decimos, decís, dicen
Preterite: dije, dijiste, dijo; dijimos, dijisteis, dijeron
Future: diré, dirás, dirá; diremos, diréis, dirán
Conditional: diría, dirías, diría; diríamos, diríais, dirían
Present Subjunctive: diga, digas, diga; digamos, digáis, digan
Past Subjunctive: dijera(-se), dijeras, dijera; dijéramos, dijerais, dijeran
Familiar Singular Command: di tú
Formal Commands: diga usted, digan ustedes

estar *to be*

Present: estoy, estás, está; estamos, estáis, están
Preterite: estuve, estuviste, estuvo; estuvimos, estuvisteis, estuvieron
Present Subjunctive: esté, estés, esté; estemos, estéis, estén
Past Subjunctive: estuviera(-se), estuvieras, estuviera; estuviéramos, estuvierais, estuvieran
Formal Commands: esté usted, estén ustedes

haber   *to have (auxiliary verb)*

Present: he, has, ha; hemos, habéis, han
Preterite: hube, hubiste, hubo; hubimos, hubisteis, hubieron
Future: habré, habrás, habrá; habremos, habréis, habrán
Conditional: habría, habrías, habría; habríamos, habríais, habrían
Present Subjunctive: haya, hayas, haya; hayamos, hayáis, hayan
Past Subjunctive: hubiera(-se), hubieras, hubiera; hubiéramos, hubierais, hubieran

hacer   *to do, to make*

Past Participle: hecho
Present: hago, haces, hace; hacemos, hacéis, hacen
Preterite: hice, hiciste, hizo; hicimos, hicisteis, hicieron
Future: haré, harás, hará; haremos, haréis, harán
Conditional: haría, harías, haría; haríamos, haríais, harían
Present Subjunctive: haga, hagas, haga; hagamos, hagáis, hagan
Past Subjunctive: hiciera(-se), hicieras, hiciera; hiciéramos, hicierais, hicieran
Familiar Singular Command: haz tú
Formal Commands: haga usted, hagan ustedes

ir   *to go*

Present Participle: yendo
Present: voy, vas, va; vamos, vais, van
Imperfect: iba, ibas, iba; íbamos, ibais, iban
Preterite: fui, fuiste, fue; fuimos, fuisteis, fueron
Present Subjunctive: vaya, vayas, vaya; vayamos, vayáis, vayan
Past Subjunctive: fuera(-se), fueras, fuera; fuéramos, fuerais, fueran
Familiar Singular Command: ve tú
Formal Commands: vaya usted, vayan ustedes

oír   *to hear*

Present Participle: oyendo
Past Participle: oído
Present: oigo, oyes, oye; oímos, oís, oyen
Preterite: oí, oíste, oyó; oímos, oísteis, oyeron
Present Subjunctive: oiga, oigas, oiga; oigamos, oigáis, oigan
Past Subjunctive: oyera(-se), oyeras, oyera; oyéramos, oyerais, oyeran
Formal Commands: oiga usted, oigan ustedes

poder (ue)   *to be able, can*

Present Participle: pudiendo
Present: puedo, puedes, puede; podemos, podéis, pueden

Preterite: pude, pudiste, pudo; pudimos, pudisteis, pudieron
Future: podré, podrás, podrá; podremos, podréis, podrán
Conditional: podría, podrías, podría; podríamos, podríais, podrían
Present Subjunctive: pueda, puedas, pueda; podamos, podáis, puedan
Past Subjunctive: pudiera(-se), pudieras, pudiera; pudiéramos, pudierais, pudieran

poner   *to put, to place*

Past Participle: puesto
Present: pongo, pones, pone; ponemos, ponéis, ponen
Preterite: puse, pusiste, puso; pusimos, pusisteis, pusieron
Future: pondré, pondrás, pondrá; pondremos, pondréis, pondrán
Conditional: pondría, pondrías, pondría; pondríamos, pondríais, pondrían
Present Subjunctive: ponga, pongas, ponga; pongamos, pongáis, pongan
Past Subjunctive: pusiera(-se), pusieras, pusiera; pusiéramos, pusierais, pusieran
Familiar Singular Command: pon tú
Formal Commands: ponga usted, pongan ustedes
    Another verb conjugated like **poner** is **proponer.**

querer (ie)   *to wish, to want; (with **a***) to love*

Present: quiero, quieres, quiere; queremos, queréis, quieren
Preterite: quise, quisiste, quiso; quisimos, quisisteis, quisieron
Future: querré, querrás, querrá; querremos, querréis, querrán
Conditional: querría, querrías, querría; querríamos, querríais, querrían
Present Subjunctive: quiera, quieras, quiera; queramos, queráis, quieran
Past Subjunctive: quisiera(-se), quisieras, quisiera; quisiéramos, quisierais, quisieran
Formal Commands: quiera usted, quieran ustedes

reír (i)   *to laugh*

Present Participle: riendo
Past Participle: reído
Present: río, ríes, ríe; reímos, reís, ríen
Preterite: reí, reíste, rió; reímos, reísteis, rieron
Present Subjunctive: ría, rías, ría; riamos, riáis, rían
Past Subjunctive: riera(-se), rieras, riera; riéramos, rierais, rieran
Formal Commands: ría usted, rían ustedes
    Another verb conjugated like **reír** is **sonreír.**

saber   *to know, to know how to*

Present: sé, sabes, sabe; sabemos, sabéis, saben
Preterite: supe, supiste, supo; supimos, supisteis, supieron
Future: sabré, sabrás, sabrá; sabremos, sabréis, sabrán

Conditional: sabría, sabrías, sabría; sabríamos, sabríais, sabrían
Present Subjunctive: sepa, sepas, sepa; sepamos, sepáis, sepan
Past Subjunctive: supiera(-se), supieras, supiera; supiéramos, supierais, supieran
Formal Commands: sepa usted, sepan ustedes

salir   *to leave, to go out*

Present: salgo, sales, sale; salimos, salís, salen
Future: saldré, saldrás, saldrá; saldremos, saldréis, saldrán
Conditional: saldría, saldrías, saldría; saldríamos, saldríais, saldrían
Present Subjunctive: salga, salgas, salga; salgamos, salgáis, salgan
Familiar Singular Command: sal tú
Formal Commands: salga usted, salgan ustedes

seguir (i)   *to follow, to continue*

Present Participle: siguiendo
Present: sigo, sigues, sigue; seguimos, seguís, siguen
Preterite: seguí, seguiste, siguió; seguimos, seguisteis, siguieron
Present Subjunctive: siga, sigas, siga; sigamos, sigáis, sigan
Past Subjunctive: siguiera(-se), siguieras, siguiera; siguiéramos, siguierais, siguieran
Formal Commands: siga usted, sigan ustedes
   Another verb conjugated like **seguir** is **conseguir.**

ser   *to be*

Present: soy, eres, es; somos, sois, son
Imperfect: era, eras, era; éramos, erais, eran
Preterite: fui, fuiste, fue; fuimos, fuisteis, fueron
Present Subjunctive: sea, seas, sea; seamos, seáis, sean
Past Subjunctive: fuera(-se), fueras, fuera; fuéramos, fuerais, fueran
Familiar Singular Command: sé tú
Formal Commands: sea usted, sean ustedes

tener (ie)   *to have*

Present: tengo, tienes, tiene; tenemos, tenéis, tienen
Preterite: tuve, tuviste, tuvo; tuvimos, tuvisteis, tuvieron
Future: tendré, tendrás, tendrá; tendremos, tendréis, tendrán
Conditional: tendría, tendrías, tendría; tendríamos, tendríais, tendrían
Present Subjunctive: tenga, tengas, tenga; tengamos, tengáis, tengan
Past Subjunctive: tuviera(-se), tuvieras, tuviera; tuviéramos, tuvierais, tuvieran
Familiar Singular Command: ten tú
Formal Commands: tenga usted, tengan ustedes
   Other verbs conjugated like **tener** are **contener, detener,** and **obtener.**

traducir   *to translate*

Present: traduzco, traduces, traduce; traducimos, traducís, traducen
Preterite: traduje, tradujiste, tradujo; tradujimos, tradujisteis, tradujeron
Present Subjunctive: traduzca, traduzcas, traduzca; traduzcamos, traduzcáis, traduzcan
Past Subjunctive: tradujera(-se), tradujeras, tradujera; tradujéramos, tradujerais, tradujeran
Formal Commands: traduzca usted, traduzcan ustedes

traer   *to bring*

Present Participle: trayendo
Past Participle: traído
Present: traigo, traes, trae; traemos, traéis, traen
Preterite: traje, trajiste, trajo; trajimos, trajisteis, trajeron
Present Subjunctive: traiga, traigas, traiga; traigamos, traigáis, traigan
Past Subjunctive: trajera(-se), trajeras, trajera; trajéramos, trajerais, trajeran
Formal Commands: traiga usted, traigan ustedes

valer   *to be worth*

Present: valgo, vales, vale; valemos, valéis, valen
Future: valdré, valdrás, valdrá; valdremos, valdréis, valdrán
Conditional: valdría, valdrías, valdría; valdríamos, valdríais, valdrían
Present Subjunctive: valga, valgas, valga; valgamos, valgáis, valgan
Formal Commands: valga usted, valgan ustedes

venir (ie)   *to come*

Present Participle: viniendo
Present: vengo, vienes, viene; venimos, venís, vienen
Preterite: vine, viniste, vino; vinimos, vinisteis, vinieron
Future: vendré, vendrás, vendrá; vendremos, vendréis, vendrán
Conditional: vendría, vendrías, vendría; vendríamos, vendríais, vendrían
Present Subjunctive: venga, vengas, venga; vengamos, vengáis, vengan
Past Subjunctive: viniera(-se), vinieras, viniera; viniéramos, vinierais, vinieran
Familiar Singular Command: ven tú
Formal Commands: venga usted, vengan ustedes
   Another verb conjugated like **venir** is **convenir.**

ver   *to see*

Past Participle: visto
Present: veo, ves, ve; vemos, veis, ven
Imperfect: veía, veías, veía; veíamos, veíais, veían

Present Subjunctive: vea, veas, vea; veamos, veáis, vean
Formal Commands: vea usted, vean ustedes

STEM-CHANGING VERBS

1ST OR 2ND CONJUGATION, O > UE

contar (ue) *to count*

Present: cuento, cuentas, cuenta; contamos, contáis, cuentan
Present Subjunctive: cuente, cuentes, cuente; contemos, contéis, cuenten
Formal Commands: cuente usted, cuenten ustedes

1ST OR 2ND CONJUGATION, E > IE

perder (ie) *to lose*

Present: pierdo, pierdes, pierde; perdemos, perdéis, pierden
Present Subjunctive: pierda, pierdas, pierda; perdamos, perdáis, pierdan
Formal Commands: pierda usted, pierdan ustedes

3RD CONJUGATION, E > I

pedir (i, i) *to ask for*

Present Participle: pidiendo
Present: pido, pides, pide; pedimos, pedís, piden
Preterite: pedí, pediste, pidió; pedimos, pedisteis, pidieron
Present Subjunctive: pida, pidas, pida; pidamos, pidáis, pidan
Past Subjunctive: pidiera(-se), pidieras, pidiera; pidiéramos, pidierais, pidieran
Formal Commands: pida usted, pidan ustedes

3RD CONJUGATION, O > UE, O > U

dormir (ue, u) *to sleep*

Present Participle: durmiendo
Present: duermo, duermes, duerme; dormimos, dormís, duermen

Preterite: dormí, dormiste, durmió; dormimos, dormisteis, durmieron
Present Subjunctive: duerma, duermas, duerma; durmamos, durmáis, duerman
Past Subjunctive: durmiera(-se), durmieras, durmiera; durmiéramos, durmierais, durmieran
Formal Commands: duerma usted, duerman ustedes

3RD CONJUGATION, E > IE, E > I

sentir (ie, i) *to feel sorry, to regret, to feel*

Present Participle: sintiendo
Present: siento, sientes, siente; sentimos, sentís, sienten
Preterite: sentí, sentiste, sintió; sentimos, sentisteis, sintieron
Present Subjunctive: sienta, sientas, sienta; sintamos, sintáis, sientan
Past Subjunctive: sintiera(-se), sintieras, sintiera; sintiéramos, sintierais, sintieran
Formal Commands: sienta usted, sientan ustedes

SPELLING-CHANGE VERBS

VERBS ENDING IN -*gar*

pagar *to pay (for)*

Preterite: pagué, pagaste, pagó; pagamos, pagasteis, pagaron
Present Subjunctive: pague, pagues, pague; paguemos, paguéis, paguen
Formal Commands: pague usted, paguen ustedes
    Other verbs conjugated like **pagar** are **apagar, castigar, colgar, entregar, llegar,** and **rogar.**

VERBS ENDING IN -*car*

tocar *to play*

Preterite: toqué, tocaste, tocó; tocamos, tocasteis, tocaron
Present Subjunctive: toque, toques, toque; toquemos, toquéis, toquen
Formal Commands: toque usted, toquen ustedes
    Other verbs conjugated like **tocar** are **acercarse, equivocarse, explicar, indicar, platicar, sacar,** and **sacrificar.**

VERBS ENDING IN *-ger* or *-gir*

coger *to take hold of (things);* **dirigir** *to direct, to address*

Present: cojo, coges, coge; cogemos, cogéis, cogen
     dirijo, diriges, dirige; dirigimos, dirigís, dirigen
Present Subjunctive: coja, cojas, coja; cojamos, cojáis, cojan
       dirija, dirijas, dirija; dirijamos, dirijáis, dirijan
Formal Commands: coja usted, cojan ustedes
       dirija usted, dirijan ustedes
 Other verbs conjugated like **coger** and **dirigir** are **elegir, escoger, fingir, proteger,** and **recoger.**

VERBS ENDING IN *-zar*

cruzar *to cross*

Preterite: crucé, cruzaste, cruzó; cruzamos, cruzasteis, cruzaron
Present Subjunctive: cruce, cruces, cruce; crucemos, crucéis, crucen
Formal Commands: cruce usted, crucen ustedes
 Other verbs conjugated like **cruzar** are **aterrizar, comenzar, empezar, gozar,** and **rezar.**

2ND AND 3RD CONJUGATION VERBS WITH STEM ENDING IN *a, e, o*

leer *to read*

Present Participle: leyendo
Past Participle: leído
Preterite: leí, leíste, leyó; leímos, leísteis, leyeron
Past Subjunctive: leyera(-se), leyeras, leyera; leyéramos, leyerais, leyeran
 Other verbs conjugated in part like **leer** are **caer, creer,** and **oír.**

VERBS ENDING IN *-uir* (EXCEPT *-guir* AND *-quir*)

huir *to flee*

Present Participle: huyendo
Present: huyo, huyes, huye; huimos, huís, huyen
Preterite: huí, huiste, huyó; huimos, huisteis, huyeron
Present Subjunctive: huya, huyas, huya; huyamos, huyáis, huyan
Past Subjunctive: huyera(-se), huyeras, huyera; huyéramos, huyerais, huyeran

Formal Commands: huya usted, huyan ustedes
Other verbs conjugated like **huir** are **construir, contribuir,** and **destruir.**

VERBS ENDING IN -*cer* OR -*cir* PRECEDED BY A VOWEL (INCEPTIVE)

conocer *to know*

Present: conozco, conoces, conoce; conocemos, conocéis, conocen
Present Subjunctive: conozca, conozcas, conozca; conozcamos, conozcáis, conozcan
Formal Commands: conozca usted, conozcan ustedes
Other verbs conjugated like **conocer** are **aparecer, conducir, desaparecer, nacer, ofrecer, parecer, reconocer,** and **traducir.**

VERBS ENDING IN -*cer* PRECEDED BY A CONSONANT

vencer *to conquer*

Present: venzo, vences, vence; vencemos, vencéis, vencen
Present Subjunctive: venza, venzas, venza; venzamos, venzáis, venzan
Formal Commands: venza usted, venzan ustedes

Vocabulario
Español—Inglés

The gender of nouns is listed except for masculine nouns ending in **-o** and feminine nouns ending in **-a, -dad, -tad, -tud,** or **-ión.** Adverbs ending in **-mente** are not listed if the adjectives from which they are derived are included.

Abbreviations

adj adjective
adv adverb
f feminine
m masculine
Mex Mexico
n noun
part participle

pl plural
prep preposition
pret preterite
pron pronoun
refl reflexive
s singular

A

abandonar to abandon; **abandonarse** to let oneself go, give in to
abarcar to include, comprise
abierto,-a open, opened
abogado,-a attorney, advocate
abordar to board (plane, train, etc.)
abrazar to embrace
abreviatura abbreviation
abril *m* April
abrir to open
absoluto,-a absolute
abuela grandmother
abuelo grandfather; **los abuelos** grandparents
abundar to abound, be plentiful
aburrido,-a bored, boring
acabar to finish; **acabar de** to have just

acaso perhaps, maybe
accidente *m* accident
acción action, act
aceptación acceptance
aceptar to accept
acerca (de) about, concerning
acercarse to draw near, approach
acompañar to accompany
aconsejar to advise, counsel
acontecer to happen, occur
acontecimiento event, happening
acordarse (ue) to remember
acostarse (ue) to go to bed, lie down
actitud attitude
actividad activity
activo,-a active
actual current, present, contemporary
actuar to act, act as
Acuario Aquarius

acuerdo accord, agreement

adaptarse to adapt to, adjust

adecuado,-a adequate, appropriate

además besides, in addition

además de in addition to

adentro inside, within

adiós good-bye

administración administration

adonde *adv* where, to where; **¿adónde?** where?

aduana customs, customs-house

aduanero,-a customs official

adulto,-a *n* and *adj* adult

aeropuerto airport

afectar to affect, pretend

aflicción affliction, malady, disease

agencia agency, bureau

agente *m* and *f* agent, official, representative

agosto August

agradable agreeable, pleasant

agradecer to be thankful for; to thank for

agricultor,-ra agriculturist, farmer

agua water

aguantar to put up with, bear

ahí *adv* there, over there

ahora now; **ahora mismo** right now

ahorrar to save (as money)

aire *m* air

aislado,-a isolated, separate

ajedrez *m* chess

ajeno,-a alien, strange

alcanzar to reach, achieve, gain, catch up with

alegar to allege, claim

alegrarse to be happy, glad; **alegrarse de** to be glad that

alegre happy, glad

alejarse to leave, move away

alemán,-ana German

Alemania Germany

algo something; *adv* somewhat

alguien *m* someone

algún, alguno,-a someone; **algunos,-as** some

alivio relief; **¡Qué alivio!** What a relief!

alma soul, spirit

almorzar (**ue**) to eat lunch, brunch

almuerzo lunch, brunch

alojamiento lodging

alojarse to take lodging

alquilar to rent, hire

alrededor (**de**) around

alto,-a high, tall

alumno,-a pupil

allá there, yonder, over there

allí there, in that place

amable friendly, amiable, nice

amanecer to dawn, get up

amante *m* or *f* lover, beloved

amar to love

amargura bitterness

ambicioso,-a ambitious

amenaza threat

amenazar to threaten, menace

americano,-a of the Americas; (sometimes used improperly to refer to the United States as opposed to Spanish America)

amigo,-a friend

amistad friendship

amor *m* love

analizar to analyze

andar to go, walk, move

angelito little angel

anglicismo Anglicism (word derived from English)

anglosajón,-ona Anglo-Saxon (used frequently to refer to all inhabitants of the United States who are not of Latin descent)

angustia anguish, sorrow

animado,-a animated (as cartoons)

anoche last night

ante before, in front of

antecedente *m* precedent

anteojos *m pl* eyeglasses

antepasado,-a ancestor, predecessor

anterior previous, prior

antes (de) before, earlier; **antes que** rather than

anti- prefix meaning "against"

antiguo,-a old, antique, ancient

antipático,-a disagreeable, unpleasant

añadir to add

año year

apagar to put out, turn off

aparecer to appear

apariencia appearance

apartamento apartment

apartar to separate, move apart

apenas barely, hardly, just, only

aportar to contribute, add

apoyar to support, uphold, aid

apoyo support, aid

aprender to learn

aprobar (ue) to pass (a course, exam, etc.); to approve

apunte *m* note, memo, reminder

apurarse to hurry up, make haste

aquel, aquella that; **aquello** *pron* that; **aquellos,-as** those

aquí here, at this place

árabe *adj* Arabic; *n m* Arabic language

árbol *m* tree

área region, area

argumento plot, story line (of a novel, play, etc.)

armario closet, wardrobe

arquitecto,-a architect

arreglar to arrange, set right, repair

arreglo arrangement, repair

arrepentirse (ie) to repent, regret

artículo article

artista *m or f* artist

asado,-a roasted, baked

ascender (ie) to rise

asegurar to assure; **aseguarse** to make sure; to satisfy oneself

así so thus, in this manner, that way; **así que** therefore, so

asiento seat

asistencia attendance

asistir (a) to attend

asociar to associate with

aspecto aspect, appearance

astrología astrology

asunto matter, subject, concern

atacar to attack, assault

atención attention

ateo,-a atheist; *adj* atheistic

atractivo,-a *adj* attractive; *n m* attraction

atraer to attract

atrás (de) behind, in back of

atrasado,-a backward, behind, slow (as a watch, clock, etc.)

atreverse to dare

atribuir (y) to attribute

atributo attribute, characteristic

auditorio auditorium, audience

aun even

aún still, yet

aunque although

autobús *m* bus

automático,-a automatic

automóvil *m* automobile

autor,-ra author

autoridad authority; *pl* officials

avergonzado,-a ashamed

averiguar to find out, research

avión *m* airplane

ayer yesterday

ayuda help, assistance, aid

ayudante *m* or *f*   assistant, aide, helper

ayudar   to help, assist

azteca *m* or *f*, *n* and *adj*   Aztec

azul *adj*   blue, azure; *n m* the color blue

B

bachillerato   bachelor's degree; course of study leading to a secondary school diploma

bailar   to dance

baile *m*   dance

bajar   to lower; to go down (stairs, hill, etc.)

bajo,-a   low; **bajo** *adv* beneath, under

baloncesto   basketball

banco   bank

bandido,-a   bandit

bañarse   to bathe, take a bath

baño   bath; swim; **traje de baño** *m* bathing suit

barato,-a   inexpensive, cheap

barba   beard; chin

barrio   neighborhood, section or district of a city; used colloquially for "ghetto"

basarse   to base oneself on; to be based on

base *f*   basis, base

básquetbol *m*   basketball

bastante *adj*   enough, sufficient; *adv* sufficiently, quite, rather

batalla   battle

batata   sweet potato, yam

beber   to drink

bebida   drink, beverage

beca   grant, scholarship

béisbol *m*   baseball

bello,-a   beautiful

biblioteca   library

bicicleta   bicycle

bien   well, fine

bienestar *m*   well-being, welfare

billete *m*   ticket; bill

blanco,-a   white; *n m* the color white

blasfemia   blasphemy

blusa   blouse

boca   mouth

bocadito   appetizer

bocado   bite, taste

boda   wedding

boleto   ticket

bolsa   purse

bondadoso,-a   kind, good, good-natured

bonito,-a   pretty

boquita   diminutive of **boca**

borracho,-a   drunk

bote *m*   small boat, canoe

boxeador,-ra   boxer, prize-fighter

brazo   arm

breve   brief, short

bribón,-na   rascal

bromear   to joke, kid

bruto,-a   idiot, brute; *adj* stupid, idiotic, gross

buen, bueno,-a   good; *adv* well

burlarse (de)   to mock, laugh at

buscar   to look for, seek

butaca   theater (movie, opera, etc.) seat; easy chair

C

caballero   gentleman

caballito   small horse

caber   to fit

cabeza   head

cacao   cacao, cocoa, chocolate tree

cada   each

cadáver *m*   corpse, dead body

caer   to fall

café *m*   coffee; café

cafecito   small cup of coffee, demitasse

cafetería   restaurant, café

caída   fall

caimán *m* alligator

caja box; cashier, ticket booth

calentar (ie) to heat up

calidad quality

caliente hot

callarse to be quiet, become quiet

calle *f* street

calmarse to calm down

cámara camera; chamber

cambiar to change

cambio change

caminar to walk

camino road, street

camión *m* bus *(Mex)*; truck

camisa shirt

campeonato championship

campesino,-a peasant, country person; *adj* rural, pertaining to peasants

campo field

cáncer *m* cancer

canción song

candidato,-a candidate

cansado,-a tired

cantar to sing

cantina bar, tavern, canteen

caña sugar cane; pole, cane

capacidad capacity, skill, ability

capaz capable, able

capital *f* capital of a country or state; *m* investment money

capítulo chapter

Capricornio Capricorn

carácter *m* character, nature

característica characteristic

caricatura caricature

cariño affection

cariñoso,-a affectionate, loving

carne *f* meat, flesh

caro,-a dear, expensive

carrera career; race, course

carro car, cart, coach

carta letter; chart

casa house; **en casa** at home

casarse to get married; **casarse con** to marry

casi almost

casimir *m* cashmere

caso case, instance; **en caso de** in case of

castigar to punish

castizo,-a pure

casucha shack, hut

catedral *f* cathedral

católico,-a Catholic

causa cause

causar to cause

ceder to cede, give up

cédula document; **cédula personal** identity card

célebre celebrated, famous

cena supper, evening meal

cenar to dine, have dinner or supper

centavito cent, pittance

centro center, downtown

Centroamérica Central America

centroamericano,-a Central American

cerca close; **cerca de** near, close to

cercano,-a nearby

cerebral cerebral, pertaining to the brain

cerrar (ie) to close

ciego,-a blind

cien one hundred; **cientos,-as** hundreds

ciencia science

científico,-a scientific; *n* scientist

cierto,-a certain; **es cierto** it is true

cinco five

cincuenta fifty

cine *m* movies, movie theater

cinematográfico,-a cinematographic

cinta tape (cassette, etc.); ribbon

circunstancia circumstance

cirujano,-a surgeon
cita appointment, date
ciudad city
ciudadanía citizenship
ciudadano,-a citizen
claridad clarity, light; clearness
claro,-a clear, light; **¡Claro!** Of course!; **claro que** of course
clase *f* class, kind, type
clero clergy
cliente *m* or *f* client, customer
clima *m* climate
cobrar to charge (money)
cocina kitchen
coche *m* automobile; coach
codazo blow with the elbow
coger to take, pick up
colegio secondary school, high school
colgar (ue) to hang
colmo pinnacle; **¡Esto es el colmo!** This is the last straw!
colocación placement, location
colocar to place, locate
comentar to comment, mention
comenzar (ie) to begin, start
comer to eat
comercio commerce, business
comestible *m* food, edible substance; *pl* foodstuff, provisions
comida meal
comité *m* committee
como as, like, how, about; **¿cómo?** how?, what?
cómodo,-a comfortable
compañero,-a companion, mate
compañía company
comparar to compare
completar to complete, fill out
completo,-a complete, full
complicado,-a complicated
componerse to be composed of, consist of
composición composition

comprar to buy, purchase
comprender to understand, comprehend
común common
comunicar to communicate, tell
con with; **con tal que** provided that
concentración concentration
concentrar to concentrate
conciencia consciousness; conscience
concierto concert
condenar to condemn, curse
cóndor *m* condor (bird of South America)
conducir to conduct, lead
conferencia lecture, conference
confrontar to confront, face, oppose
congestionado,-a congested, crowded
conjunto group; musical group
conmigo with me
conocer to know; to meet
conocimiento knowledge, awareness
conquista conquest
conquistar to conquer, defeat, seduce
conseguir (i) to achieve, get; to manage to
consejero,-a advisor
consejo advice
conserje *m* desk clerk (hotel)
conservador,-ra conservative; *n m* conservative
consideración consideration
considerar to consider, regard
consigo with him/herself
consistir (en) to consist of
constante constant
construir (y) to construct, build
consuelo consolation
contacto contact
contado: al contado in cash

contaminación   contamination, pollution

contaminar   to contaminate, pollute

contar (ue)   to count; **contar con** to count on

contemporáneo,-a   contemporary

contener (ie)   to contain

contento,-a   content, happy

contestar   to answer

contigo   with you

continuación   continuation

continuar   to continue, go on

continuo,-a   continuous, continual

contra   against; **en contra de** against, in opposition to

contrario,-a   contrary, opposing; **al contrario**   on the contrary

contraste   *m*   contrast

contratar   to contract, hire

contribuir (y)   to contribute

controlar   to control, dominate

convencer   to convince

convenido,-a   agreed upon

conveniencia   convenience

conversación   conversation

conversar   to converse, talk

copa   cup, glass; **tomar una copa** to have a drink

corazón   *m*   heart

corbata   necktie

correcaminos   *m sing*   road-runner

corregir (i)   to correct

correo   mail; also   *pl*   the mails; the post office

correr   to run

corrida   bull fight

corriente   *adj*   current;   *n f* current (water, electricity, etc.)

corrompido,-a   corrupt, corrupted

cortés   courteous

cortesía   courtesy

corto,-a   short (in length)

cosa   thing

coser   to sew

costar (ue)   to cost

costilla   rib

costoso,-a   costly, expensive

costumbre   *f*   custom, habit

creación   creation, invention

crear   to create

crecer   to grow

crédito   credit

creencia   belief

creer   to believe, think

criado,-a   servant

criar   to raise, care for

crimen   *m*   crime

cristiano,-a   Christian

Cristo   Christ

criterio   criterion, opinion

cruel   cruel, mean

cuaderno   notebook

cuadro   picture

cual   which, as, like; **¿cuál?** which?, which one?; **el (la) cual** who, the one who

cualidad   quality, virtue, good feature

cualquier,-a   *pron*   any, whichever, any one

cuando   when, whenever; **¿cuándo?**   when?

cuanto,-a   as much as;   *pl*   as many as; **¿cuánto?**   how much?;   *pl*   how many?

cuarto,-a   fourth;   *n m*   room; quarter

cuatro   four

cubano,-a   Cuban

cubrir   to cover

cucharón   *m*   large spoon, ladle

cuchichear   to whisper

cuenta   bill, tab

cuento   story, tale

cuerpo   body, corpus

cuestión   matter, question

cuidado   care; **tener cuidado**
   to be careful
culpa   blame; **tener la culpa**   to
   be to blame
culto,-a   cultured, educated
cultura   culture; politeness
cultural   cultural
cumpleaños   *m sing*   birthday
cumplir   to comply with, fulfill,
   perform
cura   *m*   priest;   *f*   cure
curar   to cure
curso   course (of studies); program
cuyo,-a   whose

CH

chaqueta   jacket
charla   chat, talk
charlar   to chat, talk
cheque   *m*   check, bank draft
chicano,-a   Chicano, Mexican-
   American
chico,-a   small;   *n*   little boy,
   little girl
chillar   to screech, cry loudly
chiquillo,-a   *n*   a very little boy
   or girl
chofer   *m*   driver, chauffeur
choza   shack, hut

D

daño   harm, damage; **hacer daño**
   to harm, damage, hurt
dar   to give; **dar las seis**   to
   strike six o'clock; **dar sueño**
   to make sleepy; **dar un paseo**
   to take a walk, stroll around;
   darse cuenta de   to realize,
   become aware of; **darse prisa**
   to hurry up
deber   to owe; must, ought to;
   n m   duty, obligation, debt
debido,-a   due to, owing to
débil   weak
decano,-a   dean
decidir   to decide

décimo,-a   tenth
decir (i)   to say, speak
decisión   decision
declarar   to declare
dedicar   to dedicate
defecto   defect
defender (ie)   to defend
defensa   defense
dejar   to leave (something behind);
   dejar de   to stop (doing something)
deleitarse con   to enjoy
demás   rest (of the)
demasiado,-a   *adj*   too much;
   demasiado   *adv*   too; too
   much
democracia   democracy
demonio   demon; **¿Qué demonios?**   What the devil?
demorar   to delay
demostrar (ue)   to show, demonstrate
dentista   *m* or *f*   dentist
dentro (de)   in, into, inside (of)
depender (de)   to depend (on)
deportes   *m pl*   sports
deportivo,-a   sporting, pertaining
   to sports
derecho,-a   right, right-hand;
   n m   right (as legal right);
   m pl   customs duty;   *f*   right
   hand
desagradable   disagreeable,
   unpleasant
desaparecer   to disappear
desayuno   breakfast
descansar   to rest
descanso   rest
desconocido,-a   unknown, unac-
   quainted;   *n*   stranger
descortesía   discourtesy
describir   to describe
descripción   description
descubrir   to discover, uncover
desde   since, from; **desde hace
   cinco años**   for five years

deseable desirable
desear to desire, want
desempleo unemployment
deseo desire, wish
desgraciadamente unfortunately
desierto desert
desilusión disappointment, disillusionment
desilusionar to disappoint, disillusion; **desilusionarse** to become disappointed
desocupar to vacate, empty
despacio *adv* slowly; **más despacio** slower
despedirse (i) to say good-bye, take leave
despertar (ie) to awaken; **despertarse** to wake up
despierto,-a awake, alert
despreciar to scorn
después (de) after, afterwards
destino destiny, future, fortune
destruir (y) to destroy
desventaja disadvantage
detrás (de) behind, in back of
devolver (ue) to return (something)
día *m* day; **buenos días** good morning; **cada día** every day; **hoy día** nowadays; **todos los días** every day
diablo devil; **¿Qué diablos?** What the hell?
dialecto dialect
diálogo dialogue
dibujo drawing, sketch
diccionario dictionary, word list
diciembre *m* December
dictadura dictatorship
dicho,-a said; *n m* saying; **lo dicho** what was said
diecisiete seventeen
diez ten
diferencia difference
diferente different
difícil difficult

dificultad difficulty
difunto,-a dead person
dilema *m* dilemma
diminutivo,-a diminutive
dinero money
dios,-sa god, goddess; **Dios** *m* God
dirección direction; address
directo,-a direct
dirigir to direct, address; **dirigir la palabra** to speak to
disciplina discipline
disco record (phonograph)
discoteca discotheque
discusión discussion, argument
discutir to argue, debate, discuss
disolución dissolution, dissolving
disponible available
distancia distance
distinguir to distinguish, differentiate
distinto,-a different
distraer to distract
distribución distribution
diversión diversion, entertainment
divertido,-a funny, entertaining
divertirse (ie) to enjoy oneself; to amuse oneself, be amused
dividir to divide
doce twelve
doctor,-ra doctor (as a title of address); *n* person with a doctorate
documento document, paper
dolor *m* pain, sorrow
dominante dominant
dominar to dominate, rule
domingo Sunday
dominio dominance, rule
donde where, in which; **¿dónde?** where?; **dondequiera** wherever
dormir (ue) to sleep; **dormirse** to go to sleep
dos two

droga drug (especially as in drug addict)
dudar to doubt
dudoso,-a doubtful
durante during
durar last

E

e and (before words beginning with **i** or **hi**)
economía economy
echar to throw; **echar de casa** to throw out of the house, **echar de menos** to miss; **echar un piropo** to pay a compliment; **echarse una siestecita** to take a little nap
edad age
edificio building
educación education
educado,-a educated
educar to educate
ejemplo example
ejercer to exercise, exert (influence, control, etc.)
ejercicio exercise
elección election
elegante elegant
elemento element
eliminación elimination
eliminar to eliminate
embarazada pregnant
embargo: sin embargo nevertheless
emocionante moving, touching, causing emotion
empezar (ie) to begin
emplear to employ
empleo employment, job
empujón *m* push, violent shove
en in, on; **en casa** at home; **en caso de que** in case; **en cuanto** as for, concerning; **en seguida** at once; **en serio** seriously; **en tren** by train; **en vista de** in view of

enajenación alienation
enamorado,-a in love; **estar enamorado,-a de** to be in love with
enamorarse (de) to fall in love (with)
encantar to fascinate, delight
encontrar (ue) to find; **encontrarse** to find oneself, be; to meet
energía energy
enero January
énfasis *m* emphasis
enfermarse to get sick
enfermo,-a sick
enhorabuena congratulations
enojado,-a angry
enojarse to get mad, become angry
enorme enormous
enriquecer to enrich
enriquecimiento enrichment
enseñanza teaching; **instituciones de enseñanza** educational institutions
enseñar to teach
entender (ie) to understand
entero,-a whole, entire
enterrado,-a buried
entierro burial
entonces then
entrar to enter, come in
entre among, between
entregar to deliver, hand over
entremés *m* side dish, hors d'oeuvres
enviar to send
envolver (ue) to wrap
episodio episode
epitafio epitaph
época epoch
equipaje *m* baggage, luggage
equipo team
equivalente equivalent
equivaler to be equivalent
equivocado,-a mistaken

equivocar   to mistake, mix up;
   equivocarse   to be mistaken
erudito,-a   erudite, learned
escala   stopping place; **hacer
   escala**   to stop, stop over
escándalo   scandal, tumult, com-
   motion
escaparse   to escape
escena   scene
escoger   to choose
escolástico,-a   scholastic
escolta   escort
esconder   to hide
Escorpión   *m*   Scorpio
escribir   to write; **escribir a
   máquina**   to type; **máquina
   de escribir**   typewriter
escrito,-a   written
escritor,-ra   writer
escrúpulo   scruple
escuchar   to listen (to)
escuela   school
ese, esa   that; **eso**   *pron*   that;
   esos, esas   those; **por eso**
   therefore
esencial   essential
esfuerzo   effort
espacioso,-a   spacious
espantoso,-a   frightful,
   dreadful
España   Spain
español,-a   Spanish
especial   special
especie   *f*   species, kind
específicamente   specifically
esperanza   hope
esperar   to hope, expect; to wait
   for, await
espía   *m* or *f*   spy
espiritual   spiritual
esposa   wife
esposo   husband
esquela   note, notice
esquema   *m*   plan, outline
esquiar   to ski
esquina   corner

establecer   to establish
estación   station; season
estacionamiento   parking
estado   state
estar   to be; **estar de acuerdo**
   to agree; **estar de vacaciones**
   to be on vacation; **estar en casa**
   to be at home
este, esta   this; **esto**   *pron*   this;
   estos, estas   these
esterilizar   to sterilize
estrella   star
estructura   structure
estudiante   *m* or *f*   student
estudiantil   *adj*   student
estudiar   to study
estudio   study
eternidad   eternity
eterno,-a   eternal
Europa   Europe
europeo,-a   European
evaluación   evaluation
evidente   evident
evitar   to avoid
evolución   evolution
evolucionar   to evolve
examen   *m*   examination
excelente   excellent
excepto   except
excesivo,-a   excessive
exceso   excess
exequias   *f pl*   exequies, obse-
   quies, funeral rites
exigir   to require, demand
existir   to exist
éxito   success; **tener éxito**   to be
   successful
explicación   explanation
explicar   to explain
explorar   to explore
expresar   to express
expresión   expression
expulsar   to expel
extender (ie)   to extend
extranjero,-a   foreign;   *n*   foreigner

extraordinariamente extraordinarily

F

fábrica factory
fabricar to make, fabricate
fácil easy
facilidad facility
facilitar to facilitate
facturar to check (baggage)
facultad faculty
falso,-a false
falta lack; **hacer falta** to be necessary; to miss
faltar to be lacking; **Eso te faltaba.** That's all you need.
fallecer to die
fama reputation
familia family
familiar *adj* family; *n m* member of the family
familiaridad familiarity
famoso,-a famous
fastidiar to annoy
favor *m* favor; **hacer el favor de** please; **por favor** please
favorito,-a favorite
fe *f* faith
febrero February
fecha date
feliz happy
feminista feminist
fenomenal phenomenal
fenómeno phenomenon
fiel faithful
fiesta party, celebration
fijo,-a fixed
fila row
filosofía philosophy
fin *m* end, goal; **a fin de que** so that; **al fin** finally
finca farm
fingir to pretend
firmar to sign
físico,-a physical
flaco,-a thin, skinny

flautista *m* or *f* flute player
flor *f* flower
fomentar to foment, encourage
fondo fund
forma form
formar to form
foto *f* photo, photograph
francamente frankly
francés,-esa French
frase *f* sentence, phrase
frecuencia frequency; **con frecuencia** frequently, often
frecuente frequent
frente concerning; **frente a** opposite
fresco,-a cool; **hacer fresco** to be cool
frijol *m* bean
frío,-a cold
frívolo,-a frivolous
frontera border
fruta fruit
fuego fire
fuera (de) outside (of)
fuerte strong
fuerza force
función function, performance
funcionar to function
fundar to found
fútbol *m* soccer; football
futuro future

G

galicismo Gallicism (a word or phrase of French origin)
gallo rooster
gana desire
ganar to earn; to win; **ganarse la vida** to earn one's living
garaje *m* garage
gastar to spend
gasto expense, expenditure
Géminis *m* Gemini
generación generation
general general; **por lo general** generally

generalizado,-a   generalized
generoso,-a   generous
gente   *f*   people
gerencia   management, office
gira   trip
gitano,-a   gypsy
gobernación   seat of government
gobernante   *m* or *f*   governor, ruler
gobernar (ie)   to govern
gobierno   government
gordo,-a   fat
gozar   to enjoy
grabar   to engrave
gracias   *f pl*   thanks
graduarse   to graduate
gramática   grammar
gran, grande   great, large, big
grandote,-a   very large
gratificación   gratification
gratuito,-a   free
grave   serious
gris   gray
grito   shout
grupo   group
guapetón,-ona   very good-looking
guapito,-a   cute, good-looking
guapo,-a   good-looking, handsome
guardia   guard
gubernamental   governmental
guerra   war
guerrillero   guerrilla
guía   *m* or *f*   guide
guiar   to guide
guitarrista   *m* or *f*   guitar player
gustar   to be pleasing, like; **gustarle a uno**   to like
gusto   taste, pleasure; **a gusto**   comfortable, "at home"

H

haber   to have (as auxiliary verb); **haber de**   to have to; **hay**   there is, there are; **hay que**   one must
habitación   room

habitante   *m* or *f*   inhabitant
hablar   to speak
hacer   to do, make; **hace buen tiempo**   the weather is good; **hacer caso**   to pay attention; **hacer daño**   to harm, injure; **hacer escala**   to stop, stopover; **hacer falta**   to need, be lacking; **hacer fresco**   to be cool; **hacer sol**   to be sunny; **hacer una pregunta**   to ask a question; **hacerse tarde**   to grow late
hacia   toward
hallar   to find
hamaca   hammock
hambre   *f*   hunger; **muerto de hambre**   dying of hunger; **tener hambre**   to be hungry
haragán,-ana   idle, lazy, loafing
hasta   until, to, up to, even; **hasta luego**   good-bye, see you later
hecho   *past part*   done, made; *n*   fact
helado,-a   frozen
herencia   inheritance
hermana   sister
hermano   brother; *pl*   brothers, brothers and sisters
hielo   ice
higo   fig
hija   daughter
hijo   son; *pl*   children, sons and daughters
hipocresía   hypocrisy
hipócrita   *m* or *f*   hypocrite; *adj*   hypocritical
hispánico,-a   Hispanic
Hispanoamérica   Spanish America
historia   history, story
histórico,-a   historic, historical
hogar   *m*   home
hojear   to leaf through
hola   hello, hi
holgazán,-ana   idle, lazy

hombre *m* man
hora hour
horario timetable
horóscopo horoscope
hoy today; **hoy día** nowadays
hule *m* rubber
humanidad humanity
humano,-a human
huracán *m* hurricane

I

ibérico,-a Iberian
ida departure; **boleto de ida y
   vuelta** round-trip ticket
identidad identity
identificar to identify
idioma *m* language
idiota *m* or *f* idiot
iglesia church
ignorancia ignorance
igual equal, same
igualdad equality
ilustre illustrious
imaginación imagination
imaginario,-a imaginary
impedir (i) to prevent, hinder,
   block
imperfecto,-a imperfect
importación importation
importancia importance
importante important
importar to be important, matter
imposible impossible
impresionante impressive
impuesto tax
inca *m* Inca
inclinar to tilt
incluir (y) to include
incluso even, including
incorporar to incorporate
increíble incredible
indicar to indicate
indígena indigenous, native,
   Indian
indio,-a Indian
individualidad individuality

individuo,-a individual
industria industry
inesperado,-a unexpected
inestable unstable
inflación inflation
influencia influence
influir (y) to influence
información information
informar to inform
informe *m* report
ingeniero engineer
Inglaterra England
inglés,-esa English
iniciativa initiative
inmediato,-a immediate
inmigrante *m* or *f* immigrant
inmigrar to immigrate
inmoral immoral
insistir (en) to insist (on)
inspirar to inspire
institución institution
instrucción instruction
inteligencia intelligence
inteligente intelligent
interesante interesting
interesar to interest
íntimo,-a intimate
intrigante *m* or *f* intriguer
introducción introduction
invadir to invade
invitación invitation
invitado,-a guest
invitar to invite
ir to go; **irse** to go away
isla island
islámico,-a Islamic
italiano,-a Italian

J

jardín *m* garden
jefe *m* chief, boss
joven young
juez *m* or *f* judge
jugada trick
jugador,-ra player
jugar (ue) to play (a game)

julio   July
junio   June
juntar   to gather, unite
junto,-a   together
justicia   justice
juventud   youth
juzgar   to judge

L

ladrillo   brick
ladrón,-ona   thief
lamentar   to regret, lament
lápiz   *m*   pencil
largo,-a   long
lástima   pity
latín   Latin language
latino,-a   *adj*   Latin
Latinoamérica   Latin America
latinoamericano,-a   Latin
   American
lavar   to wash
leal   loyal
lección   lesson
lectura   reading
leer   to read
lejos   far, far away; **lejos de**
   far from
lengua   language
lenguaje   *m*   language
lentamente   slowly
letra   letter
letrero   sign
levantar(se)   to get up
ley   *f*   law
liberación   liberation
libertad   liberty
Libra   Libra
libre   free; **al aire libre**   in the
   open-air
librería   bookstore
libro   book
licenciado,-a   lawyer; holder of a
   bachelor's degree
líder   *m*   leader
limitar   to limit
limón   *m*   lemon

limosna   alms
limpio,-a   clean
lingüístico,-a   linguistic
lío   problem, difficulty
lista   list
listo,-a   clever; ready
loco,-a   crazy
locura   madness, insanity
locutor,-ra   (radio) announcer
losa   gravestone
luchar   to struggle, fight
luego   then; **hasta luego**   good-
   bye, see you later
lugar   *m*   place
lujoso,-a   luxurious
lunes   *m*   Monday
luz   *f*   light

LL

llave   *f*   key
llegada   arrival
llegar   to arrive
llenar   to fill
lleno,-a   full
llevar   to have spent or to take
   (time); to carry, take (transport);
   to wear; **llevarse bien**   to get
   along well with
llorar   to cry
llover (ue)   to rain

M

machete   *m*   machete
madre   *f*   mother
madrina   godmother
maestro,-a   teacher
magia   magic
magnífico,-a   magnificent
maíz   *m*   corn
mal   *adj* and *adv*   bad, badly,
   sick; **salir mal**   to fail
maleta   suitcase
malo,-a   bad; **mala jugada**
   dirty trick
mandar   to order, command, send
mandato   mandate, command

manejar to drive

manera manner, way; **manera de** a way to

manifiesto manifesto

mano *f* hand

mantener (ie) to maintain; **mantenerse** to support oneself

manuscrito manuscript

manzana apple

mañana morning; *adv* tomorrow

mapa *m* map

máquina machine; **escribir a máquina** to type; **máquina de escribir** typewriter

maquinaria machinery

maravilloso,-a marvelous, wonderful

marcado,-a marked

marido husband

martes *m* Tuesday

marzo March

más more, most; **más de, más que** more than; **más tarde** later; **más valía** it was better, it would have been better

matar to kill

materia subject, course

matrícula registration fee; tuition

matrimonio marriage

mayo May

mayor greater, older

mayoría majority

mecánico,-a mechnical; *n m* mechanic

mediante by means of

medicina medicine

médico,-a medical; *n m or f* doctor

medio,-a half, mean, average; **por medio de** by means of

meditación meditation

mejor better, best

memoria memory; **aprender de**

memoria to memorize

mencionar to mention

menos minus, less, least; **a menos que** unless; **echar de menos** to miss; **por lo menos** at least

mensual monthly, per month

mentir (ie) to lie

menudo: a menudo often

mercado market

merecer to deserve

mes *m* month

mesa table, desk

meter to introduce, put into; **meterse en** to get involved with, poke one's nose into

método method

metro subway

metrópoli *f* metropolis

mexicano,-a Mexican

mezcla mixture

miedo fear; **tener miedo** to be afraid

miembro member

mientras while

migración migration

mil *m* thousand

milla mile

millón *m* million

minuto minute

mirar to look, look at

misa mass

miseria poverty; **barrio de miseria** slum

misión mission

misionero,-a missionary

mismo,-a same; **lo mismo que** the same as; **sí mismo** oneself

moda style; **pasar de moda** to be out of style

modelo model

moderación moderation

moderado,-a moderate

moderno,-a modern

modo way; **de modo que** so that; **de todos modos** at any rate

molestar to bother

molestia bother

momento moment

monje *m* monk

montaña mountain

morenita brunette

morir(se) (ue) to die

moro,-a Moor

mostrar (ue) to show

motivo motive

moto *f* motorcycle

moverse (ue) to move

movimiento movement

mozo,-a waiter, waitress

muchacha girl

muchacho boy; *pl* boys and girls, boys

muchedumbre *f* crowd

mucho,-a much, a lot of, a lot; **muchas veces** often

mudanza move

mudar(se) to move (house)

muerte *f* death

muerto,-a dead

mujer *f* woman, wife

mundial world, worldwide

mundo world

músculo muscle

museo museum

música music

músico,-a musician

muy very

N

nacer to be born

nacimiento birth

nación nation

nacional national

nada nothing, anything

nadar to swim

nadie no one, nobody, anyone

naranja orange

narrador,-ra narrator

natalidad births

navío ship

necesario,-a necessary

necesidad necessity

necesitar to need

negación negation

negar (ie) to deny, refuse

negativo,-a negative

negocio business; **hombre de negocios** *m* businessman

negro,-a black

nervio nerve

nervioso,-a nervous

nieve *f* snow

ninguno,-a none, not any, not one

niño,-a child

noche *f* night; **buenas noches** good evening, good night; **de la noche** P.M.; **esta noche** tonight; **por la noche** or **de noche** at night; **todas las noches** every night

nombre *m* name

norte *m* north

norteamericano,-a North American

nota note, grade

notar to note

noticia news

novedad novelty; **¿Hay alguna novedad?** Is there any news? Is there anything new?

novela novel

novelista *m* or *f* novelist

noviembre *m* November

novio,-a boyfriend, girlfriend, suitor; fiancé, fiancée

nueve nine

nuevo,-a new; **de nuevo** again, once more

número number

nunca never

O

obedecer to obey
obispo bishop
obituario obituary
obligación obligation, duty
obligatorio,-a obligatory, required
obra work, labor
obrero,-a worker
obstáculo obstacle, barrier
ocasión occasion
octubre *m* October
ocupar to occupy, hold
ocurrir to occur, happen
ochenta eighty
ocho eight
ofender to offend
oficial official
oficina office
oficio trade, task, business
ofrecer to offer
oír to hear
ojalá God grant, I hope that
ojo eye
oler (hue) to smell
olvidarse (de) to forget
omitir to omit, overlook
once eleven
onda wave
operarse to occur, come about; to be operated on
opinar to think
opinión opinion
oportunidad opportunity
optimista optimist, optimistic
oralmente orally
orden *m* order
ordenar to order, put in order
orientar to orient, guide
origen *m* origin, source
oro gold
ortografía orthography, spelling
oscuro,-a dark, obscure

otoño fall, autumn
otro,-a another, other

P

padre *m* father, priest; *pl* parents
padrino godfather; *pl* godparents
pagar to pay
país *m* country
pájaro bird
palabra word, term
palo stick, pole
pan *m* bread, loaf of bread
panecillo roll
pantalla motion picture screen
papa potato
papá *m* father, dad
papel *m* paper
para for, in order to, towards, by; **para que** so that
parada stop (train, bus, etc.)
parar to stop, stay
parcela parcel, piece
parecer to seem, look as if
pareja pair, couple
parque *m* park
parte *f* part, portion, place; **de parte de** in behalf of; **por parte de** on the part of; **por todas partes** everywhere
partera midwife
participación participation
participar to participate
partidario,-a partisan, supporter
partido game, match
partir to divide, distribute; to depart
pasaje *m* passage, fare
pasaporte *m* passport
pasar to pass, go, pass through, go over to, come to, spend (time)
pasear to stroll, take a walk or drive

paseo   stroll, walk, drive
pasillo   passage, corridor
pastel   *m*   pastry, pie
pato   duck
patria   native country, fatherland;
   madre patria   motherland
paz   *f*   peace
pecado   sin
pedante   pedantic
pedir (i)   to ask for, request, solicit
peinarse   to comb one's hair
película   motion picture, film
peligroso,-a   dangerous
pelirrojo,-a   red-haired,
   redheaded
pelo   hair
pena   pain; **valer la pena**   to be
   worthwhile
penetrar   to penetrate, pierce
península   peninsula
pensar (ie)   to think, intend to
pensativo,-a   pensive, thoughtful
pensión   boardinghouse
peor   worse
pequeño,-a   small
perder (ie)   to lose
perdonar   to pardon, forgive
perezoso,-a   lazy
perfección   perfection
perfeccionar   to perfect
periódico   newspaper
periodista   *m* or *f*   journalist,
   newspaperman, newspaper-
   woman
permanentemente   permanently
permiso   permission, permit
permitir   to permit, allow
pero   but
perrazo,-a   large dog
perrito,-a   small dog
persona   person
personaje   *m*   personage, literary
   character
personalidad   personality

pertenecer   to belong, pertain to
pesadilla   nightmare
pésame   *m*   condolence
pesca   fishing, catch; **ir de pesca**
   to go fishing
pescador,-ra   fisherman, fisher-
   woman
pesimista   *m* or *f, n* or *adj*   pessimist, pessimistic
pianista   *m* or *f*   pianist
pico   peak
pie   *m*   foot
piel   *f*   skin, hide, fur
pintor   *m*   painter
pintoresco,-a   picturesque
pirámide   *f*   pyramid
piropos   compliment, flattery
piscina   swimming pool
pistola   pistol
pistolero   gunman
placer   *m*   pleasure
plan   *m*   plan, scheme
planta   plant
platillo   saucer
plato   plate
playa   beach
plaza   plaza, town square
plomero   plumber
pluma   pen, feather
población   population
poblar (ue)   to populate
pobre   poor; *n*   poor person
pobreza   poverty
poco,-a   little, scanty; *pl*   a
   few, some; *n m*   a little bit;
   adv   a little, somewhat, slightly
poder (ue)   to be able to, can
poderoso,-a   powerful, strong
poema   *m*   poem
poeta   *m* or *f*   poet
policía   police; *n m*   policeman
político,-a   political; *n f*   politics; *n m*   politician
pollo   chicken

poner to put, place; **ponerse** to become, turn, put on (oneself)

poquitín *m* a little (tiny) bit

poquito,-a very little

por by, through, for, for the sake of, because of; **por ejemplo** for example; **por eso** for that reason; **por favor** please; **por lo tanto** therefore; **¿por qué?** why?; **por tanto** thus

porque because, for, as

portal *m* portico, entrance hall, vestibule

portarse to behave, act

portátil portable

portero doorman

portugués *m* Portuguese (language)

posibilidad possibility

posible possible

posición position

pozo well, pool, pond

practicar to practice, perform

precio price

preciso,-a necessary

predilecto,-a favorite, preferred

preferencia preference

preferir (ie) to prefer

pregunta question

preguntar to ask, question

preguntón,-ona inquisitive

prejuicio prejudice, prejudgment

premiar to reward

premio prize, award

prensa press, printing press

preocuparse to worry

preparación preparation

preparar to prepare

preparatorio,-a preparatory

presentar to present

preservar to preserve

presidencia presidency

presidente *m* president

prestar to lend

primario,-a primary, elementary

primer, primero,-a first

primo,-a cousin

principal principal, main

principio principle, beginning; **al principio** at first

prioridad priority

prisa haste; **darse prisa** to hurry

probable probable

probar (ue) to prove, test, try

problema *m* problem

procedencia origin, source

proceso process

producir to produce

producto product

profesión profession

profesional professional

profesor,-ra professor

profundo,-a deep, profound, radical

programa *m* program, plan of action

prohibir to prohibit

prometedor,-ra promising

prometer to promise

promulgar to promulgate, proclaim

pronóstico prediction

pronto soon, promptly

propio,-a one's own, appropriate

proponer to propose

propósito purpose, intention

proteger to protect

provocar to provoke, promote

próximo,-a next, near

psíquico,-a psychic

publicar to publish

público,-a public

pueblo small town, people, nation, citizenry

puerta door

pues then, since

puesto,-a put, placed; *n m* job, position; **puesto que** since

puma *m* puma, American panther

punto point, dot, period; **punto de vista** point of view

Q

que that, which, who, whom, than; **el (la, los, las) que** the one(s) who; **lo que** that which; **¿para qué?** what for?; **¿por qué?** why?; **¿qué?** what? which?

quedar(se) to remain, stay, be located, end up

quejarse to complain

querer (ie) to want

queso cheese

quien who, whom; **¿a quién?** to whom?; **¿de quién?** about whom?; **¿quién?** who?

química chemistry

quince fifteen

quitar to remove, take away; **quitarse** to take off

quizás perhaps, maybe

R

radical radical, basic

raíz *f* root, basis

rapidez *f* rapidity

rápido,-a rapid, fast

raqueta racket

rascacielos *m s* skyscraper

rasgo trait, characteristic

rato time, while, little while

ratón *m* mouse

raza race, group, people

razón *f* reason; **tener razón** to be right

reacción reaction

reaccionario,-a reactionary

realidad reality

realista *m or f* realist

realizar to fulfill, carry out

rebelde *m or f* rebel

receptivo,-a receptive

receta recipe

recibir to receive

reciente recent

recoger to pick up, gather

recomendar (ie) to recommend

reconciliar to reconcile

reconocer to recognize

recordar (ue) to remember, remind

rector *m* president (of a university)

rectoría office of a president

recuerdo memory, reminder, remembrance

rechazar to reject, turn down

reducir to reduce

reemplazar to replace

reflejar to reflect

reflexión reflection

reflexivo,-a reflexive

reforma reform

refrán *m* proverb, saying

refresco refreshment, cold drink

regalar to give

regalo gift

región region

registro registration, registry

regresar to return

regulación regulation

reír to laugh; **reírse de** to laugh at

relación relation, relationship

relativamente relatively

religión religion

religioso,-a religious

reloj *m* watch, clock

remedio remedy, help, recourse

renovar (ue) to renovate

reñir (i) to wrangle, quarrel, fall out

repasar to retrace, review

repaso review

repetir (i) to repeat, do again

representante *m or f* representative

requerir (ie) to require, need

requisito requirement

rescate *m* ransom, ransom money

reservar to reserve

resignarse to become resigned

resistencia resistance

resistir to resist

resolver (ue) to resolve, solve

respetar to respect

respeto respect

responder to respond, answer

responsabilidad responsibility

responsable responsible

respuesta answer

restaurante *m* restaurant

resto rest, remainder; *pl* remains

restorán *m* restaurant

resuelto *part* resolved, solved

resultar to result, turn out

resumen *m* summary

resumir to summarize, sum up

retirar(se) to retire, withdraw

reunión meeting, reunion, gathering

revisar to revise, review, check

revolución revolution

revolucionario,-a revolutionary

rey *m* king

rezar to pray

rico,-a rich

río river

riqueza riches, richness

risa laugh, laughter

ritmo rhythm

rito rite

robar to rob, steal

rodear to surround, round up

rogar (ue) to beg

rojo,-a red

romano,-a Roman

romántico,-a romantic

romper to break, tear

ropa clothing, clothes

rubio,-a blond

ruina ruin

rumbo bearing, course, direction

S

sábado Saturday

saber to know, know how to; *pret* to find out

sabio,-a wise; *n* wise person

sabor *m* taste, flavor

sabroso,-a tasty, delicious

sacar to take out, withdraw, remove

sacrificio sacrifice

sacudir to shake, beat

sala living room, salon, hall

salir to leave, go out, come out

saltar to jump

saludar to greet, salute

salvo,-a safe, omitted; **salvo** *prep* save, except for

sanatorio sanatorium, sanitarium

satisfacer to satisfy

sección section

seco,-a dry

secuestrar to kidnap, abduct

secuestro kidnapping, abduction

secundario,-a secondary

seguida series, succession; **en seguida** at once, immediately

seguir (i) to follow, continue, keep on

según according to

segundo,-a second

seguridad security, certainty; **con seguridad** with certainty, surely

seguro,-a sure, safe

seis six

selección selection, choice

semana week

semejante similar

sencillo,-a simple

sensual sensual, relating to the senses

sentar(se) (ie) to seat, settle; *refl* to sit down

sentimiento sentiment, feeling, sense

sentir (ie) to feel; to be sorry

señalar to mark, show, indicate

señor Mr., sir

señora Mrs., madam

señorita Miss, young lady

separar to separate

septiembre *m* September

ser to be

serio,-a serious; **tomar en serio** to take seriously

servicio service

servir (i) to serve; **servir de** to serve as

sicólogo,-a psychologist

siempre always

siesta nap, midday rest

siete seven

siglo century

significado meaning

significar to mean, signify

signo sign, mark

siguiente following, next

silla chair

sillón *m* armchair, easy chair

simpático,-a cogenial, likeable

simple simple

sin without

sinofonía symphony

sino but

sistema *m* system

sitio site, place

sobrar to exceed, surpass

sobre over, on, above, about, towards; **sobre todo** above all

sobrevivir to survive

sobrina niece

sobrino nephew

sociedad society

sofisticado,-a sophisticated

sol *m* sun

solamente only

solemne solemn, holy

soler (ue) to be in the habit of, used to, accustomed to

solicitar to solicit, ask for

solidaridad solidarity

solo,-a alone, only, sole

sólo only

soltero,-a single, unmarried

soñar (ue) to dream

sopa soup

sorprender to surprise

subir to rise, go up, raise; **subir a** to climb

subordinar to subordinate

subterráneo,-a subterranean, underground; *n m* subway

sucio,-a dirty, filthy

sudor *m* sweat

suelto *n m* small change

sueño dream; **tener sueño** to be sleepy

suerte *f* luck, fortune

suficiente sufficient, adequate

sufrir to suffer, undergo

sugerir (ie) to suggest

suicidarse to commit suicide

sumamente exceedingly, extremely

superhombre *m* superman

supermercado supermarket

supersticioso,-a superstitious

suponer to suppose

suprimir to suppress

sur *m* south

suroeste *m* southwest

surrealista surrealistic
sutil subtle, keen

T

tacaño,-a stingy
tal such, so, as; **tal vez** perhaps
taller *m* shop, workshop, factory
tamaño size
también also
tan so, as
tanto,-a so much, as much; *pl* so many, as many
tarde *f* afternoon; *adv* late; **más tarde** later
tarea task, homework
tarjeta card
taza cup
teatro theater
técnico,-a technical
tecnológico,-a technological
techo roof, ceiling
telefonista *m* or *f* telephone operator
teléfono telephone
telegrama *m* telegram
telenovela soap opera
televisión television
televisor *m* television set
tema *m* theme
temer to fear, be afraid
temprano early
tendencia tendency
tender (ie) to tend to, have a tendency toward
tendero,-a shopkeeper, storekeeper
tener (ie) to have, possess, hold; **tener que** to have to
tentación temptation
tercero,-a third
terminar to end, terminate, finish
término term
tía aunt

tiburón *m* shark
tiempo time; weather
tienda store
tierra earth, land
tío uncle
típico,-a typical
tipo type, kind, sort
toalla towel
tocar to touch, play (instrument)
todavía still, yet
todo,-a all, everything; *pl* everyone, all of; **de todos modos** anyway; **todo el día** all day; **todo el mundo** everyone, everybody; **todos los días** everyday
tomar to take, drink
tomate *m* tomato
tontería foolishness, nonsense
tonto,-a foolish, stupid, silly
torero,-a bullfighter
tormenta storm
tormento torment, anguish
toro bull
torre *f* tower
trabajador,-ra worker
trabajar to work
tradición tradition
tradicional traditional
traducir to translate
traductor,-ra translator
traer to bring
tragedia tragedy
traje *m* suit
transitorio,-a transitory, temporary
transmitir to transmit, relay
transporte *m* transport, transportation
trascendental transcendental, far-reaching
tratar to treat, try; **tratar de** to deal with
trece thirteen

tremendo,-a tremendous, huge

tren *m* train

tres three

tristeza sadness

triunfar to triumph, win

trompeta trumpet

tropezar to stumble, trip

turismo tourism

turista *m* or *f* tourist

turístico,-a of or relating to tourism

U

último,-a last, ultimate

único,-a only, unique

unidad unity, unit

unido,-a united; **Estados Unidos** United States

uniforme *adj* uniform; *n m* uniform

unir(se) to unite

universidad university

universitario,-a of or relating to the university

urbano,-a urban, pertaining to cities

usar to use

uso use; **hacer uso de** to make use of

útil useful

utilización utilization

utilizar to utilize, use

uva grape

V

vacaciones vacation; **estar de vacaciones** to be on vacation

vacilar to vacillate

valer to be worth

valiente valiant, brave

valor *m* value; bravery, valor

variar to vary, mix

variedad variety

varios,-as various, several, some, a few

vaso glass

vecino,-a neighbor

vegetal *m* vegetable

veinte twenty

veintidós twenty-two

velación watch, vigil, wake

velar to watch over, hold a wake over

velorio wake, vigil

veloz swift, rapid

vencer to defeat

vender to sell

venir (ie) to come

ventaja advantage

ventana window

ver to see

verano summer

verbo verb

verdad truth

verdadero,-a true, real

verde green

verificar to verify, confirm

vestido,-a dressed, clad

vestire(se) (i) to dress

vez *f* time, turn; **a su vez** in its turn; **alguna vez** sometime; **de vez en cuando** from time to time; **en vez de** instead of; **muchas veces** many times; **tal vez** perhaps; *pl* **veces** times

viajar to travel

viajero,-a traveler

víctima *m* or *f* victim

vida life

viejo,-a old, elderly

viernes *m* Friday

vincular to bind, tie

visita visit, caller; **ir de visita** to go calling

visitar to visit

vista view; **punto de vista** point of view

visto,-a seen

vitrina showcase, display window

viuda widow

viudo widower

vivir to live

vocabulario vocabulary

voluntad will

volver (ue) to return

votar to vote

voz *f* voice; *pl* **voces**

vuelto,-a returned

Y

ya already, right away, now

yacer to lie

Z

zapato shoe

zona zone

Vocabulary
English—Spanish

The gender of nouns is listed except for masculine nouns ending in **-o** and feminine nouns ending in **-a, -dad, -tad, -tud,** or **-ión.** Adverbs ending in **-mente** are not listed if the adjectives from which they are derived are included.

Abbreviation

adj   adjective
adv   adverb
f   feminine
m   masculine
n   noun
part   participle

pl   plural
pret   preterite
pron   pronoun
refl   reflexive
s   singular
v   verb

A

abandon   abandonar
abbreviation   abreviatura
ability   capacidad
able   capaz
abound   abundar
about   acerca (de); como
above   sobre; **above all**   sobre todo
accept   aceptar
acceptance   aceptación
accident   *m*   accidente
accompany   acompañar
accord   acuerdo
according to   según
accustomed to   *v*   soler
achieve   alcanzar; conseguir
act (act as)   *v*   actuar
action, act   acción

active   activo,-a
activity   actividad
adapt   adaptarse
add   añadir; **(contribute)** aportar
address   dirección
adecuate   adecuado,-a
adjust   adaptarse
administration   administración
adult   *n* and *adj*   adulto,-a
advantage   ventaja
advice   consejo
advise   aconsejar
advisor   consejero,-a
affect   afectar
affection   cariño
affliction   aflicción
affront   *n*   afrenta, insulto
afraid: to be afraid   tener miedo

after después (de)
afternoon *f* tarde
again de nuevo
against contra, en contra de;
  (prefix) anti-
age edad
agency agencia
agent *m* and *f* agente
agree estar de acuerdo; **agreed**
  upon convenido,-a
agreeable agradable
agreement acuerdo
agriculturist agricultor,-ra
aid *v* apoyar; *n* apoyo, ayuda
aide *m* and *f* ayudante
air *m* aire; **in the open air**
  al aire libre
airplane *m* avión
airport aeropuerto
alien ajeno,-a
alienation enajenación
all todo,-a
allege alegar
almost casi
alms limosna
alone solo,-a
already ya
although aunque
always siempre
ambitious ambicioso,-a
Americas, of the americano,-a
  (sometimes used improperly to
  refer to the United States as
  opposed to Spanish America)
amiable amable
among entre
amuse oneself divertirse
ancestor antepasado,-a
ancient antiguo,-a
and y; (before words beginning
  with i or hi) e
angel *m* ángel; **little angel**
  angelito
Anglicism anglicismo (word
  derived from English)

Anglo-Saxon anglosajón,-a (used
  frequently to refer to all inhabitants of the United States who
  are not of Latin descent)
angry enojado,-a
anguish angustia
animated (cartoons) animado,-a
announcer (radio) locutor,-ra
annoy fastidiar
another otro,-a
answer respuesta
antique antiguo,-a
any cualquier,-a
anyway de todos modos
apartment apartamento
appetizer bocadito
appear aparecer
appearance apariencia; aspecto
apple manzana
appointment cita
approach acercarse
appropriate adecuado,-a,
  apropiado,-a
approve aprobar
April *m* abril
Aquarius Acuario
Arabic *adj* árabe
Arabic language *n m* árabe
area área
arm brazo
around alrededor (de)
arrange arreglar
arrangement arreglo
arrival llegada
arrive llegar
article artículo
artist *m* or *f* artista
as como, cual; **as much as**
  cuanto,-a; *also plural; also com-*
  parative form tanto como
ashamed avergonzado,-a
ask preguntar
assault *v* atacar; *n* asalto
assist ayudar
assistance ayuda

assistant *m* and *f* ayudante
associate with asociar
assure asegurar
astrology astrología
atheist ateo,-a
atheistic ateo,-a
attack *v* atacar; *n* ataque
attend asistir (a)
attendance asistencia
attention atención; **pay attention** hacer caso
attitude actitud
attorney abogado,-a
attract atraer
attraction atracción, atractivo
attractive atractivo,-a
attribute *v* atribuir; *n*
atributo
audience audiencia
auditorium auditorio
August agosto
aunt tía
author autor,-ra
authority autoridad
automatic automático,-a
automobile *m* automóvil, coche
autumn otoño
available disponible
average medio
avoid evitar
awake despierto,-a
awaken despertar
Aztec *m* or *f*, *n* and *adj* azteca

B

bachelor's degree licenciatura,
bachillerato
backward atrasado,-a
bad malo,-a
baggage *m* equipaje
baked asado,-a
bandit bandido,-a
bank banco
baptism bautizo
baptize bautizar

bar cantina
barely apenas
base *f* base
base oneself on basarse en;
based on basado en
baseball *m* béisbol
basic radical
basis *f* base
basketball baloncesto,
m básquetbol
bath baño
bathe bañarse
bathing suit *m* traje de baño
battle batalla
be estar, ser
beach playa
bean *m* frijol
bear *v* aguantar
beard barba
beautiful bello,-a
because porque
become ponerse, llegar a ser,
hacerse
bed cama; **go to bed** acostarse
before (earlier) antes (de); **(in
front of)** ante
beg rogar
begin comenzar, empezar
beginning principio
behalf: on behalf of de parte de
behave portarse
behind (in back of) atrás (de);
detrás (de); (**slow** [as a watch,
clock, etc.]) astrasado,-a
belief *n* creencia
believe *v* creer
belong pertencer
beloved *m* or *f* amante; *adj*
amado,-a
beneath bajo
besides además
better, best mejor; **it would
have been better** más valía
bicycle bicicleta
bill cuenta; *m* billete

bird   pájaro
birth   nacimiento
birthday   *m sing*   cumpleaños
births   natalidad
bishop   obispo
bite   *n*   bocado
bitterness   amargura
black   negro,-a
blame   culpa; **be to blame**
   tener la culpa
blasphemy   blasfemia
blind   ciego,-a
blond   rubio,-a
blouse   blusa
blow (with the elbow)   codazo
blue   *n m* and *adj*   azul
board (plane, train, etc.)   abordar
boardinghouse   pensión
boat (small)   *m*   bote
body   cuerpo
book   libro
bookstore   librería
border   frontera
bored, boring   aburrido,-a
born   nacer
boss   *m*   jefe
bother   *v*   molestar;   *n*   molestia
box   caja
boxer   boxeador,-a
boy   chico, muchacho; **very little
   boy**   chiquillo; **boys and girls**
   muchachos
boyfriend   novio
brave   valiente
bravery   *m*   valor
bread   *m*   pan
break   romper
breakfast   desayuno
brick   ladrillo
brief   breve
bring   traer
brother   hermano; **brothers and
   sisters**   hermanos

brunch   almuerzo
brunette   morenita
brute   bruto,-a
building   edificio
bull   toro
bullfight   corrida
bullfighter   torero,-a
bureau   agencia
burial   entierro
buried   enterrado,-a
bus   *m*   autobús, camión *(Mex)*
business   comercio, negocio
businessman (woman)   hombre
   (mujer) de negocios
but   pero, sino
buy   comprar

C

cacao   cacao
cafe   *m*   café; cafetería
caller   visita; **go calling**   ir de
   visita
calm down   calmarse
camera   cámara
can   poder
cancer   *m*   cáncer
candidate   candidato,-a
cane   caña
canoe   *m*   canoa
capable   capaz
capacity   capacidad
capital (country or state)
   f   capital; **(investment money)**
   m   capital
Capricorn   Capricornio
car   carro
card   carta, tarjeta
care   cuidado; **be careful**   tener
   cuidado
career   carrera
caricature   caricatura
carry   llevar
cart   carro
case   caso; **in case of**   en caso de
cash: in cash   al contado

cashier   cajero,-a
cashmere   *m*   casimir
cathedral   *f*   catedral
Catholic   católico,-a
cause   *v*   causar;   *n*   causa
cent   centavo, centavito
center   centro
Central America   Centroamérica
Central American   centroamericano,-a
century   siglo
cerebral   cerebral
certain   cierto,-a
chair   silla; **easy chair**
   m   sillón
chamber   cámara
championship   campeonato
change   *v*   cambiar;   *n*   cambio ; **small change**   suelto
chapter   capítulo
character (**literary**)   *m*   personaje; (**nature**)   *m*   carácter
characteristic   atributo, característica, rasgo
charge (**money**)   cobrar
chart   carta
chat   *v*   charlar;   *n*   charla
cheap   barato,-a
check (**baggage**)   facturar;   *m*
   cheque
cheese   queso
chemistry   química
chess   *m*   ajedrez
chicken   pollo
child   niño,-a
children   hijos; niños
choose   escoger
Christ   Cristo
Christian   cristiano,-a
church   iglesia
cinematographic   cinematográfico,-a
circumstance   circunstancia
citizen   ciudadano,-a
citizenry   pueblo

citizenship   ciudadanía
city   ciudad
claim   *v*   alegar
clarity   claridad
class   *f*   clase
clean   limpio,-a
clear   claro,-a
clearness   claridad
clergy   clero
client   *m* or *f*   cliente
climate   *m*   clima
climb   subir a
clock   *m*   reloj
close (**near**)   cerca; **close to**
   cerca de
close (**shut**)   cerrar
closet   armario
clothing   ropa
coach   (**car of a train**)   carro,
   m   coche
cocoa   cacao
coffee   *m*   café
cold   frío,-a
comb   peinarse
come   venir
comfortable   a gusto, cómodo,-a
command   mandato
comment   *v*   comentar
committee   *m*   comité
common   común
communicate   comunicar
companion   compañero,-a
company   compañía
compare   comparar
complain   quejarse
complete (**fill out**)   *v*   completar,
   llenar;   *adj*   completo,-a
complicated   complicado,-a
compliment: pay a compliment
   echar un piropo
comply with   cumplir con
composed of   componerse
composition   composición
comprise   abarcar
concentrate   concentrar

concentration concentración

concern *n* asunto

concerning acerca (de), en cuanto, frente

concert concierto

condemn condenar

condolence *m* pésame

condor *m* cóndor

conduct *v* conducir

conference conferencia

confront confrontar

congested congestionado,-a

congratulations enhorabuena, felicitaciones

conquer conquistar

conquest conquista

conscience conciencia

consciousness conciencia, conocimiento, sentido; **to lose consciousness** perder el sentido

conservative *n* and *adj* conservador,-ra

consider considerar

consideration consideración

consist of componerse; consistir en

consolation consolación

constant constante

construct construir

contact *n* contacto

contain contener

contaminate contaminar

contamination contaminación

contemporary actual; contemporáneo,-a

continuous continuo,-a

contract *v* contratar

contrary contrario,-a; **on the contrary** al contrario

contrast *m* contraste

contribute aportar; contribuir

control controlar

convenience conveniencia

conversation conversación

convince convencer

cool fresco,-a; **be cool** hacer fresco

corn *m* maíz

corner esquina

corpse *m* cadáver

correct *v* corregir

corrupt corrompido,-a

cost costar

counsel aconsejar

count contar; **count on** contar con

country *m* país; **native country** patria

couple pareja

course carrera; **of studies** curso

courteous cortés

courtesy cortesía

cousin primo,-a

cover *v* cubrir

crazy loco,-a

create crear

creation creación

credit crédito

crime *m* crimen

criterion criterio

crocodile *m* cocodrilo

crowd *f* muchedumbre

crowded congestionado,-a

cruel cruel

cry llorar

Cuban cubano,-a

cultural cultural

culture cultura

cultured culto,-a

cup copa, taza

cure *v* curar; *n f* cura

current actual; *n f* (**water, electricity, etc.**) and *adj* corriente

curse *v* maldecir, condenar

custom costumbre

customs, customs house   aduana; **customs duty**   derechos; **customs official**   aduanero,-a
cute   guapito,-a

D

dance   *v*   bailar; *n m*   baile
dangerous   peligroso,-a
dare   atreverse
dark   oscuro,-a
date (appointment)   cita; **(day)** fecha
daughter   hija; **daughters and sons**   hijos
dawn   *n   m*   or *v*   amanecer
day   *m*   día ; **all day**   todo el día; **every day**   todos los días
dead   *n*   difunto,-a
deal with   tratar de
dean   decano,-a
dear   caro,-a
death   *f*   muerte
debt   deuda; *n m*   deber
December   *m*   diciembre
decide   decidir
decision   decisión
declare   declarar
dedicate   dedicar
deep   profundo,-a
defeat   *v*   vencer
defect   *n*   defecto
defend   defender
defense   defensa
delay   *v*   demorar
delicious   sabroso,-a
deliver   entregar
demitasse (coffee)   cafecito
democracy   democracia
demon   demonio
demonstrate   demostrar
dentist   *m* or *f*   dentista
deny   negar
departure   ida
depend (on)   depender (de)

describe   describir
description   descripción
desert   desierto
deserve   merecer
desirable   deseable
desire   *v*   desear; *n*   deseo, gana
desk   mesa
desk clerk (hotel)   *m*   conserje
destiny   destino
destroy   destruir
devil   diablo; **What the devil?** ¿Qué demonios?
dialect   dialecto
dialogue   diálogo
dictatorship   dictadura
dictionary   diccionario
die   fallecer, morir(se)
difference   diferencia
different   diferente, distinto,-a
difficult   difícil
difficulty   dificultad
dilemma   *m*   dilema
diminutive   diminutivo,-a
dine   cenar
direct   *v*   dirigir; *adj*   directo,-a
direction   dirección; rumbo
dirty   sucio,-a; **dirty trick**   mala jugada
disadvantage   desventaja
disagreeable   desagradable
disappear   desaparecer
disappoint   desilusionar; **become disappointed**   desilusionarse
disappointment   desilusión
discipline   disciplina
discotheque   discoteca
discourtesy   descortesía
discover   descubrir
discuss   discutir
discussion   discusión
disease   aflicción, enfermedad
dissolution   disolución

distance distancia
distinguish distinguir
distract distraer
distribution distribución
diversion diversión
divide dividir, partir
doctor doctor,-ra; médico,-a
document cédula; documento
dog perro,-a; **large dog** perrazo,-a; **small dog** perrito,-a
dominance dominio
dominant dominante
dominate dominar
done *past part* hecho
door puerta
doorman portero
doubt *v* dudar
doubtful dudoso,-a
down: go down (stairs, etc.) bajar
downtown centro
drawing dibujo
dream *v* soñar
dress *v* vestir(se)
dressed vestido,-a
drink *v* beber, tomar; *n* bebida; **(to have one)** tomar una copa
drive manejar
driver *m* chofer
drug (especially as in drug addict) droga
drunk borracho,-a
dry seco,-a
duck pato
due to debido,-a
during durante

E

each cada
early temprano
earn ganar; **earn one's living** ganarse la vida
earth tierra
easy fácil

easy chair butaca
eat comer
economic económico,-a
economy economía
educate educar
educated educado,-a
education educación
educational institutions instituciones de enseñanza
effort esfuerzo
eight ocho
eighty ochenta
election elección
elegant elegante
element elemento
eleven once
eliminate eliminar
elimination eliminación
embrace abrazar
emphasis *m* énfasis
employ emplear
employment empleo
end *m* fin
energy energía
engineer ingeniero,-a
England Inglaterra
English inglés,-esa
engrave grabar
enjoy deleitarse con, gozar; **enjoy oneself** divertirse
enormous enorme
enough bastante
enrich enriquecer
enrichment enriquecimiento
enter entrar
episode episodio
epitaph epitafio
epoch época
equal igual
equality igualdad
equivalent equivalente; **be equivalent** equivaler
escape escaparse
escort escolta
essential esencial

establish establecer
eternal eterno,-a
eternity eternidad
Europe Europa
European europeo,-a
evaluation evaluación
even aun
event acontecimiento
everyone todos, todo el mundo
everywhere todas partes
evident evidente
evolution evolución
evolve evolucionar
examination *m* examen
example ejemplo; **for example**
  por ejemplo
exceed sobrar
excellent excelente
except excepto; salvo
excess exceso
excessive excesivo,-a
exercise *v* ejercer; *n* ejercicio
exist existir
expel expulsar
expense gasto
expensive caro,-a; costoso,-a
explain explicar
explanation explicación
explore explorar
express expresar
expression expresión
extend extender
extraordinary extraordinario,-a
extremely sumamente
eye ojo
eyeglasses *m pl* anteojos

F

facilitate facilitar
facility facilidad
fact hecho
factory fábrica
faculty facultad
fail salir mal
faith *f* fe

faithful fiel
fall *v* caer; *n* caída
false falso,-a
familiarity familiaridad
family *n* familia; *adj*
  familiar; **family member**
  familiar
famous célebre; famoso,-ra
far lejos; **far from** lejos de
farm finca
farmer agricultor,-ra
fascinate encantar
fat gordo,-a
father *m* padre, papá
favor *m* favor
favorite favorito,-a; predilecto,-a
fear *v* temer; *n* miedo
feather pluma
February febrero
feel sentir
feminist *m* or *f,* and *adj*
  feminista
few pocos,-as
fiancé, fiancée novio,-a
field campo
fifteen quince
fifty cincuenta
fig higo
fight luchar
fill llenar
film película
finally al fin
find encontrar, hallar; **find one-**
  self encontrarse; **find out**
  averiguar
finish acabar; terminar
fire fuego
first primer, primero,-a; **at first**
  al principio
fisherman, woman pescador,-ra
fishing pesca; **go fishing** ir de
  pesca
fit caber
five cinco
fixed fijo,-a

flattery adulación, lisonjas, piropos
flavor *m* sabor
flower *f* flor
flute player *m or f* flautista
follow seguir
foment fomentar
food *m* comestible; **foodstuff** comestibles
foolish tonto,-a
foolishness tontería
foot *m* pie
football *m* fútbol
for (in order to, towards, by) para; (**by, through, for the sake of, because of**) por; **for example** por ejemplo; **for that reason** por eso
force fuerza
foreign extranjero,-a
foreigner extranjero,-a
forget olvidarse (de)
forgive perdonar
form *v* formar; *n* forma
found fundar
four cuatro
fourth cuarto,-a
frankly francamente
free (**no cost**) gratuito,-a, gratis; (**no boundaries**) libre
French francés,-esa
frequency frecuencia
frequently con frecuencia
Friday *m* viernes
friend amigo,-a
friendly amable
friendship amistad
frightful espantoso,-a
frivolous frívolo,-a
front desk (**of a hotel**) recepción
frozen helado,-a
fruit fruta
fulfill realizar
full lleno,-a
function *v* funcionar; *n* función

fund fondo
funeral rights *f pl* exequias
funny divertido,-a
future futuro

G

gain alcanzar
Gallicism galicismo
game partido
garage *m* garaje
garden *m* jardín
Gemini *m* Géminis
general general
generalized generalizado,-a
generally por lo general
generation generación
generous generoso,-a
gentleman caballero
German alemán,-ana
Germany Alemania
get along with llevarse bien
get up levantarse
ghetto (**colloquial**) barrio
gift regalo
girl chica, muchacha; **very little girl** chiquilla; **girls and boys** muchachos
girlfriend novia
give dar; regalar; **give in to** abandonarse; **give up** ceder
glass vaso
go andar, caminar, ir; **go away** irse
God *m* Dios; **God grant** ojalá; **god, goddess** dios,-sa
godfather padrino
godmother madrina
godparents padrinos
gold oro
good buen, bueno,-a
good morning buenos días
good-bye adiós, hasta luego; **to say good-bye** despedirse
good-natured bondadoso,-a
good night buenas noches
govern gobernar

government   gobierno; **seat of government**   gobernación
governmental   gubernamental
governor   *m* or *f* gobernante
grade   nota
graduate   *v* graduarse
grammar   gramática
grandfather   abuelo
grandmother   abuela
grandparents   abuelos
grant   beca
grape   uva
gratification   gratificación
gravestone   losa
gray   gris
green   verde
greet   saludar
gross   bruto
group   conjunto; grupo
grow   crecer
guard   guardia
guerilla   guerrillero
guest   invitado,-a
guide   *v* guiar;   *n m* or *f* guía
guitar player   *m* or *f* guitarrista
gunman   pistolero
gypsy   gitano,-a

H

hair   pelo
half   medio
hammock   hamaca
hand   *f* mano
handsome   guapo,-a ; **very handsome**   guapetón,-ona
hang   colgar
happening   acontecimiento
happy   alegre, contento,-a, feliz; **to be happy (that)**   alegrarse (de)
hardly   apenas
harm   *v* hacer daño;   *n* daño
haste   prisa
have (to form past participle) haber; **(possess)**   tener; **have to** haber de, tener que; **have just. . .**   acabar de...

head   cabeza
hear   oír
heart   *m* corazón
heat up   calentar
hello   hola
help   *v* ayudar;   *n* ayuda
helper   ayudante
here (at this place)   aquí
hide   esconder
high   alto,-a
high school   colegio
hire   alquilar
Hispanic   hispánico,-a
historic   histórico,-a
history   historia
home   *m* hogar
homework   tarea
hope   *v* esperar;   *n* esperanza
horoscope   horóscopo
horse (small)   caballito
hot   caliente
hour   hora
house   casa; **at home**   en casa
how   como; **how?**   ¿cómo?; **how much?**   ¿cuánto,-a?; *also plural*
huge   tremendo,-a, enorme, inmenso,-a
human   humano,-a
humanity   humanidad
hundreds   cientos,-as
hunger   hambre; **dying of hunger** muerto,-a de hambre; **be hungry** tener hambre
hurricane   *m* huracán
hurry   apurarse, darse prisa
husband   esposo, marido
hut   casucha, choza
hypocrisy   hipocresía
hypocrite   *m* or *f* hipócrita
hypocritical   hipócrita

I

Iberian   ibérico,-a
ice   hielo
identify   identificar

identity   identidad; **identity card**
   cédula
idiot   bruto,-a;   *m* or *f*   idiota
idiotic   bruto,-a
idle   haragán,-ana; holgazán,
   -ana
ignorance   ignorancia
illustrious   ilustre
imaginary   imaginario,-a
imagination   imaginación
immediate   inmediato,-a
immediately   en seguida
immigrant   *m* or *f*   inmigrante
immigrate   inmigrar
immoral   inmoral
imperfect   imperfecto,-a
importance   importancia
important   importante; **be**
   important   importar
importation   importación
impossible   imposible
impressive   impresionante
in   en; **in addition**   además; **in**
   addition to   además de; **in love**
   enamorado,-a; **in this manner**
   así; **in view of**   en vista de
Inca   *m* or *f*   inca
include   abarcar, incluir
including   incluso
incorporate   incorporar
incredible   increíble
Indian   indio,-a
indicate   indicar
indigenous   indígena
individual   individuo,-a
individuality   individualidad
industry   industria
inexpensive   barato,-a
inflation   inflación
influence   *v*   influir;   *n*   influencia
inform   informar
information   información
inhabitant   *m* or *f*   habitante
inheritance   herencia

initiative   iniciativa
inquisitive   preguntón,-ona
inside   adentro; **inside (of)**
   dentro (de)
insist (on)   insistir (en)
inspire   inspirar
instead of   en vez de
institution   institución
instruction   instrucción
intelligence   inteligencia
intelligent   inteligente
interest   *v*   interesar
interesting   interesante
intimate   íntimo,-a
intriguer   *m* or *f*   intrigante
introduce (put into)   meter
introduction   introducción
invade   invadir
invitation   invitación
invite   invitar
involved: get involved with
   meterse en
Islamic   islámico,-a
island   isla
isolated   aislado,-a
Italian   italiano,-a

J

jacket   chaqueta
January   enero
job   puesto
joke   *v*   bromear
journalist   *m* or *f*   periodista
judge   *v*   juzgar;   *n m* or *f*   juez
July   julio
jump   saltar
June   junio
just   apenas
justice   justicia

K

key   *f*   llave
kidnap   secuestrar
kill   matar
kind   bondadoso,-a

king   *m*   rey
kitchen   cocina
knife   *m*   cuchillo
know (how to)   saber; **(be familiar with)**   conocer
knowledge   conocimiento

L

lack   falta; **be lacking**   faltar
ladle   *m*   cucharón
lament   lamentar
language   lengua; *m* lenguaje;
   m idioma
large   gran, grande; **very large**
   grandote,-a
last   *v* durar; *adj* último,-a;
   last night   anoche
late   tarde; **grow late**   hacerse
   tarde
later   más tarde
Latin (language)   *m* latín; *adj*
   latino,-a
Latin American   latinoamericano,-a
laugh   reír; **laugh at**   reírse de
laughter   risa
law   *f* ley
lawyer   licenciado,-a; abogado,-a
lazy   perezoso,-a
lead   *v* conducir
leader   *m* líder
leaf through   hojear
learn   aprender
learned   *adj* erudito,-a
least   menos; **at least**   por lo
   menos
leave   alejarse, dejar, salir
lecture   conferencia
lemon   *m* limón
lend   prestar
less   menos
lesson   lección
let oneself go   abandonarse
letter   carta; letra
liberation   liberación

liberty   libertad
Libra   Libra
library   biblioteca
lie down   acostarse
lie (tell an untruth)   mentir; **(to
   lie on or with someone)**   yacer
life   vida
light   *n f* luz;   *adj* claro,-a
like   gustar, gustarle a uno; **(as)**
   como, cual
likeable   simpático,-a
limit   limitar
linguistic   lingüístico,-a
list   lista
listen (to)   escuchar
little   poco,-a; **a little bit**   poco;
   very little   poquito,-a
live   vivir
living room   sala
location   colocación
lodging   alojamiento; **take lodging**   alojarse
long   largo,-a
look (at)   mirar; **look for**   buscar
lose   perder
love   *v* amar;   *n* amor; **be in
   love with**   estar enamorado,-a
   de; **fall in love (with)**   enamorarse (de)
lover   *m* or *f* amante
low   bajo,-a
lower   bajar
loyal   leal
luck   *f* suerte
luggage   *m* equipaje
lunch   *v* almorzar;   *n*
   almuerzo
luxurious   lujoso,-a

M

machine   máquina
machinery   maquinaria
mad: to get mad   enojarse
madam   señora
madness   locura

magic magia
magnificent magnífico,-a
mail correo
maintain mantener
majority mayoría
make fabricar, hacer
malady aflicción
man *m* hombre
manage to conseguir
management gerencia
manifesto manifiesto
manuscript manuscrito
many: so many tantos,-as
map *m* mapa
March marzo
marked marcado,-a
market mercado
marriage matrimonio
marry casarse con; **get married**
   casarse
marvelous maravilloso,-a
Mass misa
matriculation fee matrícula
matter (subject) asunto
May mayo
maybe acaso, quizás
meal comida
mean *v* significar; *n* medio;
   by means of por medio de,
   mediante
meaning significado
meat *f* carne
mechanic mecánico
mechanical mecánico,-a
medical médico,-a
medicine medicina
meditation meditación
meet conocer, encontrarse con
meeting reunión
member miembro
memo *m* apunte
memorize aprender por
   memoria
memory memoria; (**remembrance**) recuerdo

menace *v* amenazar
mention *v* mencionar
method método
metropolis *f* metrópoli
Mexican mexicano,-a
Mexican-American chicano,-a;
   mexicoamericano,-a
midwife partera
migration migración
mile milla
million *m* millón
minute minuto
Miss señorita
miss *v* echar de menos, hacer
   falta
mission misión
missionary misionero,-a
mistake *v* equivocar
mistaken equivocado,-a; **be mistaken** equivocarse
mixture mezcla
mock *v* burlarse (de)
model modelo
moderate moderado,-a
moderation moderación
modern moderno,-a
moment momento
Monday *m* lunes
money dinero
monk *m* monje
month *m* mes
monthly mensual
Moor moro
more más; **more than** más de,
   más que
morning mañana
most más
mother *f* madre
motherland *f* madre patria
motive motivo
motorcycle *f* moto
mountain montaña
mouse *m* ratón
mouth boca; (**diminutive**)
   boquita

move *v* mover(se), mudarse; *n* mudanza; **move away** alejarse

movement movimiento

movies *m* cine

moving emocionante

Mr. Sr. (señor)

Mrs. Sra. (señora)

much mucho; **so much** tanto,-a

muscle músculo

museum museo

music música

musical group conjunto

musician músico,-a

must deber; **one must** hay que

N

name *m* nombre

nap siesta; **take a little nap** echarse una siestecita

narrator narrador,-ra

nation nación

national nacional

near próximo,-a; **draw near** acercarse

nearby cercano,-a

necessary necesario,-a, preciso,-a; **be necessary** hacer falta

necessity necesidad

necktie corbata

need necesitar; **That's all you need.** Eso te faltaba.

negation negación

negative negativo,-a

neighbor vecino,-a

neighborhood barrio

nephew sobrino

nerve nervio

nervous nervioso,-a

never nunca

nevertheless sin embargo

new nuevo,-a

news noticia; **Is there any news?** ¿Hay alguna novedad?

newspaper periódico

next próximo,-a; siguiente

nice amable

niece sobrina

night *f* noche; **at night** por la noche, de noche; **every night** todas las noches

nightmare pesadilla

nine nueve

nobody nadie

none ninguno,-a

North American norteamericano,-a

north *m* norte

note *v* notar; *n m* apunte, esquela, nota

notebook cuaderno

nothing nada

novel novela

novelist *m* or *f* novelista

novelty novedad

November *m* noviembre

now ahora; **right now** ahora mismo

nowadays hoy día

number número

O

obey obedecer

obituary obituario

obligation obligación

obstacle obstáculo

occasion ocasión

occupy ocupar

occur ocurrir, operarse

October *m* octubre

of course claro que; ¡Claro!

offend ofender

offer ofrecer

office oficina

official *m* or *f* agente; *adj* oficial; **officials** *f pl* autoridades

often a menudo, muchas veces

old antiguo,-a; viejo,-a

older mayor

omit omitir

on en, sobre
one hundred cien
oneself sí mismo,-a
only *adv* apenas; solamente,
  sólo; *adj* único,-a
open, opened abierto,-a
operate: be operated on operarse
opinion opinión
opportunity oportunidad
opposite frente a
optimist *m* or *f* optimista
orally oralmente
orange (fruit) naranja
order *v* mandar, ordenar;
  n f orden
orient *v* orientar
origin *m* origen; procedencia
other otro,-a
outside (of) fuera (de)
over sobre
owe deber
own: one's own propio,-a

P

P.M. de la tarde, de la noche
pain *m* dolor; pena
painter *m* pintor
panther *m* puma
paper *m* papel
parcel parcela
parents *m pl* padres
park *m* parque
parking estacionamiento
part *f* parte; **on the part of**
  por parte de
participate participar
participation participación
partisan partidario,-a
party fiesta
pass (a course, exam, etc.)
  aprobar; pasar
passage (fare) *m* pasaje; pasillo
passporte *m* pasaporte
pastry *m* pastel
pay pagar

peace *f* paz
peak pico
peasant *n* and *adj*
  campesino,-a
pedantic pedante
pen pluma
pencil *m* lápiz
penetrate penetrar
peninsula península
people *f* gente, pueblo
perfect *v* perfeccionar
perfection perfección
perhaps acaso, quizás, tal vez
period (punctuation) punto
permanently permanentemente
permission permiso
permit *v* permitir; *n*
  permiso
person persona
pessimist *m* or *f* pesimista
phenomenal fenomenal
phenomenon fenómeno
philosophy filosofía
photograph *f* foto
physical físico,-a
pianist *m* or *f* pianista
pick up coger, recoger
picture cuadro
picturesque pintoresco,-a
pinnacle pináculo, colmo
pistol pistola
pittance miseria; centavito
pity lástima
place *v* colocar
placement colocación
plan *m* esquema, plan
plant planta
plate plato
play (a game) jugar; **(an instrument)** tocar
player jugador,-ra
plaza plaza
pleasant agradable
please por favor; hacer el favor de
pleasing: be pleasing gustar

pleasure gusto, *m* placer
plentiful abundante; **to be plentiful** abundar
plot (of a novel, play, etc.) argumento
plumber plomero
poem *m* poema
poet *m* or *f* poeta
point punto; **point of view** punto de vista
pole caña
police policía
policeman *n m* policía
politeness cultura
political *adj* político,-a
politician *n* político,-a
politics política
pollute contaminar
pollution contaminación
pond pozo
pool (swimming) piscina
poor pobre
populate poblar
population población
portable portátil
Portuguese *m* portugués
position posición
possibility posibilidad
possible posible
post office correo
potato papa
poverty miseria, pobreza
powerful poderoso,-a
practice *v* practicar
pray rezar
precedent *m* antecedente
predecessor antepasado,-a
prediction pronóstico
prefer preferir
preference preferencia
pregnant embarazada
prejudice prejuicio
reward *v* premiar; *n* premio
preparation preparación
preparatory preparatorio,-a

prepare preparar
present *v* presentar; *adj* actual
preserve preservar
presidency presidencia
president *m* presidente; **(of a university)** *m* rector; **office of a president** rectoría
press prensa
pretend afectar, fingir
pretty bonito,-a
prevent impedir
previous anterior
price precio
priest *m* cura, padre
primary primario,-a
principal principal
principle principio
prior anterior
priority prioridad
prize-fighter boxeador,-ra
probable probable
problem lío; *m* problema
process proceso
produce producir
product producto
profession profesión
professional profesional
professor profesor,-ra
program curso, *m* programa
prohibit prohibir
promise *v* prometer
promising prometedor,-ra
promulgate promulgar
propose proponer
protect proteger
prove probar
proverb *m* refrán
provided that con tal que
provisions *m pl* comestibles
provoke provocar
psychic psíquico,-a
psychologist sicólogo,-a
public *adj* público,-a
publish publicar

punish castigar
pupil alumno,-a
pure puro,-a; castizo,-a
purpose propósito
purse bolsa
push *m* empujón
put *v* poner; *adj* puesto,-a;
  put on (oneself) ponerse; **put
  out** apagar; **put up with**
  aguantar
pyramid *f* pirámide

Q

quality calidad
quarrel *v* reñir
quarter cuarto
question cuestión, pregunta; **ask
  a question** hacer una pregunta
quiet: to be quiet callarse
quite bastante

R

race carrera; **(of people)** raza
racket raqueta
radical radical
rain llover
raise criar
ransom *m* rescate
rapid rápido,-a
rapidity *f* rapidez
rascal bribón-ona
rate: at any rate de todos modos
rather bastante; **rather than**
  antes que
reach alcanzar
reaction reacción
reactionary reaccionario,-a
read leer
reading lectura
ready listo,-a
realist *m* or *f* realista
reality realidad
realize darse cuenta de
reason *f* razón
rebel *m* or *f* rebelde

receive recibir
recent reciente
receptive receptivo,-a
recipe receta
recognize reconocer
recommend recomendar
reconcile reconciliar
record (phonograph) disco
red rojo,-a
reduce reducir
reflect reflejar
reflection reflexión
reflexive reflexivo,-a
reform reforma
refreshment refresco
region área, región
regret arrepentir
regulation regulación
reject rechazar
relationship relación
relatively relativamente
relief alivio; **What a relief!**
  ¡Qué alivio!
religion religión
religious religioso,-a
remains restos
remedy remedio
remember acordarse, recordar
remove quitar, sacar
renovate renovar
rent alquilar
repair *v* arreglar; *n* arreglo
repeat repetir
repent arrepentirse
replace reemplazar
report *m* informe
representative *m* or *f* agente,
  representante
reputation fama
request *v* pedir
require exigir, requerir
required obligatorio,-a
requirement requisito
research *v* averiguar
reserve reservar

resigned: become resigned   resignarse
resist   resistir
resistance   resistencia
resolve   resolver
resolved   resuelto,-a
respect   *v*   respetar;   *n*   respeto
respond   responder
responsibility   responsabilidad
responsible   responsable
rest   descanso; **(of the)**   demás,
   resto
restaurant   cafetería;   *m*
   restaurante, restorán
result   resultar
retire   retirar(se)
return (something)   devolver;
   (come back)   regresar, volver
returned   vuelto,-a
review   *v*   repasar;   *n*   repaso
revise   revisar
revolution   revolución
revolutionary   revolucionario,-a
rhythm   ritmo
rib   costilla
ribbon   cinta
rich   rico,-a
riches   riqueza
right   derecho,-a; **legal right**
   derecho; **right hand**   *n*
   derecha; **right-hand**   *adj*
   derecho,-a; **to be right**   tener
   razón
rise   ascender, subir
rite   rito
river   río
road   camino
roadrunner   *m sing*
   correcaminos
roasted   asado,-a
rob   robar
roll   *n*   panecillo
Roman   romano,-a
romantic   romántico,-a
roof   techo

room   cuarto; habitación
rooster   gallo
root   *f*   raíz
row   fila
rubber   *m*   hule
ruin   ruina
run   correr

S

sacrifice   sacrificio
sadness   tristeza
safe   salvo,-a
said   dicho,-a; **what was said**
   lo dicho
same   mismo,-a; **the same as**   lo
   mismo que
sanatorium   sanatorio
satisfy   satisfacer; **satisfy oneself**
   asegurarse
Saturday   sábado
saucer   platillo
save (money)   ahorrar
saying   *n m*   dicho
scandal   escándalo
scene   escena
scholarship   beca
scholastic   escolástico,-a
school   escuela
science   ciencia
scientific   científico,-a
scientist   científico,-a
scorn   despreciar
Scorpio   *m*   Escorpión
screech   chillar
screen: motion picture screen
   pantalla
scruple   escrúpulo
season   estación
seat   *v*   sentar;   *n*   asiento
second   segundo,-a
secondary   secundario,-a
secondary school   colegio
section   sección
security   seguridad
see   ver

seek buscar
seem parecer
seen visto,-a
selection selección
sell vender
send enviar
sensual sensual
sentence *f* frase
sentiment sentimiento
separate (move apart) apartar; separar
September *m* septiembre
series seguida; *f* serie
serious grave, serio,-a
seriously en serio; **take seriously** tomar en serio
servant criado,-a
serve servir; **serve as** servir de
service servicio
seven siete
seventeen diecisiete
sew coser
shake sacudir
shark *m* tiburón
ship navío
shirt camisa
shoe zapato
shop *m* taller
shopkeeper tendero
short breve, corto,-a; bajo,-a
shout grito
show mostrar, señalar
showcase vitrina
sick enfermo,-a; **get sick** enfermarse
side dish *m* entremés
sign *v* firmar; *n* letrero, signo
similar semejante
simple sencillo,-a, simple
sin pecado
since desde; pues; puesto que
sing cantar
single soltero,-a
sir señor

sister hermana; **sisters and brothers** hermanos
sit down sentarse
site sitio
six seis
size tamaño
ski esquiar
skill capacidad
skin *f* piel
skyscraper *m s* rascacielos
sleep dormir; **go to sleep** dormirse; **make sleepy** dar sueño
slightly un poco, levemente, ligeramente
slower más despacio
slowly despacio; lentamente
slum barrio de miseria
small chico,-a; pequeño-a
smell oler
snow *f* nieve; *v* nevar
so así que, tan; **so thus** así; **so that** a fin de que, de modo que, para que
soap opera telenovela
soccer *m* fútbol
society sociedad
solemn solemne
solicit solicitar
solidarity solidaridad
some algunos,-as
someone *m* alguien; algún, alguno,-a
something algo
sometime alguna vez
somewhat algo
son hijo; **sons and daughters** hijos
song canción
soon pronto
sophisticated sofisticado,-a
sorrow angustia
soul alma
soup sopa

south   *m*   sur
southwest   *m*   suroeste
spacious   espacioso,-a
Spain   España
Spanish America
   Hispanoamérica
Spanish   español
speak   decir, hablar; **speak to**
   dirigir la palabra
special   especial
species   *f*   especie
specifically   específicamente
spelling   ortografía
spend (time)   pasar; **(money)**
   gastar
spirit   alma
spiritual   espiritual
sporting   deportivo,-a
sports   *m pl*   deportes
spy   *m* or *f*   espía
star   estrella
state   estado
station   estación
stay   quedar(se)
sterilize   esterilizar
stick   palo
still   aún, todavía
stingy   tacaño,-a
stop   *v*   parar, hacer escala; **stop**
   (doing something)   dejar de;
   n   **(train, bus, etc.)**   parada
stopping place   escala
store   tienda
storm   tormenta
story   cuento, historia
strange   ajeno,-a
stranger   desconocido, -a
street   *f*   calle, camino
strike (the hour)   dar (la hora)
stroll   *v*   pasear; *n*   paseo
strong   fuerte
structure   estructura
student   *n m* or *f*   estudiante;
   adj   estudiantil

study   *v*   estudiar; *n*   estudio
stupid   bruto,-a
style   moda; **be out of style**
   pasar de moda
subject   materia
subordinate   subordinar
subtle   sutil
subway   metro, subterráneo
success   éxito; **be successful**
   tener éxito
such   tal
suffer   sufrir
sufficient   bastante, suficiente
sufficiently   bastante, suficiente-
   mente
sugar cane   caña
suggest   sugerir
suicide: to commit suicide
   suicidarse
suit   *m*   traje
suitcase   maleta
summarize   resumir
summary   *m*   resumen
summer   verano
sun   *m*   sol
Sunday   domingo
superman   *m*   superhombre
supermarket   supermercado
superstitious   supersticioso,-a
supper   cena
support   *v*   apoyar; *n*
   apoyo; **support oneself**
   mantenerse
suppose   suponer
suppress   suprimir
sure   seguro,-a; **make sure**   asegurarse
surely   con seguridad
surgeon   cirujano,-a
surprise   sorprender
surrealistic   surrealista
surround   rodear
survive   sobrevivir
sweat   *m*   sudor

sweet potato batata
swift veloz
swim *v* nadar; *n* baño
symphony sinfonía
system *m* sistema

T

table mesa
take coger, tomar; **take off** quitarse, (**airplanes**) despegar
talk conversar
tall alto,-a
tape (**cassette**) cinta
taste bocado
tax impuesto
teach enseñar
teacher maestro,-a
teaching enseñanza
team equipo
technical técnico,-a
technological tecnológico,-a
telegram *m* telegrama
telephone teléfono
telephone operator *m* or *f* tele-fonista
television televisión
television set *m* televisor
tell decir, comunicar
temporary temporal, tran-sitorio,-a
temptation tentación
ten diez
tend to tender
tendency tendencia
tenth décimo,-a
term término
than que
thank for, be thankful for agradecer
thanks *f pl* gracias
that ese,-a, aquel, aquella; que; *pron* eso, aquello; **that way** así; **that which** lo que
theater *m* cine, teatro; **theater seat** (**movie, opera, etc.**) butaca

theme *m* tema
then entonces, luego; pues
there (**in that place**) allí; (**over there**) allá, ahí; **there is, there are** hay
therefore así que; por eso
these estos,-as
thief ladrón,-ona
thin flaco,-a
thing cosa
think (**believe**) creer; (**think about**) opinar, pensar
third tercer, tercero,-a
thirteen trece
this este,-a; *pron* esto
those esos,-as, aquellos,-as,
thoughtful pensativo,-a
thousand mil
threat amenaza
threaten amenazar
three tres
throw echar; **to throw out of the house** echar de casa
thus por tanto
ticket booth caja
ticket *m* billete; boleto; (**round-trip**) boleto de ida y vuelta
tie *v* vincular
tilt inclinar
time rato, tiempo, *f* vez; **from time to time** de vez in cuando; **many times** muchas veces; **take time** llevar
times veces
timetable horario
tired cansado,-a
today hoy día
together junto,-a
tomato *m* tomate
tomorrow mañana
tonight esta noche
too (**too much**) *adv* demasiado; **too much** *adj* demasiado,-a
torment tormento
touch tocar

tourism   turismo; **of or relating to tourism**   turístico,-a
tourist   *m* or *f*   turista
toward   hacia
towel   toalla
tower   *f*   torre
town   pueblo
trade   oficio
tradition   tradición
traditional   tradicional
tragedy   tragedia
train   *m*   tren; **by train**   en tren
transcendental   trascendental
translate   traducir
translator   traductor,-ra
transmit   transmitir
transportation   *m*   transporte
travel   viajar, caminar
traveler   viajero,-a
treat   *v*   tratar
tree   *m*   árbol
trick   *n*   jugada
trip   gira, *m*   viaje; **take a trip**   hacer un viaje
truck   *m*   camión
true   verdadero,-a; **it is true**   es (la) verdad
truth   verdad
Tuesday   *m*   martes
turn   *f*   vez; **in its turn**   a su vez
turn off   apagar
twelve   doce
twenty   veinte
twenty-two   veintidós
two   dos
type   *v*   escribir a máquina; *n*   tipo
typewriter   máquina de escribir
typical   típico,-a

U

uncle   tío
under   bajo
underground   subterráneo,-a
understand   comprender, entender

unemployment   desempleo
unexpected   inesperado,-a
unfortunately   desgraciadamente
uniform   *n m* and *adj*   uniforme
unit   unidad
unite   juntar, unir(se)
unity   unidad
university   universidad; **of or relating to the university**   universitario,-a
unknown   desconocido,-a
unless   a menos que
unpleasant   desagradable
unstable   inestable
until   hasta
uphold   apoyar
urban   urbano,-a
use   *v*   usar, utilizar; *n*   uso; **to make use of**   hacer uso de
useful   útil
utilization   utilización

V

vacate   desocupar
vacation   *f pl*   vacaciones; **be on vacation**   estar de vacaciones
vacillate   vacilar
value   *m*   valor
variety   variedad
various   varios,-as
vary   variar
vegetable   *m*   vegetal
verb   verbo
verify   verificar
very   muy
vestibule   *m*   portal
victim   *m* or *f*   víctima
view   vista; **point of view**   punto de vista
visit   *v*   visitar; *n*   visita
vocabulary   vocabulario
voice   *f*   voz; *pl*   voces
vote   votar

W

wait   esperar

waiter mozo, mesero,-a

wake up despertarse

wake velación, velorio; **hold a wake over** velar

walk andar, caminar; **take a walk** dar un paseo

want querer

war guerra

wardrobe (**closet**) armario

wash lavar

watch (**clock**) *m* reloj; **watch** velación; **watch over** velar

water agua

wave onda

way manera, modo; **a way to** manera de

weak débil

wear llevar

weather tiempo; **the weather is good** hace buen tiempo

wedding boda

week semana

welfare bienestar

well bien; *adv* **be well** estar bien; (**of water**) pozo

well-being *m* bienestar

what? ¿cómo? ¿qué?; **what for?** ¿para qué?

when (**whenever**) cuando; **when?** ¿cuándo?

where: to where *adv* adonde; donde; **where?** ¿adónde? ¿dónde?

which cual, que; **which one?** ¿cuál?; **which?** ¿qué? **that which** lo que

while mientras; (**a while**) rato

whisper *v* cuchichear

white *n* and *adj* blanco

who que, quien; **the one(s) who** el (la, los, las) que, el (la, los, las) cual(es); **who?** ¿quién?

whole entero,-a

whom que; **to whom?** ¿a quién?; **about whom?** ¿de quién?

whose cuyo,-a

why? ¿por qué?

widow viuda

widower viudo

wife esposa, *f* mujer

will voluntad

win ganar

window ventana

wise person sabio

wise sabio,-a

with con; **with me** conmigo; **with him/herself** consigo; **with you** contigo

within adentro

without sin

woman *f* mujer

word palabra

work *v* trabajar; *n* obra

worker obrero,-a, trabajador,-ra

world *n* mundo; **worldwide** mundial

worry preocuparse

worse, peor; **the worst** el peor

worth: to be worth valer

worthwhile valer la pena

wrap envolver

write escribir

writer escritor,-ra

written *past part* escrito

Y

yam batata

year año

yesterday ayer

yet aún

yonder allá

young joven

young lady señorita

youth juventud

Z

zone zona

GRAMMATICAL INDEX